CARSTEN OERMANN

Rundfunkfreiheit und Funkanlagenmonopol

AF881761

Schriften zu Kommunikationsfragen

Band 22

Rundfunkfreiheit und Funkanlagenmonopol

Eine Untersuchung der Fernmeldeordnung im Lichte der Rundfunkfreiheit (Art. 5 GG)

Von

Carsten Oermann

Duncker & Humblot · Berlin

Die Deutsche Bibliothek – CIP-Einheitsaufnahme

Oermann, Carsten:
Rundfunkfreiheit und Funkanlagenmonopol : eine Untersuchung der Fernmeldeordnung im Lichte der Rundfunkfreiheit (Art. 5 GG) / von Carsten Oermann. – Berlin : Duncker und Humblot, 1997
(Schriften zu Kommunikationsfragen ; Bd. 22)
Zugl.: Regensburg, Univ., Diss., 1996
ISBN 3-428-08965-0
NE: GT

Alle Rechte vorbehalten
© 1997 Duncker & Humblot GmbH, Berlin
Fotoprint: Color-Druck Dorfi GmbH, Berlin
Printed in Germany

ISSN 0935-4239
ISBN 3-428-08965-0

Gedruckt auf alterungsbeständigem (säurefreiem) Papier
entsprechend ISO 9706 ♾

Vorwort

Die Arbeit wurde im Sommersemester 1996 von der Juristischen Fakultät der Universität Regensburg als Dissertation angenommen.

Meinem Doktorvater, Herrn Richter des Bundesverfassungsgerichts Prof. Dr. *Udo Steiner*, danke ich für die Betreuung und Unterstützung der Arbeit. Dank schulde ich ferner Herrn Prof. Dr. *Otto Kimminich* für die Übernahme des Zweitgutachtens.

Meinen ganz besonderen Dank möchte ich Herrn Prof. Dr. *Günter Herrmann*, Intendant i.R., für zahlreiche Ratschläge, wertvolle Anregungen und sein verständnisvolles Entgegenkommen bei meinen wissenschaftlichen Bemühungen aussprechen.

Besonders herzlich danke ich meiner Mutter und meiner Großmutter, die mich in meinem bisherigen Werdegang stets unterstützt haben.

Widmen möchte ich dieses Buch meiner lieben Frau *Evelyn*.

München, den 2. September 1996 *Carsten Oermann*

Inhaltsverzeichnis

A. Einführung 17

I. Sachverhalt und Fragestellung 17

1. Sachverhalt 17

2. Fragestellung 19

II. Historische Entwicklung der Rundfunkfernmeldetechnik 19

B. Rundfunkordnung 28

I. Überblick über die „duale Rundfunkordnung“ 28

II. Öffentlich-rechtliche Rundfunkanstalten 28

1. Gründung, Rechtsform, Organisation 28

a) Gründung durch Gesetz 28

b) Organisation: Anstalt des öffentlichen Rechts 29

c) Organe der öffentlich-rechtlichen Rundfunkanstalten 29

d) Staatliche Aufsicht über die öffentlich-rechtlichen Rundfunkanstalten 30

2. Aufgaben 31

3. Insbesondere fernmeldetechnisches Verbreiten der Programme 33

a) Fernmeldetechnische Verbreitung als Aufgabe der Rundfunkanstalten 33

b) Gesetzliche Pflichtaufgabe 33

c) Das Selbstbestimmungsrecht für einen rundfunkeigenen Betrieb . . . 34

d) Technische Gründe 35

e) ARD-Verbund 36

f) Wirtschaftlichkeit und Planungssicherheit sowie Selbständigkeit . . . 36

g) Kostengefahr und „Randnutzung“. 37

h) Staatsfreiheit 39

i) Zusammenfassung 39

III. Private Rundfunkunternehmen ... 40
1. Gründung, Rechtsform, Organisation ... 40
a) Unterschiede zur öffentlich-rechtlichen Rundfunkanstalt ... 40
b) Zulassung ... 40
c) Innenorganisation ... 41
2. Aufgaben ... 41
a) Allgemein ... 41
b) Insbesondere: Verbreitung der Programme ... 42

C. Fernmelderecht des Bundes ... 44

I. Überblick über die Entwicklung ... 44
1. Entwicklung bis 1989 ... 44
2. Postreform I (1989) ... 45
a) Ziel und Grundsatz der Reform ... 45
b) Organisation und Funktionen der DBP ... 47
c) Funktionen des BMPT ... 47
3. Postreform II (1994) ... 48
a) Gründe für eine weitere Reform ... 48
b) Änderungen des Grundgesetzes ... 49
aa) Notwendigkeit einer Grundgesetz-Änderung ... 49
bb) Artikel 73 Nr. 7 GG ... 49
cc) Artikel 87 Abs. 1 GG und Artikel 87f GG ... 50
dd) Artikel 143b GG ... 51
c) Die Privatisierung der DBP-Unternehmen ... 52
aa) Bundesanstalt Post-Gesetz - BAPostG ... 52
bb) Postumwandlungsgesetz - PostUmwG ... 53
d) Die Organisation der Hoheitsaufgabe „Regulierung“ ... 53

II. Fernmelderechtliche Funktionen des Bundes in bezug auf den Rundfunk . 54
1. Hoheitsaufgaben ... 54
2. Errichtung und Betrieb von Rundfunkfernmeldeanlagen ... 56
a) Grundsatz § 1 Abs. 1 FAG ... 56
b) Verleihungsvorbehalt § 1 Abs. 2 FAG für Funkanlagen ... 56

aa) § 1 Abs. 2 Satz 1 FAG ... 56

bb) § 1 Abs. 2 Satz 2 FAG als Pauschalverleihung an die Nachfolgeunternehmen der DBP TELEKOM ... 57

c) Einzelverleihung nach § 2 FAG ... 59

aa) Grundsatz ... 59

bb) Ermessen ... 60

cc) Einzel- und Allgemeingenehmigung ... 60

d) Frequenznutzung durch den Rundfunk ... 61

III. Zusammenfassung: Bedeutung des reformierten Fernmelderechts für den Rundfunk ... 62

D. Verfassungsrechtliche Prüfung ... 65

I. Kollision zwischen den Freiheiten und Aufgaben der Rundfunkanstalten und -unternehmen einerseits sowie dem Funkanlagenmonopol andererseits ... 65

1. Fragestellung ... 65

2. Stellungnahme des Bundesverfassungsgerichts im Ersten Fernsehurteil 66

3. Erster Blick auf Artikel 5 GG ... 66

II. Grundrechtspositionen der Rundfunkanstalten und -unternehmen ... 68

1. Freiheitsgewährleistungen nach Artikel 5 Abs. 1 Satz 1, 1. Hs. GG .. 68

a) Wort, Schrift und Bild ... 68

b) Meinung ... 69

c) Äußern und verbreiten ... 71

2. Freiheitsgewährleistungen nach Artikel 5 Abs. 1 Satz 1, 2. Hs. GG .. 74

a) Informationsfreiheit und Fernmelderecht ... 74

b) Allgemein zugängliche Quelle ... 74

c) „Ungehindert“ ... 76

3. Freiheitsgewährleistungen nach Artikel 5 Abs. 1 Satz 2 GG ... 78

a) Entwicklung und Verhältnis von Individualrecht und institutioneller Garantie in Artikel 5 Abs. 1 Satz 2 GG ... 78

aa) Objektiv-rechtliche Auslegung ... 79

bb) Subjektiv-rechtliche Auslegung ... 83

cc) Rechtsprechung des Bundesverfassungsgerichts ... 85

b) Gleiche Freiheitsrechte für Presse und Rundfunk? ... 87

aa) Wesensgleichheit von Presse und Rundfunk? 87
bb) Die „Sondersituation“ im Rundfunk 88
4. Verhältnis zwischen Artikel 5 Abs. 1 Satz 1 und Satz 2 GG 93
5. Grundrechtsträgerschaften 94
a) Private Rundfunkunternehmen 94
b) Öffentlich-rechtliche Anstalten 95
aa) Wesensmäßige Anwendbarkeit 95
bb) Literatur 97
cc) Rechtsprechung 97
dd) Ergebnis 98
6. Resümee zu Artikel 5 Abs. 1 GG 98

III. Die Schrankenbestimmung Artikel 5 Abs. 2 GG 100
1. Die Vorschriften der allgemeinen Gesetze 100
2. Die „allgemeinen Gesetze“ im Hinblick auf den Personenkreis 101
3. Die „allgemeinen Gesetze“ im Hinblick auf den Schutzbereich 102
4. Die „allgemeinen Gesetze“ im Hinblick auf den verfassungskonformen Zweck der Einschränkung mit Güterabwägung 104
a) Verfassungskonformer Zweck 104
b) Güterabwägung 105

IV. Standort des Fernmeldewesens in der Verfassung 107
1. Ausgangspunkt 107
2. Artikel 73 Nr. 7 GG 108
3. Artikel 87f GG 110
4. Artikel 143b Abs. 2 Satz 1 GG 112
a) Ausgangspunkt 112
b) Wortbedeutung 113
c) Stellung der Vorschrift in der Verfassung 113
d) Verfassungsrechtliche Gewährleistung von Monopolen 115

V. Abwägung zwischen den Verfassungspositionen des Rundfunks und des Fernmeldewesens 118
1. Ausgangspunkt 118
2. Argumente für ein Funkanlagenmonopol 119

a) „Natürliches Monopol" 119
b) Flächendeckender Funkverkehr 121
c) Störungsfreier Funkverkehr 123
3. Argumente gegen ein Funkanlagenmonopol 125
a) Technische Unabhängigkeit 125
b) Einflußmöglichkeiten auf den Rundfunk 126
c) Verfassungswidrige Zerlegung des Rundfunkwesens 129
d) Länderkompetenz für den Rundfunk 130
e) Auslandsbezüge 131
aa) Internationale Fernmeldeverträge 131
bb) Artikel 10 MRK 132
4. Verhältnismäßigkeit im weiteren Sinne 133
a) Grundsätze staatlicher Abwägungsprozesse 133
b) Geeignetheit 135
c) Erforderlichkeit 135
aa) Störungsfreier Funk 135
bb) Flächendeckender Funkverkehr 137
d) Verhältnismäßigkeit im eigentlichen Sinne 137
5. Verfassungswidrigkeit der § 1 Abs. 2 Satz 2, § 2 Abs. 1 Satz 1 FAG oder verfassungskonforme Auslegung? 141
a) Die Möglichkeiten und Grenzen der verfassungskonformen Auslegung 142
b) Anwendung auf § 1 Abs. 2 Satz 2, § 2 Abs. 1 Satz 1 FAG 143
aa) Eingeschränkte Interpretation von § 1 Abs. 2 Satz 2 FAG . . . 143
bb) Ermessensausübung im Rahmen des § 2 Abs. 1 Satz 1 FAG . 143
6. Ergebnis 145

E. Zusammenfassung der wesentlichen Ergebnisse in Thesen 146

Literaturverzeichnis 151

Abkürzungsverzeichnis

a.A.	anderer Ansicht
a.a.O.	am angegebenen Ort
ABl.	Amtsblatt
Abs.	Absatz
a.F.	alte Fassung
AfP	Archiv für Presserecht
Anm.	Anmerkung
AöR	Archiv des öffentlichen Rechts
ArchPF	Archiv für das Post- und Fernmeldewesen
ArchPT	Archiv für das Post- und Telekommunikationswesen
ARD	Arbeitsgemeinschaft der öffentlich-rechtlichen Rundfunkanstalten der Bundesrepublik Deutschland
ARD-Jb	ARD-Jahrbuch
Art.	Artikel
BadWürttMedG	Landesmediengesetz Baden-Württemberg
BAPostG	Gesetz über die Errichtung einer Bundesanstalt für Post und Telekommunikation Deutsche Bundespost
BayMEG	Gesetz über die Erprobung und Entwicklung neuer Rundfunkangebote und anderer Mediendienste in Bayern
BayMG	Bayerisches Mediengesetz
BayVBl.	Bayerische Verwaltungsblätter
BayVerfGH	Bayerischer Verfassungsgerichtshof
BayVerfGHE	Entscheidungen des Bayerischen Verfassungsgerichtshofs
Bd.	Band
BerlBrandStV	Staatsvertrag über die Zusammenarbeit zwischen Berlin und Brandenburg im Bereich des Rundfunks
BGB	Bürgerliches Gesetzbuch
BGBl.	Bundesgesetzblatt
BK	Bonner Kommentar
BMPT	Bundesminister für Post und Telekommunikation
BR	Bayerischer Rundfunk
BR-Drs.	Drucksache des Deutschen Bundesrates

BremLMG	Landesmediengesetz Bremen
BRFG	Gesetz über die Errichtung von Rundfunkanstalten des Bundesrechts
BR-G, BR-Gesetz	Gesetz über den Bayerischen Rundfunk
BT-Drs.	Drucksache des Deutschen Bundestages
BVerfG	Bundesverfassungsgericht
BVerfGE	Entscheidungen des Bundesverfassungsgerichts
CR	Computer und Recht
DAB	Digital Audio Broadcasting
DBP	Deutsche Bundespost
ders.	derselbe
DLF	Deutschlandfunk
DÖV	Die öffentliche Verwaltung
DRADAG	Drahtloser Dienst AG.
DuR	Demokratie und Recht
DVBl.	Deutsches Verwaltungsblatt
DW	Deutsche Welle
EG	Europäische Gemeinschaft
EU	Europäische Union
EvStL	Evangelisches Staatslexikon
evtl.	eventuell
FAG	Gesetz über Fernmeldeanlagen
Fn.	Fußnote
FO	Fernmeldeordnung
FRAG	Frei Rundfunk AG.
FS	Festschrift
FuR	Film und Recht
GG	Grundgesetz für die Bundesrepublik Deutschland
GVBl.	Gesetz- und Verordnungsblatt
GWB	Gesetz gegen Wettbewerbsbeschränkungen
HambMedG	Hamburgisches Mediengesetz
Hb	Handbuch
HbStR	Handbuch des Staatsrechts
HessPRG	Gesetz über den privaten Rundfunk in Hessen
HR	Hessischer Rundfunk
HR-G, HR-Gesetz	Gesetz über den Hessischen Rundfunk
h.M.	herrschende Meinung
Hrsg.	Herausgeber

Hs.	Halbsatz
i.d.F.	in der Fassung
IFU	Internationale Fernmeldeunion
IHB	Internationales Handbuch für Rundfunk / Hörfunk und Fernsehen
Jb	Jahrbuch
JbDBP	Jahrbuch Deutsche Bundespost
JöR	Jahrbuch des öffentlichen Rechts
JuS	Juristische Schulung
JZ	Juristenzeitung
KEF	Kommission zur Ermittlung des Finanzbedarfs der öffentlich-rechtlichen Rundfunkanstalten
LMedG	Landesmediengesetz
LRG	Landesrundfunkgesetz
LRG NW	Rundfunkgesetz für das Land Nordrhein-Westfalen
MDR	Mitteldeutscher Rundfunk
MDR	Monatsschrift für Deutsches Recht
MDR-StV	Staatsvertrag über den Mitteldeutschen Rundfunk
m.N., m.w.N.	mit Nachweisen, mit weiteren Nachweisen
MP	Media-Perspektiven
MRK	(Europäische) Konvention zum Schutze der Menschenrechte und Grundfreiheiten
MVRG	Rundfunkgesetz für das Land Mecklenburg-Vorpommern
NDR	Norddeutscher Rundfunk
NDR-StV	Staatsvertrag über den Norddeutschen Rundfunk
NdsLRfG	Niedersächsisches Landesrundfunkgesetz
n.F.	neue Fassung
NJW	Neue Juristische Wochenschrift
NW	Nordrhein-Westfalen
NWDR	Nordwestdeutscher Rundfunk
ORB-Gesetz	Gesetz über den Ostdeutschen Rundfunk Brandenburg
PostPersG	Gesetz zum Personalrecht der Beschäftigten der früheren Deutschen Bundespost
PostStruktG	Gesetz zur Neustrukturierung des Post- und Fernmeldewesens und der Deutschen Bundespost – Poststrukturgesetz
PostUmwG	Gesetz zur Umwandlung der Unternehmen der Deutschen Bundespost in die Rechtsform der Aktiengesellschaft
PostVerfG	Gesetz über die Unternehmensverfassung der Deutschen Bundespost – Postverfassungsgesetz

PostVerwG	Gesetz über die Verwaltung der Deutschen Bundespost – Postverwaltungsgesetz
PR	Parlamentarischer Rat
PTNeuOG	Gesetz zur Neuordnung des Postwesens und der Telekommunikation
PTRegG	Gesetz über die Regulierung der Telekommunikation und des Postwesens
RB	Radio Bremen
RB-G, RB-Gesetz	Gesetz über die Errichtung und die Aufgaben einer Anstalt des öffentlichen Rechts – Radio Bremen
Rn.	Randnummer(n)
RDS	Radio-Daten-System
RDV	Recht der Datenverarbeitung
RfStV 1987	Staatsvertrag zur Neuordnung des Rundfunkwesens (Rundfunk-staatsvertrag) vom 3.4.1987
RfStV	Rundfunkstaatsvertrag vom 31.8.1991
RGBl.	Reichsgesetzblatt
RhPfLRG	Landesrundfunkgesetz des Landes Rheinland-Pfalz
RPM	Reichsminister für Post- und Fernmeldewesen
RRG	Reichsrundfunkgesellschaft mbH.
RuF	Rundfunk und Fernsehen
SaarRG	Rundfunkgesetz für das Saarland (Landesrundfunkgesetz)
SachsAnhPRG	Privatrundfunkgesetz Sachsen-Anhalt
SächsPRG	Privatrundfunkgesetz Freistaat Sachsen
SchlHolstRfG	Rundfunkgesetz für das Land Schleswig-Holstein (Landesrundfunkgesetz)
SDR	Süddeutscher Rundfunk
SDR-S	Satzung für den Süddeutschen Rundfunk in Stuttgart
SFB	Sender Freies Berlin
SFB-S	Satzung der Rundfunkanstalt Sender Freies Berlin
SR	Saarländischer Rundfunk
st. Rspr.	ständige Rechtsprechung
StV	Staatsvertrag
SWF	Südwestfunk
SWF-StV	Staatsvertrag über den Südwestfunk
SZ	Süddeutsche Zeitung
ThürPRG	Privatrundfunkgesetz Thüringen
TKO	Telekommunikationsordnung
u.a.	unter anderem

UER	Union Européenne de Radiodiffusion
UFITA	Archiv für Urheber-, Film-, Funk- und Theaterrecht
Urt.	Urteil
u.U.	unter Umständen
vgl.	vergleiche
VO	Verordnung
VO-Funk	Vollzugsordnung für den Funkdienst
VTL	Vereinbarung über die Leistungsbeziehungen zwischen den Rundfunkanstalten und der DBP
VVDStRL	Veröffentlichungen der Vereinigung der Deutschen Staatsrechtslehrer
WDR	Westdeutscher Rundfunk Köln
WDR-Gesetz	Gesetz über den Westdeutschen Rundfunk in Köln
WRV	Weimarer Reichsverfassung 1919
ZDF	Zweites Deutsches Fernsehen
ZDF-StV	ZDF-Staatsvertrag
ZfVersWiss	Zeitschrift für Versicherungswissenschaft
ZGR	Zeitschrift für Unternehmens- und Gesellschaftsrecht
z.T.	zum Teil
ZUM	Zeitschrift für Urheber- und Medienrecht
z.Zt.	zur Zeit

A. Einführung

I. Sachverhalt und Fragestellung

1. Sachverhalt

Ohne Technik kein Rundfunk. Deshalb betreiben die öffentlich-rechtlichen Rundfunkanstalten für mehrere Programme ihre Sendeanlagen selbst: namentlich für die Hörfunkprogramme I–V und für das Fernsehprogramm I (Fernsehgemeinschaftsprogramm ARD und Regionalprogramme I)[1].

Andere Rundfunkveranstalter wollen dies ebenfalls tun; so z.B. die öffentlich-rechtlichen Rundfunkanstalten für ihre übrigen Programme (Fernsehen II und III) und die privaten Rundfunkunternehmen.

Dagegen werden rechtliche Argumente vorgetragen. Vor allem steht dem das Fernmeldeanlagengesetz (im folgenden FAG) aus dem Jahre 1928 entgegen, das erst dem Reich, dann dem Bund – und damit praktisch der Deutschen Bundespost TELEKOM (im folgenden DBP TELEKOM) –, und nunmehr der Telekom AG das alleinige Recht verleiht, Funkanlagen zu errichten und zu betreiben.

Das Bundesverfassungsgericht bestätigte im Ersten Fernsehurteil[2] am 28. Februar 1961 die Regelung des FAG vom 14. Januar 1928 und stellte das Recht der Fernmeldeverwaltung fest, selbst Funkanlagen zu betreiben, mit Ausnahme der bereits betriebenen ARD-Sendeanlagen. Es erklärte, daß zur Rundfunkfreiheit ein eigener Senderbetrieb nicht gehöre[3].

Die Bundespost nutzte diesen Urteilsspruch und errichtete und betrieb von diesem Zeitpunkt an für möglichst viele neue Rundfunkprogramme die Sendeanlagen selbst, obwohl das Bundesverfassungsgericht den Betrieb posteigener Sendeanlagen nur als eine Möglichkeit dargestellt hatte[4]. So betreibt z.Zt. die Telekom AG die Sender

---

[1] Ausnahme: Die öffentlich-rechtlichen Rundfunkanstalten in den sog. „Neuen Bundesländern“; s.u. S. 18.

[2] BVerfG, Urt. vom 28.2.1961, BVerfGE 12, 205.

[3] BVerfG, Urt. vom 28.2.1961, BVerfGE 12, 205 (239).

[4] BVerfG, Urt. vom 28.2.1961, BVerfGE 12, 205 (248).

- für das am 6. Juni 1961 gegründete öffentlich-rechtliche ZDF,
- für die Dritten Fernsehprogramme der ARD-Landesrundfunkanstalten,
- für Deutschlandradio (früher DLF; Langwelle, Mittelwelle und UKW),
- für Deutsche Welle (Mittel- und Kurzwelle), sowie
- die Sender auf den von ihr betriebenen Satelliten (ohne ASTRA) sowie die dafür erforderlichen up-link- und down-link-stations.
- Die Telekom AG hat zudem in den fünf neuen Bundesländern entsprechend Art. 27 Einigungsvertrag den Betrieb der Sendeanlagen für folgende Programme übernommen: MDR, ORB, NDR (für Mecklenburg-Vorpommern) und SFB (für Berlin-Ost)[5].
- Außerdem strahlt die Telekom AG die Programme für alle privaten Rundfunkunternehmen in der Bundesrepublik Deutschland ab — entweder über terrestrische oder über Sender auf Satelliten, soweit nicht ASTRA verwendet wird. Sie errichtet und betreibt die hierfür erforderlichen Sendeanlagen und Modulationsleitungen.

Mit der Gründung von Privatrundfunkunternehmen, mit der immer größer werdenden Konkurrenz und dem allgemeinem Trend zu Deregulationsaktivitäten mehren sich die Stimmen, die bezweifeln, daß das Monopol aus dem Jahre 1928 aus heutiger Sicht verfassungsgemäß ist. Nur einer der gegen die frühere DBP TELEKOM und heutige Telekom AG erhobenen Vorwürfe lautet z.B., daß sie Spieler und Schiedsrichter zugleich sei[6]: Auf der einen Seite betreibe sie Rundfunkanlagen und auf der anderen Seite entscheide sie über die Zulassung von Konkurrenten und über ihre eigene Monopolstellung. Die Interessen der Rundfunkanstalten gehen dahin, das Monopol zu lockern, verbunden mit einem Anspruch auf Zulassung zum Betreiben eigener Sendeanlagen bei Erfüllung der technischen Voraussetzungen.

Die Telekom AG ist hingegen wie früher die Deutsche Bundespost und die DBP TELEKOM entschlossen, ihre bisherige Stellung beizubehalten. Seit Jahren wird dieser Standpunkt damit begründet, daß die zentrale Post oder Telekom Versorgungsfunktionen wahrzunehmen habe, die sie nur erfüllen könne, wenn ihr die Verantwortung für das Gesamtsystem verbleibe, auch unter Berücksichtigung ihrer Infrastrukturaufgaben und dem Bereich der staatlichen Daseinsvorsorge[7].

---

[5] Übersicht über die Sender in: IHB 1994/95, S. E 63 ff.; ZDF-Jahrbuch 94, S. 391 ff.

[6] *v. Weizsäcker*, Wirtschaftspolitische Begründung und Abgrenzung des Fernmeldemonopols, in: *Mestmäcker* (Hrsg.), Kommunikation ohne Monopole, S. 127 ff. (137).

[7] Monopolkommission, Sondergutachten Nr. 9: Die Rolle der Deutschen Bundespost im Fernmeldewesen, S. 25 f.

2. Fragestellung

Da es sich hier nicht nur um beliebige Interessengegensätze beliebiger Institutionen, sondern um grundsätzliche Fragen der Verfassung handelt, die nicht zuletzt für die zukünftige Entwicklung des Rundfunks – und auch für die Entwicklung der Telekom AG – in der Bundesrepublik Deutschland von Bedeutung sind, stellen sich insbesondere folgende Fragen, welche untersucht werden sollen:

- Wie ist das Errichtungs- und Betriebsmonopol des Bundes für Funkanlagen (§ 1 FAG), welches auch die Rundfunksende- und -empfangseinrichtungen umfaßt, verfassungsrechtlich im Hinblick auf Art. 5 GG zu beurteilen?
- Sind Rundfunkanstalten befugt oder sogar verpflichtet, Sender zur Verbreitung ihrer Programme selbst zu betreiben?
- Können Rundfunkanstalten über das Errichtungs- und Betriebsmonopol der Telekom AG gezwungen werden, Sendeanlagen, welche die Telekom AG errichtet und betreibt, zu benutzen?
- Erfassen die Verfassungsaussagen und -gebote des Art. 5 GG für die Aufgaben der Rundfunkanstalten auch den rundfunkeigenen Senderbetrieb?

Diesen Fragen im Lichte der technischen Innovationen und eines modifizierten rechtlichen Verständnisses seit dem Ersten Fernsehurteil vom 28. Februar 1961 nachzugehen, ist Ziel der vorliegenden Arbeit.

II. Historische Entwicklung der Rundfunkfernmeldetechnik

Die Fernmeldehoheit des Reiches war bereits in Art. 48 Abs. 1 der Reichsverfassung von 1871 angelegt[8]. Um den Streit mit privaten Betreibern zu beenden, ob die staatlichen Telegrafenverwaltungen das Alleinrecht hätten, Telegrafenanlagen für die Vermittlung von Nachrichten zu installieren und zu betreiben, und weil die herrschende Lehre eine derartige Auslegung des Art. 48 ablehnte[9], wurde das „Gesetz über das Telegraphenwesen des Deutschen Reichs“ vom 6. April 1892[10] erlassen.

Durch die Novelle zum Telegrafengesetz (Gesetz zur Abänderung des Telegraphengesetzes – der „Funkgesetznovelle“ – vom 7. März 1908[11]) wurde

[8] *Lerg*, Die Entstehung des Rundfunks in Deutschland, S. 24.

[9] Umfassend *Badura*, Das Verwaltungsmonopol, S. 203.

[10] RGBl. S. 467.

[11] RGBl. S. 79.

das Hoheitsrecht auch auf die drahtlose Nachrichtenübermittlung ausgedehnt. Hierzu sah man sich aus Gründen der Landesverteidigung und zur Einhaltung internationaler Abmachungen gezwungen[12]. Die schnelle Entwicklung der drahtlosen Telegrafie, der „Funktelegraphie", hatte nämlich zur Folge, daß zwar auch der Funk zu den Telegrafenanlagen des § 1 Telegraphengesetz gehörte und damit ausschließlich vom Reich betrieben werden durfte, jedoch bezogen sich die für die Telegrafenanlagen geltenden Ausnahmen des § 3 Telegraphengesetz auch auf den Funk, weshalb man die Beseitigung der Ausnahmevorschriften für erforderlich hielt.

Damit hatte sich das Reich das alleinige Recht gesichert, Telegrafenanlagen für die Vermittlung von Nachrichten zu installieren und zu betreiben. Dieses Recht konnte, begrenzt auf einzelne Strecken oder Bezirke, an private Unternehmen verliehen werden[13].

Während des Ersten Weltkriegs beschlagnahmte das Kriegsministerium alle privaten und öffentlichen Funkanlagen und nutzte sie in erster Linie für militärische Zwecke. Unmittelbar nach dem Ende des Ersten Weltkriegs war das gesamte öffentliche und amtliche Nachrichtenwesen nicht nur der Kontrolle der militärischen Aufsichtsbehörde entglitten, sondern auch das Reichspostamt, als Betriebsbehörde für die Dauer des Krieges, mußte mit ansehen, wie Soldaten, die zum Schutz der Anlagen bestellt waren, die Geräte zunächst selbst betrieben, um sich schließlich mit dieser Beute dem Vollzugsrat der Arbeiter- und Soldatenräte zur Verfügung zu stellen[14]. Deshalb lag schon im Dezember 1918 im Reichspostamt ein Plan vor, den Funk als öffentliches Nachrichtenmittel in seinen eigenen Aufgabenbereich einzubeziehen. Nicht nur der Aufbau des Drahtnetzes für Telegraf und Telefon sollte beginnen, sondern auch der des drahtlosen Telegrafen- und Telefonnetzes. Grund hierfür war nicht an erster Stelle die Herstellung des öffentlichen Funkverkehrs nach dem Krieg, sondern eine Abwehrmaßnahme gegenüber dem Vollzugsrat. Auch ein postunabhängiges Reichsfunkamt drohte[15]. Am 9. April 1919 stimmte die Reichsregierung zu, in der Verwaltung des Reichsfunkwesens eine Vereinfachung vorzunehmen, und bestätigte durch Erlaß die Zuständigkeit der Postverwaltung, die daraufhin eine Funkabteilung neu errichtete[16].

Die Weimarer Reichsverfassung vom 11. August 1919 sicherte dem Reich die ausschließliche Gesetzgebungs- und Verwaltungszuständigkeit für das

---

[12] Verhandlungen des Reichstags 1908, 85. Sitzung, S. 2590, 2591.

[13] *Herrmann*, UFITA 97, 1 (1); *ders.*, Rundfunkrecht, S. 58.

[14] *Lerg*, Die Entstehung des Rundfunks in Deutschland, S. 45.

[15] Umfassend *Lerg*, ebd., S. 45 ff.

[16] Abdruck des Erlasses des Präsidenten des Reichsministeriums bei *Lerg*, ebd., S. 81.

Post- und Telegrafenwesen[17]. Technisch entwickelte sich die sog. drahtlose Telefonie (Sprache und Musiktöne im Gegensatz zu Morsezeichen oder ähnlichen Chiffren) in rasantem Tempo weiter, so daß Schallschwingungen unmittelbar an den Empfänger weitergegeben werden konnten.

Als 1923 Sende- und Empfangsgeräte so weit fortgeschritten waren, daß Rundfunk für die Allgemeinheit, der Rundfunk „An Alle", möglich wurde, stellte sich die Frage, wer für den Inhalt der Sendungen verantwortlich sein sollte. Da zu diesem Zeitpunkt niemand das wirtschaftliche Risiko dieser Veranstaltungen abschätzen konnte, blieb die Postverwaltung aus Zuständigkeitsgründen und aus wirtschaftlich-fiskalischen Gründen im Hintergrund. Sie teilte das Reichsgebiet in neun Sendebezirke ein, in denen private Programmgesellschaften die Möglichkeit erhielten, eine Genehmigung zur Benutzung posteigener Sender zu beantragen[18]. Die Voraussetzungen für einen regelmäßigen Rundfunkprogrammdienst wurden im Oktober 1923 geschaffen, indem das Reich den Rundfunkempfang fernmelderechtlich freigab[19]. Neun Gesellschaften nahmen 1923/24 ihren Rundfunkbetrieb auf[20].

Als man wenig später erkannte, daß der Rundfunk großen Einfluß auf die Öffentlichkeit besaß, gab das Reich seine anfängliche Zurückhaltung in bezug auf Veranstaltungen von Rundfunksendungen auf und entwickelte Pläne zur umfassenden Kontrolle des Rundfunks[21]. Die von den Rundfunkgesellschaften erstrebten längerfristigen Genehmigungen zur Benutzung von Postsendern wurden nur unter Bedingungen erteilt, die tief in den Programminhalt und die organisatorische Struktur der Rundfunkgesellschaften eingriffen. Fünf Regionalgesellschaften schlossen sich zu einem zentralistischen Dachverband „Reichsrundfunkgesellschaft mbH" (RRG) zusammen. Mit Ausnahme der Deutschen Stunde in Bayern GmbH traten alle Rundfunkgesellschaften bei und übertrugen der RRG die Mehrheiten der Geschäftsanteile ihrer Regionalgesellschaften. Diese wiederum übertrug kostenlos die Mehrheit ihrer Geschäftsanteile der Deutschen Reichspost. Den Verwaltungsratsvorsitzenden bestimmte der Reichspostminister, und die RRG-Organe waren von der Bestätigung des RPM abhängig[22]. Hinzu kam die Verpflichtung der Rundfunk-

---

[17] Art. 6 Nr. 7, Art. 88 Abs. 1, Art. 118 WRV.

[18] *Bredow*, Vier Jahre deutscher Rundfunk, Berlin 1927, S. 15 ff; *Magnus*, Der Rundfunk in der Bundesrepublik und West-Berlin, S. 16; *Schuster*, ArchPF 1949, 309 (313); *Herrmann*, Rundfunkrecht, S. 59.

[19] Verfügung Nr. 117 vom 24.10.1923.

[20] S.o. Fn. 18.

[21] Umfassend hierzu *Lerg*, Die Entstehung des Rundfunks in Deutschland, S. 234 ff.; *Magnus*, Der Rundfunk in der Bundesrepublik und West-Berlin, S. 18.

[22] § 7 RRG-Satzung.

gesellschaften, nur das von der DRADAG[23] gelieferte Nachrichtenmaterial zu verwenden, Anweisungen der politischen Überwachungsausschüsse wegen der Anstellung des für die Programmgestaltung verantwortlichen Vorstandsmitgliedes entgegenzunehmen und vom Reich und den Ländern bestimmte Mitglieder in den Aufsichtsrat der Gesellschaften zu wählen[24]. Nach Erfüllung dieser Bedingungen[25] erhielten die Rundfunkgesellschaften 1926 je eine Genehmigung zur Benutzung von Funksendeanlagen der Deutschen Reichspost für Zwecke des Unterhaltungsrundfunks. Sie war auf zwölf Jahre begrenzt.

1932 wurde der Rundfunk praktisch vollständig verstaatlicht[26], indem die Reichsregierung (Reichskanzler war von Papen) den Landesregierungen Leitsätze und Richtlinien[27] für die Programmgestaltung aufgab. Die noch privaten Geschäftsanteile der Regionalrundfunkanstalten wurden zu 49% auf die Länder und zu 51% auf die RRG übertragen, deren Anteile wiederum zu 51% bei der Deutschen Reichspost lagen[28]. Die Rundfunkgesellschaften entsprachen „staatseigenen selbständigen juristischen Personen des Privatrechts“[29].

1933 erwarb die RRG die restlichen Geschäftsanteile der Regionalrundfunkgesellschaften und vollendete damit die Verstaatlichung des deutschen Rundfunks. Das neue Reichsministerium für Volksaufklärung und Propaganda (RMVP) wurde für den Rundfunk und für alle Rundfunkangelegenheiten aus dem Geschäftsbereich des Reichspostministers verantwortlich[30]. Nur die technische Verwaltung außerhalb der Häuser der Reichs-Rundfunk-GmbH und der Rundfunkgesellschaften und die sendetechnischen Angelegenheiten verblieben der Reichspost[31]. Es wurde damit zum ersten Mal zwischen dem publizistischen und dem fernmeldetechnischen Bereich in ihren Funktionen

---

[23] Drahtloser Dienst AG: Ihre Geschäftsanteile waren in der Hand des Reichsinnenministers.

[24] *Herrmann*, Rundfunkrecht, S. 60 f.; Text der Richtlinien bei *Schuster*, ArchPF 1949, 309 (330 ff.).

[25] Text des Ausführungsvertrags in: *Lerg*, Die Entstehung des Rundfunks in Deutschland, S. 245 ff.

[26] *Bausch*, Der Rundfunk im politischen Kräftespiel der Weimarer Republik 1923–1933, S. 95, 106.

[27] Deutscher Reichstag, III. Wahlperiode 1924/25. Drucksache Nr. 2776.

[28] Obwohl die Verantwortlichkeit für die Programmgestalltung weiter beim Intendanten lag, traten an die Stelle der politischen Überwachungsausschüsse die von den Landesregierungen ernannten Staatskommissare, die das Recht hatten, Programmänderungen zu veranlassen, Sendungen zu untersagen und in die Personalgestaltung einzugreifen.

[29] *Freund*, Der deutsche Rundfunk. Seine öffentlich-rechtlichen Grundlagen und seine Organisation, Diss. Würzburg 1933, S. 100.

[30] Verordnung vom 30.6.1933, RGBl. I S. 449.

[31] Verordnung vom 30.6.1933, RGBl. I S. 449.

unterschieden und beide Bereiche voneinander getrennt. Das Bundesverfassungsgericht hat diesen wichtigen Punkt in seinem Ersten Fernsehurteil[32] nicht erörtert, sondern hat bei der historischen Entwicklung des Begriffs Fernmeldewesen und bei der historischen Entwicklung der Veranstaltung von Rundfunksendungen die Zeit von 1933 bis 1945 unberücksichtigt gelassen. Gerade in der Zeitspanne von 1933 bis 1945 hatte jedoch die Reichspost, außer in der technischen Verwaltung, in Rundfunkangelegenheiten kein Mitspracherecht, denn der publizistische Bereich wurde ja aus der Verwaltungszuständigkeit der Post herausgelöst[33].

Nachdem gegen Ende des Zweiten Weltkriegs die Rundfunk- und Sendeeinrichtungen von den Alliierten besetzt worden waren und danach auch als Sender der Militärregierung Verwendung fanden, wurden 1948/49 in den westlichen Besatzungszonen die ersten deutschen Rundfunkanstalten gegründet. In der Organisationsform entschied man sich zwischen den beiden Extremen – dem des in die Organisation der staatlichen Exekutive eingefügten Rundfunks und dem des rein kommerziell/privatwirtschaftlichen Rundfunks – für die mit Selbstverwaltungsrecht ausgestattete Anstalt des öffentlichen Rechts[34]. Das Eigentum an den Rundfunksendeanlagen wurde von der Postverwaltung auf die Länder oder auf die Landesrundfunkanstalten übertragen[35].

Im Grundgesetz für die Bundesrepublik Deutschland vom 23. Mai 1949 wurden die Form der Rundfunkorganisation und die Kompetenzfrage, ob der Bund oder die Länder für den Rundfunk zuständig seien, nicht ausdrücklich geregelt, obwohl sie im Grundsatzausschuß des Parlamentarischen Rates besprochen worden waren[36]. Das führte später zu dem Bund/Länder-Streit, den das Bundesverfassungsgericht durch das Erste Fernsehurteil[37] entschieden hat.

Der erste praktische Bund-Länder-Streit um die Rundfunkkompetenz entstand anläßlich des „Vogel/Mende-Entwurfs"[38] im März 1953. Das Rundfunkwesen sollte durch Bundesgesetz geregelt werden, weshalb der Entwurf für ein „Gesetz über die Wahrnehmung gemeinsamer Aufgaben auf dem Ge-

---

[32] BVerfG, Urt. vom 28.2.1961, BVerfGE 12, 205 (236, 245).

[33] Verordnung vom 30.6.1933, RGBl. I S. 449; *Herrmann*, UFITA 97, 1 (11); *ders.*, Rundfunkrecht, S. 63.

[34] *Magnus*, RuF 1959, 260 (264).

[35] Für die britische Besatzungszone durch BritMRVO Nr. 202, für die amerikanische Besatzungszone durch Gesetz Nr. 19 der amerikanischen Militärregierung, für die französische Besatzungszone durch FrMRVO Nr. 188; s. dazu *Schuster*, ArchPF 1949, 309 (315 ff.); *Lüders*, Presse- und Rundfunkrecht, S. 257 ff.

[36] *Matz*, in: *v. Doemming/Füsslein/Matz*, JöR 1951, S. 477.

[37] BVerfG, Urt. vom 28.2.1961, BVerfGE 12, 205; s. dazu unten.

[38] BT-Drs. I/4198.

biet des Rundfunks“ im Bundestag eingebracht wurde[39]. Durch Ablauf der Legislaturperiode des Bundestages wurde der Entwurf hinfällig.

In der einsetzenden rundfunkrechtlichen Diskussion ging das Meinungsspektrum von der Auffassung, der Rundfunk gehöre nach Art. 73 Nr. 7 GG zu den Materien der ausschließlichen Gesetzgebung des Bundes, weshalb der Bund gem. Art. 87 Abs. 3 GG eine bundesunmittelbare Bundesrundfunkanstalt wie die geplante Anstalt des öffentlichen Rechts „Der Deutsche Rundfunk“ mit Sitz in Düsseldorf, errichten könne[40] über die Meinung, das Wesen des Rundfunks erstrecke sich nur auf das Senden und Empfangen[41], bis hin zu der Erkenntnis, Rundfunk habe sich zu einem selbständigen publizistischen Massenkommunikationsmittel entwickelt, welches nicht als kleiner Teilbereich eines allumfassenden Fernmeldewesens gewertet werden könne[42]. Die Gesamtleistung der Programmlieferung hätten, inhaltlich und technisch, die Rundfunkanstalten aus eigener Kraft und ohne Mitwirkung der Post zu erbringen[43].

Da die Bundesregierung im Streit um die Rundfunkkompetenz keine Bundesratsmehrheit erlangen konnte, bemühten sich Bund und Länder, die Fragen in einem Bund / Länder-Vertrag zu ordnen. Die Länder setzten dabei voraus, daß die Landesrundfunkanstalten das Sende- und Programm-Monopol uneingeschränkt erhalten sollten. Doch eben diese Voraussetzung wollte der Bund nicht anerkennen[44], weshalb die Verhandlungen letzten Endes erfolglos blieben[45].

Am 30. September 1959 beschloß die Bundesregierung einen Bundesrundfunkgesetz-Entwurf[46], in dem der Bund die Bildung eines „Deutschen Rundfunkverbandes“ vorsah, dessen Aufgaben denen der ARD entsprochen hätte. Der Deutsche Rundfunkverband sollte sich aus einer öffentlich-rechtlichen Anstalt „Deutschland-Fernsehen“, die die Durchführung der Fernsehsendungen privaten Gesellschaften übertragen sollte, und zwei Bundesanstalten „Deutsche Welle“ für Rundfunksendungen für das Ausland, und „Deutschlandfunk“ für den Rundfunk für ganz Deutschland und das europäische Ausland, zusammensetzen. Der Gesetzesentwurf wurde vom Bundesrat im No-

[39] Dazu *Herrmann*, UFITA 97, 1 (24).

[40] *Peters*, Die Zuständigkeit des Bundes im Rundfunkwesen, S. 37 f.

[41] So *Peters*, Die Rundfunkhoheit des Bundes, S. 16.

[42] *Maunz*, in: *Zehner*, Fernsehstreit I, S. 276 (290 f.).

[43] *Ipsen*, Die Rundfunkgebühr, Hamburg 1953, S. 22.

[44] Der Bundesminister des Innern, Schriftsatz vom 31.10.1960, in: *Zehner*, Fernsehstreit I, S. 88 (134, 150).

[45] Näheres dazu bei *Brack*, RuF 1960, 152 (157).

[46] BT-Drs. III / 1434; BR-Drs. 315 / 59.

vember 1959 aus verfassungsrechtlichen und staatspolitischen Gründen einstimmig abgelehnt.

Nachdem die Gründung eines bundeseigenen Fernsehens durch Gesetz nicht verwirklicht werden konnte, ließ Bundeskanzler Konrad Adenauer am 25. Juli 1960 die Gründung der „Deutschland Fernsehen GmbH" notariell beurkunden[47].

Hiergegen wandten sich die Länder Hamburg, Hessen, Bremen und Niedersachsen mit einer Klage beim Bundesverfassungsgericht.

Das Erste Fernsehurteil[48] bestätigte die Rechtsauffassung der Länder dahingehend, daß die Gründung der „Deutschland Fernsehen GmbH" verfassungswidrig war. Art. 73 Nr. 7 GG umfasse nur den sendetechnischen Bereich des Rundfunks unter Ausschluß der Studiotechnik, weshalb die Länder für die Regelung der Organisation der Veranstaltung und die der Veranstalter von Rundfunksendungen zuständig seien, nicht aber der Bund. In demselben Urteil machte das Bundesverfassungsgericht die folgenschwere Aussage, die Gesetzgebungskompetenz des Bundes nach Art. 73 Nr. 7 GG für das Fernmeldewesen lasse auch Regelungen zu, die dem Bund das ausschließliche Recht vorbehalten, Funkanlagen für Zwecke des Rundfunks zu errichten und zu betreiben[49]. Hierauf wird im weiteren Verlauf der Arbeit ausführlich einzugehen sein.

Am 6. Juni 1961 wurde der „Staatsvertrag über die Errichtung der Anstalt des öffentlichen Rechts „Zweites Deutsches Fernsehen" von den Ministerpräsidenten der Länder unterzeichnet.

Anfang der achtziger Jahre hoffte man, durch die neuen Medien, Kabel und Satellit, die den Frequenzmangel überwinden würden, das öffentlich-rechtliche Rundfunkmonopol zu durchbrechen und ein duales System zu errichten. In Niedersachsen wurde als erstes ein Landesrundfunkgesetz[50] verabschiedet, durch das privater Rundfunk zugelassen werden sollte[51]. Hiergegen wurde Normenkontrollklage beim Bundesverfassungsgericht erhoben. Das Bundesverfassungsgericht entschied in seinem Urteil vom 4. November 1986[52] unter anderem, wie Programme privater Anbieter, in ihren unerläßli-

---

[47] Abdruck der notariellen Urkunde in: *Zehner*, Fernsehstreit I, S. 14 ff.

[48] BVerfG, Urt. vom 28.2.1961, BVerfGE 12, 205.

[49] BVerfG, Urt. vom 28.2.1961, BVerfGE 12, 205 (239).

[50] Landesrundfunkgesetz vom 23.5.1984, GVBl. S. 147.

[51] Abgesehen von dem verunglückten Gesetzgebungsakt im Saarland 1967; dazu BVerfG, Urt. vom 16.6.1981, BVerfGE 57, 295 (FRAG-Urteil).

[52] BVerfG, Urt. vom 4.11.1986, BVerfGE 73, 118; bekannt als „Viertes Rundfunkurteil".

chen Grenzen durch Kontrolle gesichert, auszusehen haben[53]. Insoweit wurde auch zum ersten Mal in einem Urteil auf die „Grundversorgung"[54] der öffentlich-rechtlichen Rundfunkanstalten hingewiesen. Daß das Grundgesetz keine bestimmte Form der Rundfunkorganisation vorschreibe und sich damit auch private Anbieter auf dem Medienmarkt beteiligen könnten, hatte das Bundesverfassungsgericht bereits im „FRAG-Urteil" vom 16. Juni 1981[55] festgestellt.

Bayern ist das einzige Bundesland, in dem es aus verfassungsrechtlichen Gründen unzulässig ist (Art. 111a Abs. 2 S. 1 Bayerische Verfassung), ein duales System aus öffentlich-rechtlichem Rundfunk und Privatfunk zu betreiben. Dies erklärte der Bayerische Verfassungsgerichtshof mit Urteil vom 21. November 1986[56] ausdrücklich. Er führte aus, die Gestaltungsfreiheit eines Rundfunkbetriebes obliege dem Landesgesetzgeber, und verwies auf das Bundesverfassungsgericht, das in seinem Urteil vom 16. Juni 1981 erklärt hatte, dem Grundgesetz sei ein Gebot auf Zulassung privater Rundfunkveranstalter nicht zu entnehmen[57].

In dem Beschluß vom 24. März 1987[58] erklärte das Bundesverfassungsgericht, der Ausschluß der Landesrundfunkanstalten von Veranstaltungen regionaler und lokaler Rundfunkprogramme sei eine unzulässige Einschränkung der Rundfunkfreiheit[59].

Nach diesen beiden weiteren grundlegenden Entscheidungen des Bundesverfassungsgerichts[60] unterzeichneten die Ministerpräsidenten der Länder den „Staatsvertrag über die Neuordnung des Rundfunkwesens" vom 3. April 1987, der Rechte und Pflichten für den öffentlich-rechtlichen und privaten Rundfunk in einem dualen Rundfunksystem enthielt.

In seinem „Sechsten Rundfunkurteil" vom 5. Februar 1991[61] nahm das Bundesverfassungsgericht, in bezug auf das Rundfunkgesetz für das Land

---

[53] BVerfG, Urt. vom 4.11.1986, BVerfGE 73, 118 (159 f.).

[54] Eingeführt in die rundfunkrechtliche Diskussion zuerst von *Herrmann*, Fernsehen und Hörfunk in der Verfassung der Bundesrepublik Deutschland, S. 322, 345 ff.

[55] BVerfG, Urt. vom 16.6.1981, BVerfGE 57, 295; bekannt als „Drittes Rundfunkurteil"; vgl. auch schon die Erwähnung privater Veranstalter in BVerfG, Urt. vom 28.2.1961, BVerfGE 12, 205 (262).

[56] BayVerfGH, Urt. vom 21.11.1986, BayVerfGHE 39, 96.

[57] BVerfG, Urt. vom 16.6.1981, BVerfGE 57, 295 (318, 321).

[58] BVerfG, Beschl. vom 24.3.1987, BVerfGE 74, 297; bekannt als „Fünfte Rundfunkentscheidung".

[59] BVerfG, Beschl. vom 24.3.1987, BVerfGE 74, 297 (331).

[60] BVerfG, Urt. vom 4.11.1986, BVerfGE 73, 118, und BVerfG, Beschl. vom 24.3.1987, BVerfGE 74, 297.

[61] BVerfG, Urt. vom 5.2.1991, BVerfGE 83, 238.

Nordrhein-Westfalen vom 19. Januar 1987 und der Novellierung des Gesetzes über den Westdeutschen Rundfunk (WDR-Gesetz vom 19. März 1985), wiederum umfassend zur Freiheit des Rundfunkwesens Stellung, indem es seine bewährte Rechtsprechung bestätigte, und, unter intensivster Beleuchtung des Art. 5 Abs. 1 GG, weiterentwickelte[62].

Nach dem Einigungsvertrag zwischen der Bundesrepublik Deutschland und der DDR vom 31. August 1990[63] schufen die neuen Bundesländer öffentlich-rechtliche Rundfunkanstalten oder schlossen sich einer bestehenden Rundfunkanstalt an; auch erließen sie die nötigen Gesetze, um private Rundfunkunternehmen in einem dualen System zu ermöglichen.

Zur gleichen Zeit arbeiteten alle 16 Bundesländer den „Staatsvertrag über den Rundfunk im vereinten Deutschland" vom 31. August 1991 aus, in dem unter anderem die Vielzahl der von den alten Bundesländern beschlossenen Rundfunk-Staatsverträge auf das ganze neue Bundesgebiet erstreckt und der neuen, auch europarechtlichen Entwicklung angepaßt wurden[64], und der noch heute in Kraft ist.

---

[62] Z.B. BVerfG, Urt. vom 5.2.1991, BVerGE 83, 238 (316). „Das Grundgesetz gibt [...] nur ein Ziel vor: die Freiheitlichkeit des Rundfunkwesens".

[63] BGBl. II S. 885.

[64] Dazu *Herrmann*, Rundfunkrecht, S. 109 f. m.N.

B. Rundfunkordnung

I. Überblick über die „duale Rundfunkordnung"

Zunächst ist ein Blick auf die bundesdeutsche Rundfunkorganisation geboten, die sich seit Anfang der 80er Jahre als sog. *duale Rundfunkordnung* darstellt. Dabei bedarf es an dieser Stelle nur eines kursorischen Überblicks, da die Organisation der öffentlich-rechtlichen Rundfunkanstalten und der privaten Rundfunkunternehmen in Literatur und Rechtsprechung bereits intensiv und extensiv erörtert ist[65].

II. Öffentlich-rechtliche Rundfunkanstalten

1. Gründung, Rechtsform, Organisation

a) Gründung durch Gesetz

In der Bundesrepublik Deutschland bestehen zur Zeit

- elf Landesrundfunkanstalten: Bayerischer Rundfunk (BR); Hessischer Rundfunk (HR); Mitteldeutscher Rundfunk (MDR); Norddeutscher Rundfunk (NDR); Ostdeutscher Rundfunk Brandenburg (ORB); Radio Bremen (RB); Saarländischer Rundfunk (SR); Sender Freies Berlin (SFB); Süddeutscher Rundfunk (SDR); Südwestfunk (SWF); Westdeutscher Rundfunk Köln (WDR),
- eine Fernsehanstalt aller Länder (ZDF),
- eine Hörfunkanstalt aller Länder (Deutschlandradio), und
- eine Bundesrundfunkanstalt (Deutsche Welle DW).

Diese Rundfunkanstalten sind durch Gesetze einzelner Länder oder des Bundes oder durch normative Staatsverträge gegründet worden[66].

---

[65] Aus der Literatur etwa: *Herrmann*, Rundfunkrecht, S. 163 ff., 186 ff.; *A. Hesse*, Rundfunkrecht, S. 77 ff., 159 ff. — Aus der Rechtsprechung etwa: BVerfG, Urt. vom 16.6.1981, BVerfGE 57, 295; BVerfG, Urt. vom 4.11.1986, BVerfGE 73, 118; BVerfG, Beschl. vom 24.3.1987, BVerfGE 74, 297; BVerfG, Urt. vom 5.2.1991, BVerfGE 83, 238.

[66] *Herrmann*, Rundfunkrecht, S. 52 ff., 231 f.; ARD-Jahrbuch 95, S. 272 ff.

Schon im Ersten Fernsehurteil hat das Bundesverfassungsgericht bestätigt, daß eine öffentlich-rechtliche Rundfunkanstalt nur durch Gesetz gegründet werden kann[67]. Die Gründung einer Rundfunkanstalt nur durch Verwaltungsakt wäre im Hinblick auf die Verwirklichung der in Art. 5 GG gewährleisteten Freiheit des Rundfunks und der damit im Zusammenhang stehenden Pflicht, dem Staat keinen Einfluß auf die Programmgestaltung zu gewähren, nicht verfassungsgemäß. Das Massenmedium Rundfunk soll ja nicht nur einer Gruppe, sondern vielen Interessen der pluralistischen Gesellschaft zur Verfügung stehen: Dies ist durch parlamentarische Gesetzesakte aufgrund der praktischen Erfahrung mehr gewährleistet als durch nachträglich leichter abänderbare Verwaltungsakte.

Zuständig für die Gründung einer Rundfunkanstalt ist die nach der Verfassungsordnung zuständige Gebietskörperschaft. Das ist mittlerweile unbestritten nach der Kompetenzzuweisung des Grundgesetzes allgemein das jeweilige Bundesland[68].

b) Organisation: Anstalt des öffentlichen Rechts

Die Rundfunkanstalten in der Bundesrepublik Deutschland sind vollrechtsfähige juristische Personen in der Form von gemeinnützigen „Anstalten des öffentlichen Rechts" mit dem Recht der Selbstverwaltung. Diese Rechtsform garantiert den Rundfunkanstalten rechtliche Autonomie, Unabhängigkeit in der Programmgestaltung sowie wirtschaftliche Selbständigkeit[69].

c) Organe der öffentlich-rechtlichen Rundfunkanstalten

Damit der Rundfunk nicht einzelnen gesellschaftlichen Gruppen ausgeliefert wird, sondern die in Betracht kommenden Kräfte im Gesamtangebot zu Wort kommen können, sind geeignete organisatorische Vorkehrungen zu treffen. Diese sind in den Rundfunkgesetzen ausführlich geregelt. Nach der gesetzlich bestimmten Struktur werden die Rundfunkanstalten durch „Organe"

---

[67] BVerfG, Urt. vom 28.2.1961, BVerfGE 12, 205 (206 Ls. 10, 261).

[68] Durch BVerfG, Urt. vom 28.2.1961, BVerfGE 12, 205 endgültig geklärt. So wurden die ARD-Landesrundfunkanstalten und die Körperschaft „Deutschlandradio" durch Landesgesetze oder durch Staatsverträge gegründet. Für die Errichtung des ZDF durch normativen Staatsvertrag waren ebenfalls die Länder zuständig. Allein die Gründung der beiden Bundesrundfunkanstalten war, wenn auch mit kritischen Anmerkungen (z.B. *Mallmann*, JZ 1963, 350 [352]; *Krause-Ablaß*, JZ 1962, 158; *Lerche*, Zum Kompetenzbereich des Deutschlandfunks, S. 18; *Herrmann*, AöR 90, 286 [294], Bundesangelegenheit [Bundeszuständigkeit für die auswärtigen Angelegenheiten gemäß Art. 73 Nr. 1, Art. 87 Abs. 3 GG]).

[69] *Herrmann*, AöR 90, 286 (300 ff.); *ders.*, Rundfunkrecht, S. 178 ff.

geleitet und beaufsichtigt. Dies sind namentlich der Rundfunkrat, der Verwaltungsrat und der Intendant.

Der Rundfunkrat (beim ZDF: Fernsehrat; beim Deutschlandradio: Hörfunkrat) ist das größte Aufsichtsgremium jeder Rundfunkanstalt. Er hat die Aufgabe, die Allgemeinheit auf dem Gebiet des Rundfunks zu repräsentieren. Jedes Rundfunkgesetz benennt für „seine“ Rundfunkanstalt den Katalog der wahl- oder entsendungsberechtigten Institutionen, Gruppen, Verbände. Der Rundfunkrat hat das Budgetrecht und wählt den Intendanten und die (oder die meisten) Mitglieder des Verwaltungsrates. Er überwacht in der Regel die Einhaltung der gesetzlichen Programmgrundsätze[70].

Der Verwaltungsrat hat mit seinen sieben bis vierzehn Mitgliedern die Aufgabe, die Geschäftsführung der Rundfunkanstalt zu überwachen. Diesem Zweck dient auch die Bestimmung, daß der Intendant zum Abschluß bestimmter größerer, materiell bedeutsamer Rechtsgeschäfte vom Verwaltungsrat die Zustimmung einzuholen hat.

Der Intendant ist der Einmannvorstand der Rundfunkanstalt und leitet sie im Rahmen der Beschlüsse von Rundfunkrat und Verwaltungsrat. Er ist für das Programm verantwortlich und vertritt die Rundfunkanstalt gerichtlich sowie außergerichtlich.

d) Staatliche Aufsicht über die öffentlich-rechtlichen Rundfunkanstalten

Regierungen können den Rundfunkanstalten keine Weisungen erteilen und nicht auf die Rundfunksendungen Einfluß nehmen. Die Rundfunkanstalten sind selbständig gegenüber der staatlichen Exekutive, sie verwalten auch ihre finanziellen Mittel unabhängig und getrennt von den Staatshaushalten. Die staatliche Aufsicht ist bei den Rundfunkanstalten auf eine Rechtsaufsicht beschränkt. Damit ist die Landes- oder Bundesregierung, die für die Rundfunkanstalt zuständig ist, nach dem einschlägigen Rundfunkgesetz lediglich befugt, Verstöße gegen das Rundfunkgesetz (bei manchen Rundfunkanstalten auch gegen allgemeine Gesetze) zu rügen. Eine Fachaufsicht, bei der – auch rechtlich einwandfreie – Ermessensentscheidungen korrigiert werden können, wäre bei Rundfunkanstalten verfassungswidrig[71].

---

[70] Dazu *Herrmann*, Rundfunkrecht, S. 287 ff.

[71] Umfassend *Leibholz*, Rechtsgutachten zur verfassungsrechtlichen Problematik der Ausübung der Rechtsaufsicht gegenüber Rundfunk- und Fernsehanstalten im Bereich der Programmgestaltung, 1973, und *Wilkens*, Die Aufsicht über den Rundfunk, Diss. Frankfurt a.M. 1965.

Durch Gründungsakt und Rechtsform der Rundfunkanstalten ist damit sichergestellt, daß der Rundfunk überparteilich betrieben und von jeder Beeinflussung durch Regierungen und andere Staatsorgane sowie Interessengruppen freigehalten wird[72].

2. Aufgaben

In jedem Rundfunkgesetz ist normiert, welche Aufgaben die jeweilige öffentlich-rechtliche Rundfunkanstalt zu erfüllen hat[73]. Die Rundfunkanstalt hat die gesetzliche Pflicht, diese Aufgaben zu erfüllen.

Die Aufgabenbenennungen durch die Rundfunkgesetze erscheinen recht unterschiedlich. Die älteren Rundfunkgesetze beschreiben die Aufgaben der Rundfunkanstalten meist sehr kurz und allgemein. So hat z.B. der Bayerische Rundfunk nach Art. 2 BR-Gesetz die Aufgabe „Veranstaltung und Vermittlung von Hörfunk- und Fernsehprogrammen"[74].

Die jüngeren Rundfunkgesetze beschreiben die Anstaltsaufgaben ausführlicher. Neben der Anstaltsaufgabe „Veranstaltung und Verbreitung von Darbietungen aller Art in Wort, in Ton und in Bild [...]" werden ausführliche Aufgabenzuweisungen in bezug auf Versorgungspflichten, Kapazitätsnutzungen, Spartenprogramme, Bildungssendungen u. v. a. m. normiert[75]. Eine solche detailreiche Aufgabenbestimmung für den WDR ist durch Urteil des Bundesverfassungsgerichts vom 5. Februar 1991 als verfassungsgemäß bestätigt worden[76].

Die Anzahl der am 4. November 1986 (Verkündung des „Niedersachsen-Urteils") vorhandenen Programme der Landesrundfunkanstalten wurde im Beschluß vom 24. März 1987 als Mindestbestand („Grundversorgung") bestätigt. Eine Reduzierung der Rundfunkprogrammzahlen würde damit klar gegen den verfassungsrechtlichen Status verstoßen[77].

---

[72] Hierzu *Wolff/Bachof/Stober*, Verwaltungsrecht II, S. 303; *Herrmann*, Rundfunkrecht, S. 249; das Bundesverfassungsgericht hat mehrfach judiziert, daß auch mittelbare Staatseinflüsse zu verhindern sind, z.B. BVerfG, Urt. vom 4.11.1986, BVerfGE 73, 118 (183); BVerfG, Urt. vom 5.2.1991, BVerfGE 83, 238 (323).

[73] Die gesetzlichen Aufgaben sind bestimmt in: Art. 2 BR-G; § 2 HR-G; § 1 MDR-StV; § 1 NDR-StV; § 3 ORB-G; § 2 RB-G; § 18 SaarLRG; § 2 SFB-S; §§ 1, 2 SDR-S; § 3 SWF-StV; § 3 WDR-G; §§ 1–4 ZDF-StV; § 1 BRFG.

[74] Ähnlich: § 2 HR-G; § 2 SFB-S; §§ 1, 2 SDR-G; § 1 SDR-S; § 3 SWF-StV.

[75] § 3 WDR-G. Die neueren Rundfunkstaatsverträge für Rundfunkanstalten mehrerer Länder enthalten meist ebenfalls sehr ausführliche Aufgabenbestimmungen. Z.B. §§ 2–4 MDR-StV; §§ 2–3 NDR-StV.

[76] BVerfG, Urt. vom 5.2.1991, BVerfGE 83, 238.

[77] BVerfG, Beschl. vom 24.3.1987, BVerfGE 74, 297 (326); BVerfG, Urt. vom 5.2.1991,

Die Aufgabe des ZDF bestand bei seiner Gründung in der Veranstaltung *eines* Fernsehprogramms mit bundeseinheitlichem Inhalt. Durch Art. 2 RfStV 1987[78] wurde die Aufgabe dahingehend erweitert, daß das ZDF auch ein Fernsehprogramm mit Schwerpunkt Kultur über Satellit veranstalten darf[79].

Die Körperschaft „Deutschlandradio", dessen Mitglieder die ARD-Landesrundfunkanstalten und das ZDF sind, hat die Aufgabe, „zwei Hörfunkprogramme" zu veranstalten[80].

Die Deutsche Welle hat nach der Streichung der beiden Wörter „über Kurzwelle" in der Überschrift „Erster Abschnitt" des Bundesrundfunkgesetzes durch Gesetz vom 20. Dezember 1993 nunmehr gemäß § 1 BRFG die Aufgabe, „Rundfunksendungen für das Ausland" zu veranstalten — dazu gehören nach der jetzt allgemein anerkannten Terminologie Hörfunk *und* Fernsehen.

Durch eine Verwaltungsvereinbarung haben sich die ARD-Landesrundfunkanstalten verpflichtet, „gemeinsam ein Fernsehprogramm zu gestalten"[81].

Außerdem ist eine Veranstaltung eines Fernsehgemeinschaftsprogramms „mit kulturellem Schwerpunkt" Aufgabe der ARD-Landesrundfunkanstalten in Zusammenarbeit mit dem ZDF („3sat")[82]. Schließlich können sie internationale Programme in Zusammenarbeit mit ausländischen Rundfunkveranstaltern produzieren (z.B. „ARTE")[83].

BVerfGE 83, 238 (297 f.); BVerfG, Beschl. vom 6.10.1992, BVerfGE 87, 181 (199). Dazu nunmehr *Herrmann*, Abschaffung des ARD-Fernsehens durch Staatsakt? Rundfunk- und verfassungsrechtliche Anmerkungen zum Thesenpapier von Kurt Biedenkopf und Edmund Stoiber, in: *v. Sternburg* (Hrsg.), Tagesthema ARD. Der Streit um das Erste Programm, S. 173 ff.

[78] Nunmehr § 2 ZDF-StV 1991.

[79] Gemäß §§ 18, 34 RfStV 1991 wird „3sat" von ZDF, ORF, SRG und nunmehr auch unter ARD-Beteiligung als Fernsehgemeinschaftsprogramm für den deutschsprachigen Raum „mit kulturellem Schwerpunkt" veranstaltet. S.a. Fn. 82.

[80] § 2 Deutschlandradio-Staatsvertrag vom 17.6.1993.

[81] Verwaltungsvereinbarung Deutsches Fernsehen; s.a. § 1 ARD-StV 1991; dazu jüngst *Herrmann*, Abschaffung des ARD-Fernsehens durch Staatsakt? Rundfunk- und verfassungsrechtliche Anmerkungen zum Thesenpapier von Kurt Biedenkopf und Edmund Stoiber, in: *v. Sternburg* (Hrsg.), Tagesthema ARD. Der Steit um das erste Programm, S. 173 ff.

[82] § 18 RfStV 1991.

[83] § 18 Abs. 4 RfStV 1991. Zu „ARTE" s. *Herrmann*, Rundfunkrecht, S. 389.

3. Insbesondere fernmeldetechnisches Verbreiten der Programme

a) Fernmeldetechnische Verbreitung als Aufgabe der Rundfunkanstalten

Nimmt man den Inhalt der Rundfunkgesetze insgesamt in den Blick, so erscheint als Kernaufgabe der Landesrundfunkanstalten die „Veranstaltung mehrerer Hörfunk- und Fernsehprogramme", mögen auch die Formulierungen der einzelnen Landesgesetze voneinander abweichen[84].

Für das Thema dieser Arbeit ist nun zu betonen, daß zum Veranstalten das fernmeldetechnische Verbreiten der Programme gehört[85]. Würden die Rundfunkanstalten ihre Programme nicht fernmeldetechnisch verbreiten, nicht ausstrahlen, würde es sich um Produktionsfirmen handeln, nicht jedoch um Rundfunkunternehmen. Unter Verbreiten versteht man den Transport von Ton- und ggf. Bildsignalen vom Studio oder vom Orginalaufnahmeort über sog. Modulationsleitungen zu den Sendeanlagen (z.B. auf einen Berg oder auf einen Fernsehturm) und die anschließende Ausstrahlung für die Allgemeinheit.

Für diese fernmeldetechnische Ausstrahlung gibt es grundsätzlich zwei Möglichkeiten:

- Es können hierfür eigene Sendeanlagen benutzt werden, wie dies bei Hörfunk und beim Fernsehen I der öffentlich-rechtlichen Landesrundfunkanstalten geschieht; oder
- es können Anlagen Dritter benutzt werden (Sendeanlagen der Nachfolgeunternehmen der Deutschen Bundespost TELEKOM, namentlich der Telekom AG), wie das z.B. bei Fernsehen II und III praktiziert wird.

Im folgenden ist zu erörtern, ob es zu den landesgesetzlichen Pflichtaufgaben der Rundfunkanstalten gehört, sämtliche Programme über eigene Sendeanlagen auszustrahlen, oder ob die Rundfunkanstalt wenigstens das Wahlrecht zum Betrieb eigener Funkanlagen hat.

b) Gesetzliche Pflichtaufgabe

In einigen Landesrundfunkgesetzen wird für die öffentlich-rechtliche Rundfunkanstalt die Aufgabe, eigene Anlagen zur Verbreitung der Programme des Hörfunks und des Fernsehens zu errichten und zu betreiben, explizit normiert. So z.B.

---

[84] S.o. Teil B, II.2. (S. 31 f.).

[85] *Herrmann*, Rundfunkrecht, S. 275.

- § 2 SDR-Gesetz: „Zum Zweck der Veranstaltung von Rundfunkdarbietungen und zum Betrieb von Rundfunksendeanlagen [...] wird der „Süddeutsche Rundfunk" als Anstalt des öffentlichen Rechts errichtet."
- § 2 Satz 1 SFB-Satzung: „Zweck der Anstalt ist die Errichtung und der Betrieb von Rundfunksendeanlagen [...]".
- § 2 Satz 2 HR-Gesetz: „Er [gemeint ist der Hessische Rundfunk] erwirbt und betreibt zu diesem Zweck Rundfunksendeanlagen."
- § 3 Abs. 2 Satz 1 WDR-Gesetz: „Der WDR errichtet und betreibt die [...] erforderlichen Anlagen des Hörfunks und des Fernsehens."

Die Landesrundfunkanstalt hat die Pflicht zur Erfüllung der ihr aufgetragenen Gesetzesaufgaben[86]. Sie kann hierfür alle für Rundfunkunternehmen zur Verfügung stehenden Möglichkeiten nutzen[87], soweit sie sich im Rahmen der ihr gesetzlich übertragenen Aufgaben hält[88].

Diese landesgesetzlichen Bestimmungen verstoßen nicht gegen Art. 73 Nr. 7 GG. Denn die Art und Weise der Erfüllung gesetzlich normierter Aufgaben ist eine Frage der Organisationsentscheidung und gehört damit hier zur Länderkompetenz[89]. Die fernmeldetechnischen Wege der Verbreitung von Programmen liegen im Schutzbereich der Rundfunkfreiheit des Art. 5 Abs. 1 GG[90].

c) Das Selbstbestimmungsrecht für einen rundfunkeigenen Betrieb

In anderen Rundfunkgesetzen hat die Pflicht zum rundfunkeigenen Betrieb von Sendern keine explizite Erwähnung gefunden[91]. Wie im folgenden zu begründen ist, können im Rahmen ihres Selbstverwaltungsrechts diese Rundfunkanstalten eine Selbstverwaltungsentscheidung zugunsten eines rundfunkeigenen Senderbetriebes treffen, um ihre gesetzlichen Funktionen, wie das fernmeldetechnische Verbreiten ihrer Programme, effektiv erfüllen zu können[92]. Denn entsprechend ihrer verfassungsrechtlich gebotenen Selbständigkeit, Aufgabenstellung und dem ihnen normativ zugewiesenen Selbstverwaltungsrecht können die öffentlich-rechtlichen Rundfunkanstalten auch tech-

---

[86] S.o. Teil B, II.2. (S. 31 ff.).

[87] Z.B. § 3 Abs. 3 WDR-Gesetz, bestätigt durch BVerfG, Urt. vom 5.2.1991, BVerGE 83, 238; § 1 Abs. 2 SDR-Satzung; *Herrmann*, AöR 90, 286 (312 ff).

[88] BVerfG, Urt. vom 5.2.1991, BVerfGE 83, 238 (303); *Wolff/Bachof/Stober*, Verwaltungsrecht II, S. 21.

[89] Zu den Verfassungsfragen s. weiter unten Teil D, IV. (S. 107 ff.) und V. (S. 118 ff.).

[90] S. hierzu unten Teil D, II. (S. 68 ff.), und III. (S. 100 ff.).

[91] BR-Gesetz; Radio Bremen-Gesetz; NDR-Staatsvertrag 1991; HR-Gesetz; SWF-Staatsvertrag 1991; SR-Gesetz; MDR-Staatsvertrag; ORB-Gesetz.

[92] *Wolff/Bachof/Stober*, Verwaltungsrecht II, S. 19 ff., 302.

nisch-unternehmerische Entscheidungen selbst treffen. Eine Rundfunkanstalt kann selbständig und selbstverantwortlich entscheiden, ob sie ein Programm in Eigen- oder Auftrags- oder Koproduktion herstellt, herstellen läßt oder ob sie eine fertige Produktion ankauft. Ebenso hat die öffentlich-rechtliche Rundfunkanstalt das Entscheidungsrecht, ihre Programme über eigene Sender oder andere Anlagen zu verbreiten oder sich zur Erfüllung ihrer fernmeldetechnischer Aufgaben der Sender der Telekom AG (oder Dritter, wie z.B. bei ASTRA-Satelliten) zu bedienen.

Der rundfunkeigene Betrieb fernmeldetechnischer Anlagen ist nicht nur in Deutschland bewährte Praxis, sondern im gesamten europäischen Raum. Für die Hörfunkprogramme I–V und für die Fernsehprogramme I (Fernsehgemeinschaftsprogramm ARD und Regionalprogramme I) betreiben die ARD-Landesrundfunkanstalten eigene Sendeanlagen. Dasselbe gilt für die Steuerung der Leitungsnetze Hörfunk und Fernsehen durch die selbstbetriebenen zentralen Sternpunkte in Frankfurt/Main.

Europaweit wird eine Vielzahl von Sendeanlagen durch die Rundfunkanstalten betrieben. Als Beispiele seien aufgeführt (nach einer Auskunft der UER):

– Belgien	BRT und RTBF (Hörfunk und Fernsehen)
– Finnland	YLE (Hörfunk und Fernsehen)
– Griechenland	ERT (Hörfunk und Fernsehen)
– Großbritannien	BBC (Hörfunk und Fernsehen)
– Irland	RTE (Hörfunk und Fernsehen)
– Italien	RAI (Hörfunk und Fernsehen)
– Österreich	ORF (Hörfunk und Fernsehen)
– Türkei	TRT (Hörfunk und Fernsehen)
– Vatikanstaat	Radio Vaticana (Hörfunk).

d) Technische Gründe

Durch das Betreiben eigener Sendeanlagen erhöht sich die Effektivität der Umsetzung von *know how*, da Ingenieure und andere technische Mitarbeiter einer Rundfunkanstalt auch in die übrigen Anstaltsaktivitäten involviert sind und somit der Überblick über die technischen Notwendigkeiten für die Rundfunkanstalt gewahrt ist. Hierzu gehört auch die Neuentwicklung technischer Geräte, um, entsprechend dem technischen Fortschritt, der gesetzlichen Aufgabenerfüllung gerecht zu werden.

Entscheidungen, die innerhalb von Minuten getroffen werden müssen, können beim Zusammenwirken der Programm- mit den Technikinstanzen in einer Hand schneller in die Tat umgesetzt werden. Die Leitung der technischen Anlagen durch den Technischen Direktor einer Rundfunkanstalt ist immer anstaltsnäher und technisch effektiver als die Leitung durch einen noch so allgemein sachkundigen außenstehenden Dritten.

Herausragend ist auch der topographische Vorteil der Senderstandorte der Landesrundfunkanstalten. Nach der Übernahme der früheren RRG- und Postanlagen haben die Landesrundfunkanstalten die für die Ausstrahlung günstigsten Standorte gewählt und benutzen sie heute noch. Dieser hervorragende Nutzungsvorteil ist besonders wichtig angesichts der Frequenzknappheit in Europa.

e) ARD-Verbund

Die ARD-Rundfunkanstalten veranstalten mehrere Programme in Hörfunk und Fernsehen gemeinsam[93]. Die sich auf diesem Gebiet aus der Zusammenarbeit ergebenden Aufgaben können nur optimiert und technisch-unternehmerisch voll umgesetzt werden, wenn die Sender- und Leitungsnetze, die hierfür erforderlich sind, in der Hand der das Gesamtkonzept überschauenden Landesrundfunkanstalten liegen. Für den Programmaustausch und für die Ausstrahlung der Gemeinschaftsprogramme sind Leitungsnetze entwickelt worden, die die gesetzlichen Aufgaben in rundfunkeigener Regie erfüllen sollen. Durch die Umstellung digitaler Signalübertragung in Glasfaserkabel ergeben sich hierzu neue Möglichkeiten und Vorteile[94]. Die öffentlich-rechtlichen Rundfunkanstalten können durch entsprechende Selbstverwaltungsentscheidungen ein eigenes Leitungsnetz anstreben und bei gegebenen natürlichen Überkapazitäten auch drittverwerten.

f) Wirtschaftlichkeit und Planungssicherheit sowie Selbständigkeit

Die Grundsätze von Wirtschaftlichkeit und Sparsamkeit gelten nicht nur für die Feststellung des Finanzbedarfs nach § 12 Abs. 1 RfStV 1991, sondern sie sind für den öffentlich-rechtlichen Rundfunk schon immer gültig. Kontrolliert werden diese Grundsätze durch Revisionen, Verwaltungsräte, Rund-

---

[93] Das Fernsehgemeinschaftsprogramm „Erstes Deutsches Fernsehen" (DFS); das Fernsehgemeinschaftsprogramm 3sat zusammen mit dem ZDF; das ARD-Nachtprogramm im Hörfunk; in unterschiedlichen Gruppierungen gemeinsame Hörfunkprogramme (S II von SDR, SWF, SR); in unterschiedlichen Gruppierungen gemeinsame Fernsehprogramme: I durch SDR und SWF, III durch SDR, SWF und SR; den deutschen Anteil zum europäischen Satelliten-Kulturprogramm ARTE. S.a. *Herrmann*, Rundfunkrecht, S. 252 ff.

[94] Dazu *Müller-Römer*, Optische Breitbandnetze für Hörfunk und Fernsehen, S. 4.

funkräte, Rechnungshöfe, Wirtschaftsprüfer und die Kommission zur Ermittlung des Finanzbedarfs der öffentlich-rechtlichen Rundfunkanstalten (KEF)[95].

Beim Betrieb rundfunkeigener Sendeanlagen können die Leitung der Rundfunkanstalt und ihre Kontrollgremien die wirtschaftlichen Zielvorstellungen nutzbringend und effektiv in die Tat umsetzen. Denn auch im fernmeldetechnischen Bereich lassen sich eigene Anlagen wirtschaftlich besser und sicherer planen und betreiben als bei einem Betrieb durch Dritte.

Der eigene Senderbetrieb ist schon wegen der vorhandenen Senderstandorte kostengünstiger als ein Betrieb durch Dritte. Das gilt ebenfalls für die neue Digital-Audio-Broadcasting-Technik (DAB). Die bisherigen Erwägungen und Untersuchungen kommen zu dem Ergebnis, daß sich der für die DAB-Technik sachgerechte Gleichwellenbetrieb (Betrieb mehrerer, auch benachbarter Sender auf derselben Frequenz) auf den Senderstandorten der Rundfunkanstalten frequenzsparend und auch kostensparend auswirken können[96].

g) Kostengefahr und „Randnutzung"

Der Betrieb von Sendeanlagen durch die Telekom AG birgt hingegen auch massive wirtschaftliche Gefahren in sich. Trotz der Tatsache, daß zur Zeit die Nutzung der posteigenen Anlagen durch die Rundfunkanstalten grundsätzlich über die Vereinbarung über die Leistungsbeziehungen zwischen den Rundfunkanstalten und der Telekom AG (im folgenden VTL) abgerechnet wird, besteht die Gefahr der Kostensteigerung. So hat die Deutsche Bundespost nach dem Verwaltungsabkommen Bund/Länder vom 12. Mai 1967 die Gebühr für technische Leistungen auf 1.40 DM pro Monat und Fernsehteilnehmer erhöht, obwohl (nach einer Berechnung von ARD und ZDF) ein Betrag in Höhe von –,70 DM pro Monat und Fernsehteilnehmer kostendeckend gewesen wäre. Dies führte Ende der sechziger Jahre zu einer besonders kritischen Auseinandersetzung[97]. Eine ähnliche Lage zeigte sich beim Inkasso der Rundfunkgebühren, für das nach der Übernahme durch die Rundfunkanstalten, bei zentralisiertem Einzug als Schickschulden pro Quartal, ein wesentlicher Kostenrückgang eingetreten ist[98]. Da sich solche Konfliktsituationen in

[95] Z.B. § 31 Abs. 2 NDR-Staatsvertrag 1991; § 30 Abs. 2 ZDF-Staatsvertrag 1991; § 39 Abs. 2 Satz 1 WDR-Gesetz; *Hartstein/Ring/Kreile*, Rundfunkstaatsvertrag, S. 463 ff.; *Maier*, in: ARD-Jahrbuch 1989, S. 39 ff.; *Seidel*, MP 1991, 504 (508, 510).

[96] *Müller-Römer*, Optische Breitbandnetze für Hörfunk und Fernsehen, S. 4.

[97] Zu den Postentgelten und dem heftigen Streit um die Höhe vgl. *Bausch*, Rundfunkpolitik nach 1945, Zweiter Teil, in: *ders.*, (Hrsg.), Rundfunk in Deutschland, S. 666 ff.

[98] *v. Sell*, Ohne die Post. Der neue Gebühreneinzug ab 1976, in: ARD-Jahrbuch 1974, S. 31 ff.

der Zukunft wiederholen könnten, bleibt bei einem Betrieb von Funkanlagen durch die Telekom AG die Gefahr einer massiven Kostensteigerung für die öffentlich-rechtlichen Rundfunkanstalten – die dann die Gesamtheit der Gebührenzahler treffen würde – weiterhin bestehen.

Im Zusammenhang mit dem für die öffentlich-rechtlichen Rundfunkanstalten geltenden Wirtschaftlichkeitsgebot ist auch zu erwähnen, daß es der rundfunkeigene Betrieb von Anlagen ermöglicht, im Rahmen der inzwischen allgemein anerkannten „Randnutzung" Anlagen Dritten zur Verfügung zu stellen und hierfür angemessene Beträge zu erzielen. Nachdem die Zulässigkeit einer „Randnutzung" umstritten war[99], wird sie heute allgemein bejaht. Im Sechsten Rundfunkurteil[100] vom 5. Februar 1991 bestätigte das Bundesverfassungsgericht die Verfassungsmäßigkeit einer entsprechenden Regelung in § 3 Abs. 8 WDR-Gesetz, nach der z.B. die entgeltliche Abgabe und Verwertung von Hörfunk- und Fernsehproduktionen zulässig ist. Damit kann eine öffentlich-rechtliche Rundfunkanstalt rundfunkrechtlich auch ihre fernmeldetechnischen Anlagen, die primär für die Ausstrahlung ihrer Programme bestimmt sind, im Rahmen der sog. Randnutzung Dritten entgeltlich zur Verfügung stellen.

In diesem Zusammenhang ist darauf hinzuweisen, daß es der öffentlich-rechtlichen Rundfunkanstalt freisteht, für ihre Aufgaben, die im Zusammenhang mit ihren gesetzlichen Funktionen stehen, allein oder zusammen mit anderen Institutionen Tochtergesellschaften zu gründen und zu unterhalten. Auch für die Gründung einer Senderbetriebsgesellschaft gelten die rundfunkgesetzlich normierten Voraussetzungen, wie sie z.B. in § 47 WDR-Gesetz festgelegt sind. Eine derart gegründete Senderbetriebsgesellschaft könnte dann ihrerseits Dritten durch Zeit-, Nutzungs- oder Frequenzsplitting für andere Rundfunk- oder Nichtrundfunkdienste eine Nutzung auch der rundfunkeigenen Anlagen ermöglichen. Da diese Einnahmen bei der Ermittlung des Finanzbedarfs berücksichtigt würden, würde sich dies finanziell letztendlich zugunsten der Rundfunkteilnehmer auswirken.

---

[99] Eine umfassende differenzierte Untersuchung der verschiedenen Themenkreise findet sich in *Emmerich/Steiner*, Möglichkeiten und Grenzen der wirtschaftlichen Betätigung der öffentlich-rechtlichen Rundfunkanstalten; zu Bedenken gegen eine Verwertungstätigkeit einer Rundfunkanstalt früher *Rehbinder*, UFITA 65, 117 ff.; dagegen schon im Michel-Bericht als zulässig erwähnt, BT-Drs. V/2120, S. 234; allgemein zur „Randnutzung": *Scharf*, Wirtschaftliche Betätigung der Rundfunkanstalten, FuR 1972, 279 (282 f.); *Ipsen*, DÖV 1974, 721; *Herrmann*, Kassettenfernsehen. Zur juristischen Fragestellung, in: *von Bismarck/Herrmann/Höfer/Jedele/Scholl-Latour*, Zum Thema Kassettenfernsehen, S. 12–22.

[100] BVerfG, Urt. vom 5.2.1991, BVerGE 83, 238 (303 ff.).

h) Staatsfreiheit

Grundaufgabe der öffentlich-rechtlichen Rundfunkanstalt ist es, auch bei den technisch-unternehmerischen Entscheidungen der Anstalt die verfassungsrechtlich gebotene und rundfunkgesetzlich normierte Staatsfreiheit und Unabhängigkeit des Rundfunkbetriebes zu realisieren. Hans Peters[101] nannte die fernmelderechtliche Monopolkompetenz des Bundes einen „Angelpunkt staatlicher Einwirkung auf den Rundfunk". Der rundfunkeigene Betrieb hingegen schließt derartige Abhängigkeiten von der zentralstaatlichen Fernmeldeverwaltung aus. Die Telekom AG jedenfalls, die für einen Senderbetrieb nach der Fernmelderechtsordnung des Bundes in Frage kommt, ist trotz der Reformen von 1989 und 1994 zumindest mittelbar staatsabhängig[102].

i) Zusammenfassung

Als Konsequenz ist für die Rundfunkanstalten ein Recht zu konstatieren, ihre Rundfunkprogramme über eigene Sendeanlagen auszustrahlen: entweder aus der Verpflichtung, die sich direkt normativ aus den Rundfunkgesetzen ergibt, oder aufgrund einer entsprechenden Selbstverwaltungsentscheidung.

Das Selbstbestimmungsrecht der Landesrundfunkanstalten gilt ebenso für die z.Z. von der Telekom AG betriebenen Leitungsnetze (Richtfunk und/ oder Kabel). Nach der Vergabe von „Lizenzen" für Mobilfunk, Bündelfunk, mobilen Datenfunk, Funkruf, D-2- und E-1-Lizenzen für digitalen zellularen Mobilfunk, läge die logische Entwicklung besonders nahe, den Betrieb der Leitungsnetze (Richtfunk und/oder Kabel) in rundfunkeigener Regie zu betreiben. Diese Konsequenz liegt im Strom der Erklärungen über die Fernmeldepolitik des Bundes[103] und auf der Linie verfassungsrechtlicher Gebote.

Ob sich dieses Selbstbestimmungsrecht der öffentlich-rechtlichen Rundfunkanstalten mit dem Monopolrecht der Telekom AG aus dem FAG verträgt, ist unten zu untersuchen[104].

---

[101] *Peters*, Die Zuständigkeit des Bundes im Rundfunkwesen, S. 21.

[102] Hierzu noch ausführlich unten in Teil D, V.3.b) (S. 126 ff.).

[103] So z.B. der Bundespostminister in der F.A.Z. Nr. 212 vom 12.9.1994, S. 15.

[104] S. hierzu unten Teil D. (S. 65 ff.).

III. Private Rundfunkunternehmen

1. Gründung, Rechtsform, Organisation

a) Unterschiede zur öffentlich-rechtlichen Rundfunkanstalt

Die Gründung eines privaten Rundfunkunternehmens unterscheidet sich grundlegend von der einer öffentlich-rechtlichen Rundfunkanstalt. Im Gegensatz zur öffentlich-rechtlichen Rundfunkanstalt, die nur durch Gesetz gegründet werden kann, vollzieht sich die Gründung eines privaten Rundfunkunternehmens durch einen privatautonomen Entscheidungs- und Gestaltungsakt[105].

Die Gründung des privaten Rundfunkunternehmens richtet sich nach der gewählten Organisationsform. Insoweit sind je nach gewählter Rechtsform das AktG, GmbHG, HGB oder das BGB einschlägig. Die in der Praxis vorherrschenden Rechtsformen sind die GmbH & Co KG und die GmbH[106].

Die durch das Grundgesetz geforderte Schaffung einer Rundfunkordnung[107] wurde für den privaten Rundfunk durch die zuständigen Länder in Form der Landesmediengesetze realisiert. Für bundesweiten Rundfunk im dualen Rundfunksystem gilt der „Staatsvertrag über den Rundfunk im vereinten Deutschland“ (RfStV 1991), neben dem die Landesmediengesetze für die Privaten nur noch subsidiär gelten (§ 1 Abs. 2 RfStV 1991).

b) Zulassung

Vor dem Veranstalten von Rundfunkprogrammen durch private Veranstalter bedarf es einer rundfunkrechtlichen Zulassung, deren Voraussetzungen in den Landesmediengesetzen normiert sind[108].

Die rundfunkrechtliche Zulassung für private Rundfunkunternehmen unterscheidet hierbei zwischen persönlichen Voraussetzungen und sachlichen Voraussetzungen. Die Mediengesetze enthalten als persönliche Voraussetzungen sowohl die enumerative Aufzählung möglicher Erlaubnisempfänger als auch exkludierende Voraussetzungen[109].

---

[105] BVerfG, Urt. vom 4.11.1986, BVerfGE 73, 118 (171).

[106] IHB 1994/95, S. A 301 ff., 322 ff.

[107] BVerfG, Urt. vom 5.2.1991, BVerfGE 83, 238 (296).

[108] So ausdrücklich § 19 Abs. 1 RfStV 1991, sowie die Bestimmungen der Landesmediengesetze. S.a. *Bethge*, Rundfunkfreiheit und privater Rundfunk, S. 21 ff.; *Bullinger*, in: *ders./Gödel*, Landesmediengesetz Baden-Württemberg. Kommentar, Anm. zu § 23 BadWürttMedG (1985). Zum Sonderfall Bayern s. *Herrmann*, Rundfunkrecht, S. 431; nunmehr ausführlich *ders.*, Das Bayerische Medienrecht kurz vor der Jahrtausendwende.

[109] So darf z.B. nach § 7 Abs. 1 Nr. 1 NdsLRG die Erlaubnis an eine juristische Person

Die sachlichen Voraussetzungen für eine rundfunkrechtliche Zulassung sind z.B. die Vorlage eines Programmschemas und von Unterlagen, aus denen ersichtlich ist, daß es dem Erlaubnisempfänger sowohl organisatorisch als auch finanziell möglich ist, ein Programm regelmäßig und professionell zu veranstalten[110].

c) Innenorganisation

Die Innenorganisation eines privaten Rundfunkunternehmens steht dem Rundfunkunternehmer grundsätzlich frei. Somit kann er sich die für sein Unternehmen zweckmäßigste Betriebsorganisation wählen.

Es sind jedoch einige rundfunkrechtliche Regelungen zu beachten. So ist eine programmverantwortliche Person für den Fall zu bestellen, daß der Rundfunkveranstalter nicht selbst eine natürliche Person ist (was in der Praxis die Regel ist), die allein über Programmfragen entscheidet[111]. Darüber hinaus ist ein Rundfunkunternehmen verpflichtet, die ausgestrahlten Sendungen aufzuzeichnen und die Aufzeichnungen eine bestimmte Zeit aufzubewahren. Das soll dem Rundfunkunternehmer und der Landesmedienanstalt das nötige Beweismaterial sichern für eine öffentlich-rechtliche Programmkontrolle, zivilrechtliche Ansprüche oder strafrechtliche Ermittlungen[112]. Es ist ebenso die Pflicht des privaten Rundfunkunternehmens, bei seiner Tätigkeit die gesetzlichen Bestimmungen des Datenschutzes einzuhalten[113].

2. Aufgaben

a) Allgemein

Die privatrechtlich organisierten Rundfunkunternehmen können wegen ihrer privatautonomen Unternehmensführung das „Wie" und „Was" ihrer Geschäftsführung in bezug auf Programmgestaltung und Technik selbst bestim-

---

des Privatrechts erteilt werden, jedoch gemäß § 7 Abs. 1 Nr. 4 NdsLRG nicht an eine Person, die im öffentlichen Dienst beschäftigt ist.

[110] Z.B. § 26 BadWürttMedG; Art. 27 Abs. 1 BayMG; § 10 Abs. 2 NdsLRG; §§ 5, 6, und 29 LRG NW; §§ 5, 6 RhPfLRG; § 50 Abs. 3 SaarRG; § 7, 8 SächsPRG.

[111] So z.B. § 24 NdsLRfG und § 16 SächsPRG.

[112] Z.B. § 60 BadWürttMedG; Art. 31 BayMG; § 25 NdsLRfG; § 17 LRG NW; § 17 SächsPRG; § 22 SchlHolLRG.

[113] Z.B. §§ 80–88 BadWürttMedG; Art. 20 und Art. 35 BayMG; § 58 BerlBrandStV; §§ 43–45 BremLMG; §§ 53, 54 MVRG; §§ 66 ff. Nds LRG; §§ 45–50 LRG NW; § 74 SaarRfG; §§ 44, 45 SächsPRG; §§ 48, 49 SachsAnhPRG; §§ 56–61 ThürPRG. Bundesweit gilt § 28 RfStV 1991.

men. Äußerste Grenzen dieses Selbstbestimmungsrechts bilden hierbei die gesetzlichen Bestimmungen und das im Dritten Rundfunkurteil[114] angesprochene *binnenpluralistische* und *außenpluralistische Modell*, welches im Vierten Rundfunkurteil[115] konkretisiert wurde. Die Anforderungen für die Programmangebote und die Sicherung gleichgewichtiger Vielfalt für den privaten Rundfunk einerseits und für den öffentlich-rechtlichen Rundfunk andererseits sind nicht gleich hoch[116], wobei ein „Grundstandard gleichgewichtiger Vielfalt" auch beim privaten Rundfunk gewährleistet und durch Kontrolle gesichert sein muß[117].

b) Insbesondere: Verbreitung der Programme

Zur Definition eines jeden privaten Rundfunkunternehmens gehört die Veranstaltung mit der fernmeldetechnischen Verbreitung von Rundfunk: Wenn ein Unternehmer die fernmeldetechnische Verbreitung nicht zu den Aufgaben seines Unternehmens zählt, mag er ein Produktions- oder Studiounternehmen betreiben, nicht aber ein *Rundfunk*unternehmen.

Unter Rundfunk wird traditionell[118] auch Fernmeldetechnik verstanden, also die Verbreitung von elektromagnetischen Schwingungen in die Ferne, über die Grenzen des eigenen Grundstücks hinaus. Eine besondere Bestimmung, wie und durch wen konkret die Verbreitung von Rundfunk stattzufinden hat, ist weder in den Landesmediengesetzen noch im RfStV 1991 normiert. Ebenso besteht keine normative Pflicht der privaten Rundfunkunternehmen, eigene Sendeanlagen zu errichten und zu betreiben. Auch ist den privaten Rundfunkunternehmen eine durch Mediengesetze fixierte Pflicht fremd, gesetzliche Funktionen und Aufgaben durch effektive Selbstverwaltungsentscheidungen optimal zu erfüllen. Wenn auch ein ausdrückliches gesetzliches Gebot, Sendeanlagen selbst zu errichten und zu betreiben, in den Mediengesetzen der Länder für private Rundfunkunternehmen nicht besteht, so bleiben doch die Gefahr der Kostensteigerung und die technischen Sachgründe, die Sachgründe der Wirtschaftlichkeit, Planungssicherheit und Selbständigkeit der Geschäftsführung bestehen, die für das Betreiben rundfunkeigener Sendeanlagen durch private Rundfunkunternehmen sprechen.

In der Praxis werden zur Verbreitung der Programme die Sender der Telekom AG benutzt. Eine derartige Praxis ist jedoch in den Landesmediengeset-

---

[114] BVerfG, Urt. vom 16.6.1981, BVerfGE 57, 295 (324 ff.).

[115] BVerfG, Urt. vom 4.11.1986, BVerfGE 73, 118.

[116] BVerfG, Urt. vom 4.11.1986, BVerfGE 73, 118 (158 f.).

[117] BVerfG, Urt. vom 4.11.1986, BVerfGE 73, 118 (159 f.).

[118] BVerfG, Urt. vom 28.2.1961, BVerfGE 12, 205 (226).

zen und im RfStV 1991 nicht normiert. Auch die mediengesetzlichen Bestimmungen über die Frequenzen, ihre Verteilung und Nutzung sagen zu dieser Frage nichts. Deshalb kann sich jeder private Rundfunkunternehmer nach der medienrechtlichen Lage und nach den allgemeinen Grundsätzen privatwirtschaftlicher Unternehmensautonomie grundsätzlich entscheiden, ob er für die fernmeldetechnische Verbreitung seiner Programme eigene Funkanlagen oder Funkanlagen der Telekom AG oder anderer Dritter benutzen will.

Wie sich diese Entscheidungsbefugnis des privaten Rundfunkunternehmers mit dem gegenwärtigen Fernmeldemonopol der Telekom AG verträgt, wird zu untersuchen sein[119].

[119] S. hierzu unten Teil D. (S. 65 ff.).

C. Fernmelderecht des Bundes

I. Überblick über die Entwicklung

1. Entwicklung bis 1989

Das jahrzehntelang bestehende Fernmeldemonopol des Reiches, später des Bundes stützte sich hauptsächlich auf das Fernmeldeanlagengesetz (FAG) vom 14. Januar 1928[120]. Das Fernmeldeanlagengesetz läßt sich auf das „Gesetz über Telegraphenwesen des Deutschen Reiches" vom 6. April 1892[121] zurückführen[122], das nicht nur ein Regel- und Ordnungswerk für das Telegrafenwesen darstellte, sondern die Begründung des Fernmeldemonopols normierte: Das Reich hatte sich die Errichtung und den Betrieb aller Fernmeldeanlagen ausschließlich vorbehalten[123]. Umfangreiche Änderungen, neben Änderungen von Einzelbestimmungen wie in der Funknovelle vom 7. März 1908[124], brachte das Änderungsgesetz vom 3. Dezember 1927[125], das am 1. Januar 1928 in Kraft trat. Am 14. Januar 1928 ist das Fernmeldeanlagengesetz in seiner Neufassung bekanntgemacht worden[126].

Auch bei der Entstehung des Rundfunks Anfang der Zwanziger Jahre wurde nach allgemeiner Meinung die fernmeldetechnische Seite des Rundfunks vom Fernmeldemonopol erfaßt. Die Post versuchte sogar, auf die Veranstaltung von Rundfunksendungen durch Konditionen und Auflagen massiven Einfluß auszuüben[127].

Nach Inkrafttreten des Grundgesetzes galt das FAG gemäß Art. 124 GG als Bundesrecht fort. Bis zur Postreform I 1989 ist es viermal in unbedeutenden Nebenbestimmungen geändert worden[128].

---

[120] RGBl. I S. 8.

[121] RGBl. S. 467.

[122] Siehe Teil A, II. (S. 19 ff.).

[123] Umfassende Nachweise bei *Badura*, Das Verwaltungsmonopol, S. 203.

[124] RGBl. S. 79.

[125] RGBl. I S. 331.

[126] RGBl. I S. 8.

[127] *Fessmann*, Rundfunk und Rundfunkrecht in der Weimarer Republik, S. 34. S.a. oben Teil A, II. (S. 19 ff.).

[128] Art. 134 EGOwiG v. 24.5.1968, BGBl. I S. 538; Art. 4, 5, 1. StRReformG v. 25.6.

Der ab 1949 aufkeimende Streit, ob Rundfunkveranstaltungen zur Fernmeldekompetenz gehören, ist seit dem Ersten Fernsehurteil endgültig zugunsten der Länder und der Rundfunkanstalten sowie, aus heutiger Sicht, der Rundfunkunternehmen geklärt[129].

Praktisch übten die Deutsche Bundespost und der BPM ihre Monopolrechte nicht allesamt selbst aus, sondern realisierten nach und nach mit den Mitteln des Benutzungsrechts[130] und des Genehmigungsrechts gem. § 2 FAG zahlreiche Freigaben vom Monopol[131]. Die Öffnung solcher Bereiche für Dritte hing jedoch vom Ermessen des Bundesministers für Post- und Fernmeldewesen ab, der nur dort positiv beschied, wo die Deutsche Bundespost Fernmeldebedürfnisse entweder überhaupt nicht oder nur unzulänglich befriedigen konnte[132] und dort, wo Rechte der Rundfunkanstalten dies verlangten: z.B. Hörfunk und Fernsehen I[133].

2. Postreform I (1989)

a) Ziel und Grundsatz der Reform

Das jahrzehntelang realisierte Konzept einer staatlichen Monopolstruktur war für das Fernmeldewesen in einer Zeit innovativer Umbrüche und technischer Entwicklungen auf den Gebieten der Mikroelektronik, Telekommunikationstechnik und Datenverarbeitung nicht mehr geeignet, die Bedürfnisse der Verbraucher sicherzustellen. Die Bedürfnisse hatten sich von einem ursprünglich einheitlichen Dienstleistungskonsum zu einer hochspezialisierten, auf den Verbraucher hin zugeschnittenen Dienstleistung entwickelt. Deshalb wurde im Jahre 1989 eine grundlegende Umstrukturierung durch das Poststrukturgesetz beschlossen[134]. An die Stelle des „Gesetzes über die Verwal-

---

1969, BGBl. I S. 657; Art. 262 EGStGB v. 2.3.1974; Gesetz zur Verhinderung des Mißbrauchs von Sendeanlagen v. 27.6.1986, BGBl. I S. 948; das FAG galt in der am 17.3. 1977 bekanntgemachten Form mit den späteren Änderungen bis zur Poststrukturreform 1989 fort.

[129] S.o. Teil A, II. (S. 19 ff.).

[130] Zuletzt mittels der auf der Grundlage von § 14 Postverwaltungsgesetz (PostVerwG) erlassenen Telekommunikationsordnung (TKO) i.d.F. der 5. ÄndVTKO, im wesentlichen in Kraft seit dem 1.7.1989.

[131] Die Privaten bedienten bereits überwiegend den Endgerätemarkt bis auf den einfachen Telefonhauptanschluß, es waren zahlreiche Mehrwertdiensteanbieter tätig und es bestanden viele private Fernmeldenetze zum eigenen Gebrauch.

[132] *Schmidt*, Fernmeldewesen, in: *Wittkämper* (Hrsg.), Die technisch-naturwissenschaftlichen Verwaltungsbereiche der Bundesrepublik Deutschland, S. 373 (381).

[133] S.o. Teil A, I.1. (S. 17 ff.).

[134] Gesetz zur Neustrukturierung des Post- und Fernmeldewesens und der Deutschen

tung der Deutschen Bundespost (Postverwaltungsgesetz)" vom 24. Juli 1953[135] trat das „Gesetz über die Unternehmensverfassung der Deutschen Bundespost (Postverfassungsgesetz – PostVerfG)"[136]. Daneben wurde das „Gesetz über Fernmeldeanlagen" grundlegend geändert[137].

Ziel der Post- und Fernmeldereform war es unter anderem, den Einfluß der Politik einzuschränken, Wachstumsverluste auf dem Gebiet der Informations- und Kommunikationstechniken zu vermeiden und im Bereich der Telekommunikation das monopolisierte Wirkungsfeld der Deutschen Bundespost verstärkt dem Wettbewerb zu öffnen, wobei das Monopol staatlicherseits eine zu begründende Ausnahme darstellen sollte[138]. Ein weiterer Schwerpunkt der Postreform I (1989) zielte auf eine stärkere Öffnung der bisher monopolistisch betriebenen Dienstleistungen durch die Eröffnung erweiterter Wettbewerbschancen auf den Telekommunikatinsmärkten durch neue ordnungspolitische Rahmenbedingungen, wie z.B. die Verankerung des Wettbewerbs als Grundsatz[139].

Ein Schwerpunkt der Postreform I (1989) lag in der Neustrukturierung durch eine horizontale Trennung von unternehmerischen und betrieblichen Funktionen, die Aufgaben der drei DBP-Unternehmen wurden[140], von denen der politischen und hoheitlichen Aufgaben der Bundesrepublik Deutschland, die in der Hand des BMPT lagen[141].

Mit dieser eindeutigen Trennung von hoheitlichen und betrieblichen Funktionen begegnete der Gesetzgeber dem seit langem bestehenden Vorwurf, die Fernmeldeverwaltung betätige sich sowohl hoheitlich als auch in Erfüllung von Marktteilnehmerfunktionen, sei also Schiedsrichter und Teilnehmer zugleich[142].

Bundespost vom 8.6.1989, BGBl. I S. 1026. Dazu *Schatzschneider*, NJW 1989, 2371 ff.; *ders.*, JuS 1989, 851 (851 f.); *Zuck*, MDR 1989, 779 f.

[135] BGBl. I S. 676.

[136] Art. 1 PostStruktG.

[137] Art. 3 PostStruktG.

[138] *Schwarz-Schilling*, Vorwort zu: Der Bundesminister für Post und Telekommunikation (Hrsg.), Reform des Post- und Fernmeldewesens. Gesetz zur Neustrukturierung des Post- und Fernmeldewesens und der Deutschen Bundespost, S. 5.

[139] Durch die Streichung des Wortes „ausschließlich" in § 1 Abs. 1 FAG wurde das Ausschließlichkeitsrecht des Bundes auf gesetzliches einfaches Handlungsrecht reduziert und damit Wettbewerb als Grundsatz fundiert.

[140] § 1 Abs. 1 Satz 3 PostVerfG (1989) und sogleich unten zu b).

[141] § 1 Abs. 1 Satz 2, §§ 25 ff. PostVerfG (1989) und unten zu c).

[142] *v. Weizsäcker*, Wirtschaftspolitische Begründung und Abgrenzung des Fernmeldemonopols, in: *Mestmäcker* (Hrsg.), Kommunikation ohne Monopole, S. 127 ff. (137).

b) Organisation und Funktionen der DBP

Die Deutsche Bundespost (DBP) gliederte sich ab 1. Juli 1989 in die drei öffentlichen Unternehmen DBP POSTDIENST, DBP POSTBANK und DBP TELEKOM[143]. Für den Rundfunkbereich war besonders die DBP TELEKOM von Interesse, da ihr die Befugnis zur Ausübung der Rechte des Bundesminister für Post- und Telekommunikation (BMPT) aus § 1 Abs. 1, 2 und 4 FAG übertragen wurde, soweit das zur Erfüllung der Aufgaben aus dem PostVerfG erforderlich war[144].

Um die Voraussetzungen zu schaffen, die Unternehmen der Bundespost wie Wirtschaftsunternehmen zu führen, wurden die Unternehmen mit einem Vorstand[145], der die Leitung übernimmt, und einem Aufsichtsrat[146], der die Geschäftsführung überwacht, versehen. Die Beschlüsse des Aufsichtsrates bedurften zu ihrer Wirksamkeit der Genehmigung des BMPT[147].

Als ein Schwerpunkt des erstrangig ordnungspolitisch bestimmten Poststrukturgesetzes sei der Übergang in das Privatrecht für das Verhältnis zum „Kunden" erwähnt[148]. Die Umwandlung ist in dem Gesetzesgebot normiert, daß die DBP ihren Kunden nach der Post- und Fernmeldereform in privatrechtlichen Formen gegenüberzutreten habe, nicht mehr öffentlich-rechtlich. An die Stelle der Telekommunikationsordnung (TKO)[149], welche die öffentlich-rechtlichen Bedingungen für die Benutzung der von der Deutschen Bundespost betriebenen Einrichtungen des Fernmeldewesens enthielt, traten deshalb Allgemeine Geschäftsbedingungen (AGB)[150].

c) Funktionen des BMPT

Zu den hoheitlichen Aufgaben, die vom BMPT nach § 1 Abs. 1 PostVerfG wahrzunehmen waren, gehörte die Fernmeldehoheitsverwaltung, z.B.

---

[143] § 1 Abs. 2 PostVerfG (1989).

[144] § 1 Abs. 5 Satz 2 FAG (1989).

[145] § 12 PostVerfG (1989).

[146] §§ 16–24 PostVerfG (1989).

[147] § 28 PostVerfG (1989).

[148] Dazu ausführlich *Vetter*, Privatrechtliche Leistungsbeziehungen der Unternehmen der Deutschen Bundespost; *Deipenbrock*, Die Deutsche Bundespost auf dem europäischen Binnenmarkt, S. 14 ff.

[149] Fassung der Bek. v. 16.7.1987 (BGBl. I S. 1761).

[150] Z.B. Amtsbl. DBP TELEKOM Nr. 22/1992 (S. 722–845) und seitdem fortlaufend; zuletzt Anw. 293 und 294 in: Deutsche Telekom Offiziell Nr. 31/1995 vom 2.11.1995 (S. 1483 ff.). – Über die Beibringung privatrechtlicher Entgeltforderungen s. *Statz*, DÖV 1990, 241.

das Erteilen von Genehmigungen[151] zum Errichten und Betreiben von Fernmeldeanlagen gemäß § 2 FAG, die Zulassung von Endeinrichtungen und Funkanlagen nach § 2a FAG oder die Verwaltung und Zuteilung der Frequenzen.

§ 27 PostVerfG gab dem Bundesminister für Post- und Telekommunikation außerdem die Rechtsaufsicht über die Organe und die öffentlichen Unternehmen der DBP. Er war dafür verantwortlich, daß die DBP nach den Grundsätzen der Politik der Bundesrepublik Deutschland geleitet wurde. Hierfür legte er im Rahmen seiner Aufgabenstellung nach § 1 PostVerfG die mittel- und langfristigen Ziele für die DBP fest.

3. Postreform II (1994)

a) Gründe für eine weitere Reform

Gründe für Überlegungen zu einer weiteren Postreform waren vor allem die zu bewältigenden Finanzierungsprobleme und der internationale Wettbewerbsdruck[152]. Der seit der deutschen Einigung von 1990 benötigte Investitionsbedarf für die neuen Bundesländer führte unter anderem dazu, daß das Eigenkapital der DBP TELEKOM weit unter das Soll des § 41 PostVerfG sank. In bezug auf die klassische Behördenorganisation wurde von einer Gefährdung der eigenen Existenz gesprochen[153]. Der Wettbewerbsdruck durch die verstärkte Privatisierung anderer EG-Mitglieds- wie Drittstaaten[154] bewirkte die Umstrukturierung der DBP TELEKOM in eine AG zum 1. Januar 1995. Nur hierdurch – so die Gesetzesbegründung – sei Chancengleichheit mit internationalen Wettbewerbern gegeben und das Finanzierungsproblem am wirtschaftlichsten zu lösen[155]. Auch die Umstellung von DBP Postdienst und DBP Postbank in Deutsche Post AG und Deutsche Postbank AG sei wegen des auch künftig noch zunehmenden Wettbewerbs innerhalb der Europäischen Union unumgänglich und eine uneingeschränkte Erweiterung im Bankangebot unverzichtbar. So kam es 1994 zum Erlaß des Gesetzes zur Neuordnung des Postwesens und der Telekommunikation (Postneuordnungsgesetz)[156],

---

[151] § 2 FAG (1989) sprach hier von *Verleihung*, obwohl offensichtlich eine Genehmigung gemeint ist. S.u. Teil C, II.2.b).aa) (S. 56 f.).

[152] BT-Drs. 12/6718, S. 75; *Junker*, ZGR 1990, 249 (260 ff.); *Gramlich*, NJW 1994, 2785 (2786).

[153] *Zumwinkel*, Postpraxis 1994, 2 (5 f.); *Gramlich*, NJW 1994, 2785 (2786).

[154] *Gebhard*, JbDBP 1990, S. 77 ff.; *Möschel*, JZ 1988, 885 ff.

[155] BT-Drs. 12/6718, S. 75; auch *Junker*, ZGR 1990, 249 (260 ff.).

[156] Gesetz zur Neuordnung des Postwesens und der Telekommunikation vom 14.9.1994, BGBl. I S. 2325; hierzu umfassend *Gramlich*, NJW 1994, 2785 ff., und *Scherer*, CR 1994, 418 ff.

dessen Hauptgewicht auf einer Neuorganisation der Unternehmen der Deutschen Bundespost lag[157]. Dieses umfangreiche Artikelgesetz enthält u.a. Änderungen des Grundgesetzes, des Fernmeldeanlagengesetzes sowie neue Gesetze wie das Bundesanstalt Post-Gesetz (BAPostG) und das Gesetz über die Regulierung der Telekommunikation und des Postwesens (PTRegG).

b) Änderungen des Grundgesetzes

aa) Notwendigkeit einer Grundgesetz-Änderung

Lange Zeit hatte sich Art. 87 Abs. 1 Satz 1 GG a.F. als Hindernis für eine Privatisierung für die Deutsche Bundespost erwiesen. Nach ganz überwiegender Ansicht enthielt Art. 87 Abs. 1 Satz 1 GG a.F. nicht nur eine Kompetenznorm im Bund / Länder-Verhältnis, sondern eine Zuweisung der Aufgabe „Post- und Fernmeldewesen" zur „Bundespost" und dessen Aufgabenerfüllung in unmittelbarer Bundesverwaltung[158]. Deshalb stand Art. 87 Abs. 1 Satz 1 GG a.F. einer Verselbständigung der DBP als juristischer Person des Privatrechts entgegen. Die Änderung des Grundgesetzes durch Gesetz vom 30. August 1994[159] schaffte die verfassungsrechtlichen Voraussetzungen für die Organisationsprivatisierung der Unternehmen der DBP.

bb) Artikel 73 Nr. 7 GG

Die Neufassung des Art. 73 Nr. 7 GG[160] paßte den Begriff *Fernmeldewesen* dem international üblichen Sprachgebrauch *Telekommunikation* an, der sich mittlerweile auch im nationalen Sprachgebrauch durchsetzte. Die Begründung der Gesetzesvorlage stellt klar, daß der neue Wortlaut eine materielle Änderung des Kompetenzbereichs nicht beinhaltet[161].

---

[157] BT-Drs. 12/6718, S. 76.

[158] *Scherer*, ArchPT 1992, 5 (7 ff.); *Fangmann*, RDV 1988, 53 (56); *Roßnagel / Wedde*, DVBl. 1988, 562 (564); *Hustädt / Bach*, DuR 1989, 294 (298 f.); *R. Schmidt*, Rechtliche Möglichkeiten für Privatisierungen im Bereich der Deutschen Bundespost, in: *Badura / Scholz* (Hrsg.), Wege und Verfahren des Verfassungslebens. Festschrift für Peter Lerche, 1993, S. 965 (966 ff.); *Steiner*, Verkehr und Post, in: *Isensee / P. Kirchhof* (Hrsg.), HStR, Bd. III, S. 1087 (1112).

[159] BGBl. I S. 2245.

[160] Auch Art. 80 Abs. 2 GG n.F.

[161] BR-Drs. 114/94, S. 6.

cc) Artikel 87 Abs. 1 GG und Artikel 87f GG

Das verfassungsändernde Gesetz vom 30. August 1994 ordnete in Art. 1 die Streichung des Wortes *Bundespost* in Art. 87 Abs. 1 GG an. Dadurch entfiel das Gebot bundesunmittelbarer Verwaltung in bezug auf das Post- und Fernmeldewesen. Die Streichung ist im Zusammenhang mit der Neueinführung des Art. 87f GG zu verstehen[162].

Art. 87f GG nimmt eine Trennung von *Hoheitsaufgaben* und *Dienstleistungen* vor, wobei sich die Formulierung des Art. 87f Abs. 2 Satz 2 GG in der Terminologie an § 1 Abs. 1 Satz 2 PostVerfG (1989) anlehnt, wenn von Wahrnehmung *hoheitlicher Aufgaben* im Bereich des Postwesens und der Telekommunikation gesprochen wird. Während im PostVerfG (1989) die *politischen und hoheitlichen Aufgaben* den *unternehmerischen und betrieblichen Aufgaben* gegenübergestellt wurden[163], unterscheidet Art. 87f Abs. 2 GG zwischen *Hoheitsaufgaben* und *Dienstleistungen*. Die Ausstattung dieser Trennung mit Verfassungsrang ist nach der Begründung der Gesetzesvorlage die Folge der besonderen Stellung der Nachrichtenkommunikation[164].

Zu den Hoheitsaufgaben nach Art. 87f Abs. 2 Satz 2 GG gehört die Erfüllung des in Art. 87f Abs. 1 GG normierten Gebotes, „flächendeckend angemessene und ausreichende Dienstleistungen" zu gewährleisten[165].

Durch Art. 87f Abs. 2 Satz 1 GG fand eine Entstaatlichung der Post- und Telekommunikationsdienstleistungen statt: Die Dienstleistungen werden durch die drei Nachfolgeunternehmen der DBP als „privatwirtschaftliche Tätigkeiten" und durch andere private Anbieter erbracht. Art. 87f Abs. 2 Satz 1 GG betont hierbei ausdrücklich, daß Anbieter dieser Dienstleistungen sowohl die aus dem Sondervermögen Deutsche Bundespost hervorgegangenen Unternehmen als auch private Wettbewerber sein können[166]. Das Erbringen von Dienstleistungen ist damit ausschließlich private Tätigkeit, die eine Wahrnehmung als Verwaltungsaufgabe, gleich ob in öffentlicher oder privater Form, verbietet[167]. Dem steht Art. 87f Abs. 3 GG nicht entgegen, wenn er von der Ausführung einzelner Aufgaben durch den Bund in bezug auf die aus dem Sondervermögen Deutsche Bundespost hervorgegangenen Unternehmen spricht. Denn dabei handelt es sich lediglich um die Verwaltung der Gesell-

---

[162] BT-Drs. 12/6717, S. 4.

[163] § 1 Abs. 1 Satz 2 und 3 PostVerfG (1989).

[164] BT-Drs. 12/6717, S. 3.

[165] S. dazu §§ 1–3 PTRegG.

[166] S.a. die Diskussionsbeitäge von *Terrahe*, *Bendath* und *Pfeffermann*, in: *Bauer/Neumann* (Hrsg.), Privatisierung der Telekom, S. 113.

[167] BT-Drs. 12/6717, S. 4.

schaftsanteile an den DBP-Nachfolgeunternehmen[168]. Tätigkeiten der Bundesanstalt auf dem postalischen oder fernmeldetechnischen Dienstleistungssektor sind ausgeschlossen[169].

dd) Artikel 143b GG

Eine Ergänzung erfuhren schließlich die *Übergangs- und Schlußbestimmungen* des Grundgesetzes durch die Aufnahme von Art. 143b GG. Art. 143b GG ist die Übergangsregelung für die sich aus der Privatisierung der Bundespost grundsätzlich ergebenden organisatorischen und personellen Folgen. So wurde die Grundsatzfrage der Umgestaltung des Sondervermögens DBP in Unternehmen privater Rechtsform in Art. 143b Abs. 1 Satz 1 GG beantwortet. Die Ausgestaltung blieb dem einfachen Bundesgesetzgeber überlassen und erging durch das „Gesetz zur Umwandlung der Unternehmen der Deutschen Bundespost in die Rechtsform der Aktiengesellschaft (Postumwandlungsgesetz – PostUmwG)“[170]. Gemäß Art. 143b Abs. 2 Satz 2 GG darf die Kapitalmehrheit des Bundes an der Deutschen Post AG erst im Jahre 2000 aufgegeben werden, wozu es dann eines mit Zustimmung des Bundesrates verabschiedeten Gesetzes bedarf.

Auf der Grundlage des bisherigen Fehlens einer Absicherung des Fernmeldemonopols in der Verfassung[171] nennt nunmehr Art. 143b Abs. 2 Satz 1 GG die Möglichkeit einer befristeten Verleihung an die Telekom AG[172] und damit die Aufrechterhaltung von Monopolrechten. Nach § 28 FAG (1994) ist diese

---

[168] Konkretisiert in Art. 1 PTNeuOG, § 3 BAPostG.

[169] BT-Drs. 12/6717, S. 4.

[170] Art. 3 PTNeuOG.

[171] In der Literatur nahezu unstreitig unter der alten Terminologie *Fernmeldemonopol*: *v. Mangoldt/Klein*, GG, 2. Aufl. 1974, Art. 87, Anm. IV 5 c ee; *Thieme*, JZ 1961, 280 (283); *Herrmann*, Fernsehen und Hörfunk in der Bundesrepublik Deutschland, S. 104; *Lerche*, in: *Maunz/Dürig*, GG, Art. 87 Rn. 115; *v. Münch*, in: *ders.*, GG, Art. 73 Rn. 47; *Steiner*, Verkehr und Post, in: *Isensee/P. Kirchhof* (Hrsg.), HStR, Bd. III, S. 1087 (1114 f.); *Biermann*, Die Zulässigkeitsvoraussetzungen staatlicher Monopole im Grundgesetz, Diss. Mainz 1965, S. 152 ff.; *Jockel*, Öffentlich-rechtliche Monopole, Diss. Köln 1968, S. 44 f., 89 ff.; *Arndt*, ArchPF 1970, 3 (4 f., 9); *Badura*, Der Paketdienst der Deutschen Bundespost. Möglichkeiten und Grenzen gesetzgeberischer Maßnahmen zum Schutz des Postdienstes, Jb. DBP 1977, S. 76 (151); *Scherer*, Telekommunikationsrecht und Telekommunikationspolitik, S. 619, 683 ff.; *Lerche*, Das Fernmeldemonopol – öffentlich-rechtlich gesehen, in: *Mestmäcker* (Hrsg.), Kommunikation ohne Monopole, S. 139 (144); *Ossenbühl*, Bestand und Erweiterung des Wirkungskreises der Deutschen Bundespost, S. 29, 74; *A. Hesse*, Die Verfassungsmäßigkeit des Fernmeldemonopols der Deutschen Bundespost, S. 44 ff., 47. — A.A. *Klingler*, ArchPF 1978, 184 (189); *F. Kirchhof*, DVBl. 1984, S. 657 (658); *Püttner*, Die öffentlichen Unternehmen. Verfassungsfragen zur wirtschaftlichen Betätigung der öffentlichen Hand, S. 165. S. dazu unten ausführlich in Teil D, IV.4.d) (S. 115 ff.).

[172] § 1 Abs. 2 und 4 FAG (1994).

Übergangszeit bis zum 31. Dezember 1997 befristet. Um den Widerspruch zwischen dem öffentlich-rechtlichen Dienst- und Treueverhältnis von Postbediensteten[173] mit den hergebrachten Grundsätzen des Berufsbeamtentums[174] einerseits und der Privatrechtsform der drei neuen Aktiengesellschaften andererseits zu beseitigen, bedurfte es einer ebenfalls mit Verfassungsrang ausgestatteten Regelung, um die Beschäftigungsverhältnisse in inhaltlich unveränderter Form fortzuführen und zu sichern[175].

c) Die Privatisierung der DBP-Unternehmen

aa) Bundesanstalt Post-Gesetz – BAPostG

Die Privatisierung der DBP-Unternehmen solle „einheitlich durch eine spezialisierte Einrichtung wahrgenommen" werden, so die Begründung des Gesetzesentwurfs zur Wahrnehmung der Rechte und Pflichten der aus dem Teilsondervermögen der Deutschen Bundespost hervorgehenden Aktiengesellschaften[176]. Um dieses Ziel zu erreichen, wurde in § 1 BAPostG (Art. 1 PTNeuOG) die Errichtung einer Bundesanstalt für Post und Telekommunikation Deutsche Bundespost normiert.

Nach § 3 Abs. 1 BAPostG hat die Anstalt die Aufgabe, die dem Bund zustehenden Aktionärsrechte wahrzunehmen, die Aktiengesellschften auf dem Kapitalmarkt einzuführen und Entscheidungen über die Verwendung von Dividenden zu treffen.

In § 3 Abs. 2 BAPostG werden die unternehmensbezogenen Aufgaben aufgelistet: Koordinierung der Unternehmen durch Beratung, Vermittlung von Anregungen zum äußeren Erscheinungsbild der Aktiengesellschaften, Beratung der Unternehmen bei der Ausarbeitung von Führungsgrundsätzen, Abschluß von Manteltarifverträgen, Überleitungsmaßnahmen für das Personal, Wahrnehmung der Aufgaben im sozialen Bereich, Erstellung von Grundsätzen der Wohnungsfürsorge, Entscheidungsprüfung in Disziplinarverfahren und Mißbilligungen, Prüfung von Entlassungen und Zurruhesetzungen, Mitwirkung vor Erlaß einer Rechtsverordnung und die Mitwirkung vor Genehmigung des Stellenplans einer Aktiengesellschaft[177]. Nach der Gesetzesbegrün-

---

[173] Art. 33 Abs. 4 GG.

[174] Art. 33 Abs. 5 GG.

[175] S. die dezidierte Ausarbeitung in Art. 4 PTNeuOG, im Personalrechtsgesetz, ferner im Art. 2 PTNeuOG, § 5 des Gesetzes über die Träger der gesetzlichen Sozialversicherung im Bereich der früheren DBP und in Art. 1 PTNeuOG, §§ 23 und 24 des Gesetzes über die Errichtung einer Bundesanstalt für Post und Telekommunikation Deutsche Bundespost.

[176] BT-Drs. 12/6718, S. 76.

[177] § 3 Abs. 2 i.V.m. anderen Bestimmungen des BAPostG.

dung handelt es sich hier um solche Aufgaben, die ihrer Natur nach aus „übergeordneten politischen Gründen" in staatlicher Hand liegen und in mittelbarer Bundesverwaltung wahrgenommen werden müssen[178].

bb) Postumwandlungsgesetz – PostUmwG

Das in Art. 3 PTNeuOG normierte Postumwandlungsgesetz (PostUmwG) behandelt den Errichtungsakt der drei neuen Aktiengesellschaften Deutsche Post AG, Deutsche Postbank AG und Deutsche Telekom AG[179]. Die fast dekkungsgleichen Satzungen der drei Aktiengesellschaften wurden in Anhängen gesetzlich festgelegt. Zukünftig können jedoch die Unternehmen Satzungsänderungen nach den Vorgaben des Aktiengesetzes selbst vornehmen[180]. Bei der Gründung der Aktiengesellschaft ist zunächst der Bund Alleinaktionär bei allen drei Nachfolgeunternehmen gem. § 3 Abs. 1 PostUmwG, wobei die Bundesanstalt nach § 9 Abs. 1 BAPostG die Aktien verwaltet[181].

d) Die Organisation der Hoheitsaufgabe „Regulierung"

Schon seit der Postreform I von 1989 waren die „Eigentümerbefugnisse" des Bundes an den drei DBP-Unternehmen von dessen „Regulierungsbefugnissen" zu unterscheiden. Nach § 1 PTRegG ist nun die Regulierung der Telekommunikation und des Postwesens eine hoheitliche Aufgabe des Bundes, welche nach Art. 87f Abs. 2 Satz 2 GG in bundeseigener Verwaltung auszuüben ist. In dem Regulierungsgesetz finden sich Fortführungen aus den Normen des Postverfassungsgesetzes: z.B. § 4 PTRegG Genehmigungs- bzw. Widerspruchsrechte des BMPT (früher § 28 PostVerfG), § 7 PTRegG Ausgleich zwischen Dienstleistungen (früher § 37 Abs. 4 PostVerfG), § 8 PTRegG Pflichtleistungen (früher § 25 Abs. 2 PostVerfG), § 9 PTRegG Verbraucherschutzverordnungen (früher § 30 Abs. 1 PostVerfG); so trat auch der Regulierungsrat in den §§ 11–14 PTRegG an die Stelle des Infrastrukturrates (früher §§ 32 ff. PostVerfG).

---

[178] BR-Drs. 115/94, S. 76.

[179] § 1 Abs. 2 PostUmwG.

[180] § 11 Abs. 4 PostUmwG.

[181] Die Einführung der Deutschen Telekom AG am Kapitalmarkt erfolgt nach § 3 Abs. 1 Satz 2 Nr. 2 BAPostG bis zum 31.12.1999 ausschließlich durch Kapitalerhöhung gegen Einlage entsprechend den §§ 182 ff. AktG. Die Vorstände und Aufsichtsräte werden nach § 9 Abs. 1 PostUmwG gemäß den §§ 76 ff. AktG gebildet, wobei für die Übergangszeit die bisherigen Unternehmensvorstände entsprechend § 19 PostPersRG die Unternehmen weiterleiten (§ 15 Abs. 1 Satz 1 PostUmwG).

Der BMPT hat damit sowohl Regulierungsfunktionen als auch Aufsichtsfunktionen. Er ist nunmehr nicht nur für die Erteilung fernmelderechtlicher Genehmigungen zuständig, sondern auch für Entscheidungen, ob beabsichtigte Marktöffnungen tatsächlich für Telekommunikationsleistungen zugelassen werden[182]. Das bedeutet für den Marktzutritt von Wettbewerbern der Telekom AG, die in den Bereichen der ausschließlich dem Nachfolgeunternehmen der DBP TELEKOM verliehenen Rechte Fernmeldeanlagen errichten und betreiben wollen, eine neue Barriere auf dem Weg zum Marktzutritt. Es handelt sich um die Bereiche des Netz-, Telefondienst- und Funkanlagenmonopols. Erst wenn der BMPT dem Grunde nach der Öffnung von Märkten zugestimmt hat, können den Wettbewerbern der Telekom AG die fernmelderechtlichen Genehmigungen für Betätigungen auf den neuen Märkten erteilt werden.

An den wichtigsten Regulierungsentscheidungen des BMPT nimmt der Regulierungsrat teil. Er besteht aus einem Vertreter jedes Landes und einer großen Anzahl von Vertretern des Deutschen Bundestages[183]. Bei der Wahrnehmung seiner Befugnisse hat er „die wirtschaftlichen Möglichkeiten der von seiner Entscheidung betroffenen Unternehmen zu berücksichtigen“[184].

Zusätzlich zu den Regulierungsfunktionen und den Überwachungsfunktionen nach § 3 Absatz 1 PTRegG hat der BMPT die Aufsicht über das Einhalten bestimmter Voraussetzungen auf dem Marktgeschehen durch die Telekom AG und der Wettbewerber. Hierfür werden beim BMPT unabhängige Beschlußkammern gebildet[185].

II. Fernmelderechtliche Funktionen des Bundes in bezug auf den Rundfunk

1. Hoheitsaufgaben

Zu den rundfunkrechtlich relevanten hoheitlichen Aufgaben, die vom BMPT nach Art. 87f Abs. 2 Satz 2 GG, § 3 PTRegG wahrzunehmen sind, gehört die Fernmeldehoheitsverwaltung: Aus diesem umfangreichen Aufgabenbereich interessieren hier insbesondere das Erteilen von Genehmigungen[186] zum Errichten und Betreiben von Fernmeldeanlagen gem. § 2 FAG

---

[182] § 2 Abs. 2 Nr. 1 FAG.

[183] § 11 PTRegG.

[184] § 13 Abs. 1 PTRegG.

[185] § 15 PTRegG.

[186] § 2 FAG spricht hier von *Verleihung*, obwohl offensichtlich eine Genehmigung gemeint ist. S.u. Teil C, II.2.b)aa) (S. 56 f.).

und die Verwaltung und Zuteilung der Funkfrequenzen. Der BMPT ist ermächtigt, durch Rechtsverordnungen die hoheitlichen Maßnahmen zur Sicherstellung einer effizienten und störungsfreien Nutzung von Frequenzen näher zu regeln. Nach § 3 Abs. 2 Satz 2 PTRegG benötigt er nunmehr die Zustimmung des Bundesrates, wenn durch die Maßnahme Belange des Rundfunks berührt werden.

Aufgabe des BMPT ist damit weiterhin auch die sogenannte *Ätherpolizei*, die traditionell einen Kernbereich der staatlichen Fernmeldeverwaltung darstellt[187]. Gegen dessen Bundeszuständigkeit bestehen keine verfassungsrechtlichen Bedenken[188]. Denn es bestehen auch internationale Verpflichtungen, deren gesetzgeberische Umsetzung sachgemäß Aufgabe des Bundes ist (Art. 73 Nr. 7 GG). So ist es z.B. nach den Internationalen Fernmeldeverträgen (IFV) Aufgabe der Bundesrepublik Deutschland, die Funkstellen darauf zu überwachen, daß sie ihren Dienst nach den Bestimmungen der Vollzugsordnung für den Funkdienst (VO Funk) ausüben, damit bei den übrigen Mitgliedern keine schädlichen Störungen verursacht werden[189]. Da die Bundesrepublik Deutschland Mitglied der L'Union Internationale des Télécommunications (UIT oder Internationale Funkunion IFU) ist und die VO-Funk mitunterzeichnet hat, hat sie dafür Sorge zu tragen, daß eine Sendestelle nur dann errichtet und betrieben werden darf, wenn hierfür eine Genehmigung in geeigneter Form und in Übereinstimmung mit dieser Vollzugsordnung erteilt wird[190]. Eine solche Genehmigung ist im deutschen Fernmelderecht in § 2 FAG vorgesehen.

Für das Thema dieser Arbeit ist wichtig: Daß Sendeanlagen einzig und aufgrund eines Betriebsmonopols allein von der Fernmeldeverwaltung betrieben werden müßten, ist durch diese internationale Akte nicht bedingt.

Nach der Frequenzplanung und der Zuweisung eines Frequenzbereichs[191] und den Verleihungsentscheidungen[192] entscheidet der BMPT über die fernmelderechtliche Genehmigung zur Verwendung einer Frequenz für einen bestimmten Standort durch eine bestimmte Funkstelle[193]. Bei einer *Verleihung* (Genehmigung)[194] durch den BMPT auf Grund des § 2 FAG ist der Genehmigungsbegünstigte die „Funkstelle" im Sinne der VO Funk. Dies kann auch

187 *Scherer*, IHB 1990/91, S. A 148 (152 ff.).

188 So schon BVerfG, Urt. vom 28.2.1961, BVerfGE 12, 205 (227).

189 Art. 35 Abs. 1 FV Nairobi.

190 Art. 24 Rn. 2020 in § 1 Abs. 1 VO Funk 1982.

191 Art. 1 Rn. 17 VO Funk 1982.

192 Art. 1 Rn. 18 VO Funk 1982.

193 Art. 1 Rn. 19 VO Funk 1982.

194 S. zur „Verleihung" Teil C, II.2.b)aa) (S. 56 f.).

eine öffentlich-rechtliche Rundfunkanstalt oder ein privates Rundfunkunternehmen sein.

2. Errichtung und Betrieb von Rundfunkfernmeldeanlagen

a) Grundsatz § 1 Abs. 1 FAG

Bereits in der Postreform I (1989) wurde durch die Streichung des Wortes „ausschließlich"[195] das Monopolrecht des Bundes im Bereich des Fernmeldewesens auf ein gesetzliches einfaches Handlungsrecht reduziert, wodurch der Wettbewerb im Fernmeldewesen als Grundsatz verankert wurde. Die auf das frühere Fernmeldemonopol angewandte Terminologie, es handle sich um ein repressives Verbot mit Befreiungsvorbehalt[196], war vom Grundsatz her nicht mehr haltbar. Das bis zur Postreform I bestehende Regel-Ausnahme-Verhältnis kehrte sich um. Das vor 1989 geltende Verhältnis, daß alles verboten war, was nicht im einzelnen erlaubt wurde, änderte sich dahingehend, daß alles, was nunmehr nicht verboten war, erlaubt sein sollte. In der Postreform II wurden diese Gedanken formuliert und einer weiteren Klärung zugeführt. Nach § 1 Abs. 1 FAG steht grundsätzlich den Nachfolgeunternehmen der Deutschen Bundespost TELEKOM, namentlich der Telekom AG[197], und Wettbewerbern das grundsätzlich gleiche Recht zu, Fernmeldeanlagen zu errichten und zu betreiben — mit der nun zu erörternden Ausnahme für Funkanlagen.

b) Verleihungsvorbehalt § 1 Abs. 2 FAG für Funkanlagen

aa) § 1 Abs. 2 Satz 1 FAG

Die Errichtung und das Betreiben von Funkanlagen und Übertragungswegen, einschließlich der dazugehörenden Abschlußeinrichtungen, stehen im Interesse der Rundfunkanstalten und Rundfunkunternehmen[198]. Die Realisierung der Errichtung und des Betriebs wird gerade durch § 1 Abs. 2 Satz 1 FAG erschwert, der das Errichten und Betreiben solcher Anlagen grundsätzlich von einer Genehmigung abhängig macht: Wer Funkanlagen und Übertragungswege betreiben will, bedarf einer Verleihung/Genehmigung durch den BMPT.

---

[195] BGBl. 1989 I S. 1026.

[196] *Klingler/Mahler*, Rechtsfragen zur Genehmigung für private Fernmeldeanlagen. Zur Erhebung von Genehmigungsgebühren und zum Begriff der Fernmeldeanlagen, in: Jahrbuch des elektronischen Fernmeldewesens 1975, S. 419 (433); *A. Hesse*, Die Verfassungsmäßigkeit des Fernmeldemonopols der Deutschen Bundespost, 1984, S. 14 f.

[197] § 1 Abs. 2 PostUmwG; s.o. Teil C, I.3.c)bb) (S. 53).

[198] S.o. Teil B. (S. 28 ff.).

Die Genehmigung wird in § 1 Abs. 2 Satz 1 FAG auch nach der Postreform II (1994) noch als „Verleihung" bezeichnet, obwohl seit langem erklärt wird, dogmatisch handele es sich um eine „Genehmigung"[199]. Gegenstimmen, die von Verleihung hoheitlicher Rechte ausgegangen sind[200] oder von Einräumung von „Privilegien"[201], sind nach der Aussage des Bundesverfassungsgerichts in einem Beschluß vom 22. Juni 1988 seit Jahrzehnten veraltet und überholt. Heute spricht man in Rechtsprechung und Literatur durchweg von „Genehmigung"[202].

Konkret bedeutet dies alles, daß Rundfunkanstalten und Rundfunkunternehmen für den eigenen Betrieb einer Funkanlage eine Genehmigung des BMPT bedürfen. Damit bestimmt das Fernmeldeanlagengesetz auch weiterhin, daß Wettbewerber der Telekom AG keinen freien Zugang zu diesen „Märkten" haben.

bb) § 1 Abs. 2 Satz 2 FAG als Pauschalverleihung an die Nachfolgeunternehmen der DBP TELEKOM

Nach § 1 Abs. 2 Satz 2 FAG *verleiht der BMPT* „hiermit dem Nachfolgeunternehmen der Deutschen Bundespost TELEKOM [...] das ausschließliche Recht, [...] Funkanlagen zu errichten und zu betreiben"[203]. Während die Wettbewerber der Telekom AG im Monopolbereich (Netzmonopol und Funkanlagenmonopol) nach wie vor einem Genehmigungserfordernis unterliegen, werden der Telekom AG die Alleinrechte zur Errichtung und zum Betrieb von Übertragungswegen und Funkanlagen umfassend durch Gesetz übertragen, nicht etwa durch einzelne Genehmigungsakte.

§ 1 Abs. 2 FAG in der Fassung von 1989 bestimmte die Errichtung und den Betrieb von Funkanlagen als ein ausschließliches Recht, das dem Bund

---

199 *Ipsen*, Die Rundfunkgebühr, 2. Aufl. Hamburg, 1958, S. 26; umfassend schon *Schneider*, NJW 1961, 53 ff.; *ders.*, in: *Zehner*, Fernsehstreit I, S. 417 (448 ff.); *Herrmann*, AöR 90, 286 (329) f.; *Eidenmüller*, Post und Fernmeldewesen, § 2 Anm. 1. Schon in der Begründung zum Fernmeldeanlagengesetz 1928 wurde das Wort *Verleihung* in Anführungszeichen gesetzt.

200 *Neugebauer*, Das neue Rundfunkrecht, S. 18 f.; *Klingler/Mahler*, Rechtsfragen zur Genehmigung für private Fernmeldeanlagen, zur Erhebung von Genehmigungsgebühren und zum Begriff der Fernmeldeanlagen, in: Jahrbuch des elektrischen Fernmeldewesens, 1975, S. 419 (433).

201 *v. Jacobs*, Der öffentlich-rechtliche Benutzungszwang in der Verwaltungsordnung, S. 184.

202 BVerfG, Beschl. vom 22.6.1988, BVerfGE 78, 374 (384).

203 Zusätzlich zu dem Funkanlagenmonopol erhält das Nachfolgeunternehmen der DBP TELEKOM das Netzmonopol gem. § 1 Abs. 2 Satz 2 FAG und das Telefondienstmonopol gem. § 1 Abs. 4 Satz 4 FAG.

‚nd. Dieses Ausschließlichkeitsrecht übte der BMPT aus, wobei die Be- ‚nis zur Ausübung dieser Rechte praktisch die DBP TELEKOM innehat- [204]. Das Genehmigungserfordernis für die Errichtung und den Betrieb von Fernmeldeanlagen galt für die DBP TELEKOM als Teil der bundeseigenen Verwaltung bislang nicht.

§ 1 Abs. 2 Satz 2 FAG ist nunmehr so zu verstehen, daß die ausschließlichen Rechte, Netzmonopol und Funkanlagenmonopol, die bisher dem Bund zustanden und der DBP TELEKOM zur Ausübung übertragen wurden, jetzt der Telekom AG kraft Gesetzes „verliehen" worden sind[205].

Um die praktischen Auswirkungen des in § 1 Abs. 2 Satz 2 FAG normierten Funkanlagenmonopols zu erkennen, ist der Umfang des Monopols maßgeblich, der im wesentlichen davon abhängt, was unter *Funkanlagen* zu verstehen ist.

Das Fernmeldeanlagengesetz enthält selbst eine Definition in § 1 Abs. 1 Satz 2 FAG:

> „Funkanlagen sind elektrische Sendeeinrichtungen sowie elektrische Empfangseinrichtungen, bei denen die Übermittlung oder der Empfang von Nachrichten, Zeichen, Bildern oder Tönen ohne Verbindungsleitungen oder unter Verwendung elektrischer, an einem Leiter entlang geführten Schwingungen stattfinden kann".

Die Übertragung mittels Funk erfolgt mit Hilfe elektromagnetischer Schwingungen, die drahtlos oder drahtgebunden verbreitet werden. In der praktischen Auswirkung sind das alle Rundfunksendeanlagen und sämtliche Rundfunkempfangsgeräte[206].

Wie das Bundesverfassungsgericht im Ersten Fernsehurteil festgestellt hat, beginnt das Fernmeldewesen mit der Übermittlung des sendefertigen Signals vom Studio und umfaßt die Ausstrahlung der Sendung und daran anschließend alle Vorgänge bis hin zum Empfang der Sendung. Die Studiotechnik hingegen gehört nicht zum Vorgang des Übertragens[207].

Die Telekom AG betreibt auch heute die notwendigen Leitungen, die für die Übertragung zwischen den Funkhäusern, Studios, Aufnahmeorten sowie von den Funkhäusern zu den Sendeanlagen nötig sind (Modulationsleitungen

---

[204] Siehe § 1 Abs. 5 FAG (1989).

[205] § 1 Abs. 2 Satz 2 FAG spricht von der *Verleihung durch den BMPT*. Hierbei soll wohl zum Ausdruck kommen, daß es sich bei dem Verleihungsrecht grundsätzlich um Rechte des BMPT handelt. Daß der BMPT nicht durch das Fernmeldeanlagengesetz Alleinrechte verleihen kann, versteht sich von selbst, da Gesetze Parlamentsakte sind. Die ausführende Gewalt kann nicht durch Parlamentsakte neue Rechtspositionen begründen.

[206] Hierunter fallen z.B. Radios, Fernsehempfänger, Hifi-Anlagen und Videorecorder mit Empfangsteilen, Hörfunk- und Fernsehportabels.

[207] BVerfG, Urt. vom 28.2.1961, BVerfGE 12, 205 (227).

= Mod-Leitungen, Richtfunkstrecken). Die Leitungssternpunkte in Frankfurt a.M. für Hörfunk und Fernsehen betreiben hingegen die ARD-Anstalten. Daneben unterhalten die Rundfunkanstalten auch eigene Leitungs- und Richtfunkverbindungen[208].

Soweit Leitungen und Rundfunksendeanlagen der Telekom AG durch die Rundfunkanstalten genutzt werden, besteht zwischen ihnen und der Telekom AG ein Nutzungsverhältnis[209]. Die Nutzungsentgelte für die technischen Leistungen der Telekom AG werden nach der „Vereinbarung über die Leistungsbeziehungen zwischen den Rundfunkanstalten und der DBP (VTL)" entrichtet, die zwischen ARD/ZDF und der Bundespost abgeschlossen wurde[210]. Die VTL wird seit dem 1. Januar 1973 angewendet und regelt die Postleistungen sowie die Modalitäten des Entgelts. Die Geltung der VTL-Bestimmungen ist 1994 für weitere zehn Jahre vereinbart worden (ARD-Jahrbuch 95, S. 181).

Für die Abstrahlung der Programme privater Rundfunkunternehmen wurden bisher in Verordnungen festgelegte öffentlich-rechtliche Nutzungsentgelte entrichtet. Seit dem 1. Juli 1989 gelten die Allgemeinen Geschäftsbedingungen der DBP TELEKOM sowie deren Anlagen mit Bedingungen und Preislisten[211].

c) Einzelverleihung nach § 2 FAG

aa) Grundsatz

Für die Wettbewerber der Telekom AG bleibt es auch nach der Postreform II (1994) bei dem Genehmigungserfordernis gemäß § 2 Abs. 1 FAG. Wurde die Genehmigung nach § 2 Abs. 1 FAG (1989) durch den BMPT für die Ausübung ausschließlicher Rechte des Bundes erteilt, so kann er nunmehr die Genehmigung für Rechte erteilen, die dem Nachfolgeunternehmen der DBP TELEKOM ausschließlich zustehen.

---

[208] Bei Übertragungen von Fußballspielen u.ä. sind z.B. drahtlose Übertragungen bis zur Länge von zwei „Funkfeldern" zulässig.

[209] Umfassend zum früheren Recht *K. Hesse*, Die Regelung von Rundfunkleistungen der Bundespost durch Rechtsverordnung; BVerfG, Urt. vom 28.2.1961, BVerfGE 12, 205 (226 f.) unter Bezugnahme auf *Moser*, DÖV 1954, 389 f.; *Lademann*, JIR 8, 307 (310). Vgl. nunmehr *Krath*, Neue Medien für Hörfunk und Fernsehen, Kap. 5 zu den verschiedenen Sachgruppen.

[210] Text der VTL bei *Ring*, Medienrecht, Abschnitt C-V 3.7.

[211] Abl. DBP TELEKOM Nr. 18 vom 7.6.1991, Vfg. 250/1991 und Vfg. 251/1991 mit Anlagen, S. 433 ff. Ab 30.9.1992 gelten die Neufassungen Abl. DBP TELEKOM 1992 Nr. 22, Vfg. 354/1992 und Vfg. 355/1992 mit Anlagen, S. 722 ff. sowie zahlreiche weitere Regelungswerke.

In § 2 Abs. 1 Satz 1 FAG (1994) ist, wie in früheren Fassungen des FAG auch, die Möglichkeit einer Genehmigung zur Errichtung und zum Betrieb einzelner Fernmeldeanlagen vorgesehen. Das FAG geht also auch hier davon aus, daß die Telekom AG nicht sämtliche Fernmeldeanlagen selbst betreibt. Der BMPT kann dies den verschiedensten Unternehmungen gestatten: Flughäfen und Flugzeugen, Schiffen und Leuchttürmen, Taxis, Funk- und Modellflugamateuren u.v.m. — auch den Rundfunkanstalten und Rundfunkunternehmen.

bb) Ermessen

Die Genehmigungserteilung steht nach dem Gesetzestext im Ermessen des BMPT[212]: § 2 Abs. 1 FAG spricht von „kann", während der Wortlaut des § 2 Abs. 4 Satz 1 FAG das Wort „muß" enthält und damit den Energieversorgungsunternehmen einen rechtlich einklagbaren Genehmigungsanspruch einräumt[213]. Dies bedeutet, daß es allgemein keinen Anspruch auf Genehmigung gibt, sondern nur den rechtsstaatlichen Anspruch auf ermessensfehlerfreie Entscheidung[214].

Das Bundesverfassungsgericht hat hierzu ausgeführt, daß der Bundespostminister (nunmehr BMPT) bei der Entscheidung über die Genehmigung von Rundfunksendeanlagen nur fernmeldetechnische Gesichtspunkte berücksichtigen darf. Die Ablehnung eines Antrags dürfe nicht auf programm- und rundfunkpolitische Überlegungen gestützt werden[215]. Das gilt auch für Bedingungen und Auflagen, die nach § 2 Abs. 1 Satz 3 FAG mit der Genehmigung verbunden werden können.

cc) Einzel- und Allgemeingenehmigung

Für die Erteilung einer Genehmigung nach § 2 Abs. 1 FAG kommen zwei Möglichkeiten in Betracht:

- Zum einen wird für Errichten und Betrieb rundfunkeigener Sendeanlagen im Einzelfall vom BMPT eine „Rundfunk-Sendegenehmigung" erteilt, die die Rechtsform eines Verwaltungsakts besitzt.

---

[212] *Müller-Using*, Fernmelderecht, in: *Fuhr/Rudolf/Wasserburg* (Hrsg.), Recht der neuen Medien, S. 211 (224); *Elias*, Fernmelderecht und Netzträgerschaft, in: *Hübner/Elias* u.a., Kabelfernsehprojekte, S. 5 (14 ff.).

[213] Umfassend *Kimminich*, DÖV 1976, 649 (652).

[214] *Kimminich*, DÖV 1976, 649 (652); *Aubert*, Fernmelderecht. Eine systematische Darstellung, S. 115 f.

[215] BVerfG, Urt. vom 28.2.1961, BVerfGE 12, 205 Ls. 6 (238 f., 249).

– Die „Verleihung“ kann zum anderen auch als „Allgemeine Genehmigung“ für eine unbestimmte Vielzahl von Fällen als Allgemeinverfügung erteilt werden, die dann im Amtsblatt des BMPT veröffentlicht wird. Dies ist seit 1970 für die Rundfunkempfangsgeräte ständige Verwaltungspraxis[216].

Ob als Einzelverwaltungsakt oder als Allgemeinverfügung kann die Genehmigung gemäß § 2 Abs. 1 Satz 3 FAG mit Auflagen versehen werden. Damit sollen die Voraussetzungen für die Erteilung der Genehmigung sichergestellt werden, wie z.B. die Einhaltung der Technischen Vorschriften für Rundfunkempfänger oder die Störungsfreiheit des Betriebs[217]. Die Einhaltung der Auflagen kann durch staatliche Aufsicht nunmehr nach § 3 Absatz 1 PTRegG überwacht werden.

d) Frequenznutzung durch den Rundfunk

Die Rundfunkanstalten und -unternehmen sind für die drahtlose Verbreitung ihrer Programme auf die Nutzung von Frequenzen angewiesen[218]. Hierzu können sie entweder das Leistungsangebot der Telekom AG nutzen oder sie erhalten vom BMPT ein Frequenznutzungsrecht gemäß § 2 Abs. 1 FAG „verliehen“[219].

Das Rundfunkwesen unterliegt einer bundesrechtlichen und einer landesrechtlichen Gestaltung. Private Veranstalter von Rundfunksendungen bedürfen medienrechtlich einer Zulassung durch Landesgesetz und fernmelderechtlich der Genehmigung zur Nutzung einer bestimmten Frequenz. Die Bereitstellung von Frequenzen ist Sache des Bundes. Die im Landesmedienrecht mit der Zuteilungsbefugnis ausgestattete Stelle, die Landesmedienanstalt, entscheidet wiederum, für welchen Rundfunkanbieter für welche Art von rundfunkmäßiger Nutzung welche fernmelderechtlich zur Verfügung stehende Frequenz zu verwenden ist[220]. Diese medienrechtlichen Frequenzentscheidungen[221] sind durch die Mediengesetze der Länder geregelt[222].

---

216 Am 1.11.1991 ist die Verfügung des BMPT Nr. 220/1991 „Genehmigungsrechtliche Regelungen für Rundfunkempfangsanlagen“ in Kraft getreten (Abl. DBP TELEKOM 1991, S. 2181 ff.). Die Anlage 2 dieser Verfügung ist die „Allgemeingenehmigung für Ton- und Fernseh-Rundfunkempfänger“. Die Verfügung 3/1994 des BMPT kündigt die Erweiterung der „Allgemeingenehmigung ...“ um die Satellitenrundfunkempfänger an (Abl. BMPT 1994, S. 55).

217 Z.B. Nr. 3.1 und 4.1 der Allgemeingenehmigung.

218 Nach BVerfG, Urt. vom 28.2.1961, BVerfGE 12, 205 (227) besteht deshalb die Pflicht des Bundes, den Sendern bestimmte Wellenbereiche zuzuteilen.

219 S.o. Teil C, II.2.c) (S. 59 ff.).

220 *Löwer*, Fernmeldekompetenz und Funkwellenzuteilung im Bundesstaat, JbDBP 1989, S. 41; *Papier*, DÖV 1990, 217 (217 f.); s.a. *Schneider*, Die Zuständigkeit des Bundes im

Bei der notwendigen Zusammenarbeit zwischen Bund und Ländern gilt für beide Seiten der Grundsatz des bundesfreundlichen Verhaltens. Mit diesem Grundsatz wäre es unvereinbar, wenn die Rundfunkanstalten und -unternehmen bei der Verteilung der gegenwärtigen und zukünftig benutzbaren Frequenzen vom Bund keine Berücksichtigung gemäß den landesgesetzlichen Regelungen über die Veranstalter von Rundfunksendungen fänden[223]. Da die DAB-Technik Frequenzspektren frei werden läßt, welche durch zusätzliche Rundfunkdienste genutzt und fruchtbar gemacht werden können[224], werden sich vermehrt Rundfunkanbieter um rundfunkrechtliche Zulassung und Frequenzfreigabe bemühen. Die Entscheidung der Landesmedienanstalt begründet für den Anbieter einen Anspruch auf Dienstleistungen der Telekom AG oder auf Genehmigung gemäß § 2 Abs. 1 FAG durch den BMPT[225].

III. Zusammenfassung: Bedeutung des reformierten Fernmelderechts für den Rundfunk

Ziel der Postreform I (1989) war die Verselbständigung der DBP-Unternehmen mit einer organisatorischen Trennung von betrieblichen und hoheitlichen Aufgaben sowie eine partielle Liberalisierung der Telekommunikationsmärkte.

Schwerpunkt der Postreform II (1994) war die Ausdehnung der Verselbständigung der DBP-Unternehmen mit einer Privatisierung der Organisation. Die Liberalisierung der Marktzutrittschancen wurde nicht fortgeführt. Der Verfassungstext stellt in Art. 87f Abs. 2 Satz 1 GG lediglich klar, daß als Anbieter von Dienstleistungen im Bereich des Postwesens und der Telekommunikation sowohl die aus dem Sondervermögen Deutsche Bundespost hervorgegangenen Unternehmen als auch Wettbewerber in Frage kommen.

Rundfunk- und Fernmelderecht, in: *Börner/Jahrreiß/Stern* (Hrsg.), Einigkeit und Recht und Freiheit. Festschrift für Karl Carstens, 1984, Bd. II, S. 817.

[221] *Eberle*, Rundfunkübertragung. Rechtsfragen der Nutzung terrestrischer Rundfunkfrequenzen, S. 45 ff., 62 ff., 72 ff.

[222] Z.B. Art. 37 BayMG; § 3 BremLMG; § 3 HessPRG; §§ 5 ff. BWLMedienG; § 3 LRG NW; § 4 LRG SchlH.

[223] So schon BVerfG, Urt. vom 28.2.1961, BVerfGE 12, 205 (249 f.).

[224] *v. Weizsäcker/Kaiser/Badura* u.a. sprechen in dem Gutachten „Frequenzregulierung in der Bundesrepublik Deutschland" (Bonn Juni 1991), S. 22, von hohem Interesse einer schnellen Einführung des DAB-Systems wegen der Nutzung von Einsparungsmöglichkeiten von Frequenzen.

[225] *Eberle*, Rundfunkübertragung. Rechtsfragen der Nutzung terrestrischer Rundfunkfrequenzen, S. 112 f.; *Papier*, DÖV 1990, 217 (220).

Für die Telekom AG haben sich die Erwartungen an die Organisationsprivatisierung erfüllt. Die Basis des Eigenkapitals hat sich erhöht, für die stark beamtenrechtlich geprägten Personalverhältnisse wurden die Voraussetzungen für eine moderne Personalpolitik geschaffen, und es fand eine Trennung von Eigentümer- und Regulierungsfunktionen statt.

Das Fernmeldeanlagengesetz hat 1994 lediglich geringe Änderungen erfahren. Das Ziel war eher die Anpassung „an die neue Fassung des Grundgesetzes und an die hierdurch bewirkte Statusänderung der heutigen DBP Unternehmen"[226], wobei aber der 1989 „geschaffene Regulierungsrahmen" jedenfalls bis Ende 1997 „weitgehend erhalten" werden sollte[227]. Das auf das überkommene und auf das öffentliche Unternehmen zugeschnittene Regulierungsmodell des FAG wurde so nachgebessert, daß es auch als Arbeitsgrundlage für die Regulierung der privatisierten Telekom AG taugt.

Die Wettbewerber der Telekom AG behalten hingegen ihre schwache Rechtsstellung bei. Sie stehen im Wettbewerb mit einem mit gesetzlichen Monopolrechten ausgestatteten Privatunternehmen, dessen Marktmacht unverändert stark ist. Im Gegenteil, die Marktzutrittsbarrieren haben sich für sie noch erhöht: Unternehmen, die neu auf den Markt für Telekommunikationsdienstleistungen kommen, bedürfen der Grundsatzentscheidung über die beabsichtigte Öffnung neuer Märkte[228].

Für das vorliegende Thema ist als Ergebnis wichtig: Auch die Postreform II (1994) hält am Funkanlagenmonopol fest. Das dem Nachfolgeunternehmen der DBP TELEKOM in § 1 Abs. 2 Satz 2 FAG verliehene Funkmonopol umfaßt sämtliche für Rundfunksendeanlagen wichtigen Übertragungsvorgänge.

Die für den Rundfunk wichtige Entscheidung, ob Rundfunksendeanlagen von Rundfunkanstalten und Rundfunkunternehmen errichtet und betrieben werden dürfen, soll nach § 1 Abs. 2 Satz 1, § 2 Abs. 1 Satz 1 und 3 FAG weiterhin dem BMPT obliegen. Der BMPT ist hierbei in seiner Entscheidung frei (scil. im Rahmen des fehlerfreien Beurteilungsermessens). Freilich darf sie nur durch fernmeldetechnische Gegebenheiten und Belange bestimmt sein[229]. Zwar würde diese weiterhin bestehende Einschränkung in Form einer Genehmigung durch den BMPT den Dienstleistungsanbieter nicht sonderlich beeinträchtigen, wenn das Recht auf Genehmigung nicht einschränkbar wäre, sobald die technischen Voraussetzungen vorliegen, die für die „Funkdisziplin" (Einhaltung der technischen Vorschriften und Störungsfreiheit des Be-

[226] BT-Drs. 12/6718, S. 3.

[227] BT-Drs. 12/6718, S. 105, 106.

[228] § 2 Abs. 2 Nr. 1 FAG.

[229] S.o. Teil C, II.2.c)bb) (S. 60 f.).

triebs) unerläßlich sind. Jedoch die Praxis sieht anders aus: Genehmigungen zum Errichten und Betreiben von Senderanlagen gemäß § 1 Abs. 2 Satz 1, § 2 Abs. 1 Satz 1 und 3 FAG werden mit Ausnahme von Hörfunk und Fernsehen I nicht erteilt. Die Telekom AG verweist auf ihr gesetzlich übertragenes Funkanlagenmonopol, und der BMPT untersagt in nun schon jahrelanger Tradition einen weiteren Marktzutritt durch Wettbewerber mit dem Hinweis, daß bei weiteren Dienstleistungsanbietern neben der Telekom AG ein flächendeckender und störungsfreier Funkverkehr nicht mehr gewährleistet wären[230].

Damit kann festgestellt werden, daß es sich bei dem Recht, Funkanlagen zu errichten und zu betreiben, nach wie vor, auch nach der Postreform II (1994) – als Ausnahme vom allgemeinen Grundsatz – um ein repressives Verbot mit Befreiungsvorbehalt handelt[231].

Ob dieses Monopol in dieser Form rechtliche Anerkennung finden kann, muß im folgenden Abschnitt verfassungsrechtlich überprüft werden.

[230] S.u. Teil D, V.2. (S. 119 ff.).

[231] So schon zur Errichtung und zum Betrieb von Funkanlagen *Klingler/Mahler*, Rechtsfragen zur Genehmigung für private Fernmeldeanlagen, zur Erhebung von Genehmigungsgebühren und zum Begriff der Fernmeldeanlagen, in: Jahrbuch des elektrischen Fernmeldewesens 1975, S. 419 (433); *A. Hesse*, Die Verfassungsmäßigkeit des Fernmeldemonopols der Deutschen Bundespost, S. 14 f.

D. Verfassungsrechtliche Prüfung

I. Kollision zwischen den Freiheiten und Aufgaben der Rundfunkanstalten und -unternehmen einerseits sowie dem Funkanlagenmonopol andererseits

1. Fragestellung

Wie die Ausführungen zu Teil B. und C. gezeigt haben, kollidieren die Aufgaben der Rundfunkanstalten und Rundfunkunternehmen offensichtlich mit dem Fernmelderecht des Bundes. Denn aus den Rundfunk- und Landesmediengesetzen ergibt sich, daß die Rundfunkanstalten und -unternehmen die Aufgabe des Senderbetriebs oder zumindest ein Wahlrecht haben, ob sie ihre Programme über selbstbetriebene eigene Sendeanlagen ausstrahlen oder ob sie hierfür die Dienste Dritter in Anspruch nehmen wollen. Die Gesetzeslage hinsichtlich des Fernmeldewesens unterbindet hingegen diese auch gesetzlich festgelegte Freiheit, indem einzig der Telekom AG ein Funkanlagenmonopol zugesprochen wird und den verbleibenden Konkurrenten ein Errichtungs- und Betriebsrecht grundsätzlich versagt wird.

Es muß deshalb versucht werden, die Kollision der beiden Normenkomplexe auf verfassungsrechtlicher Ebene zu lösen. Dabei stellt sich insoweit die Frage,

- ob die „Rundfunkfreiheit“ aus Art. 5 Abs. 1 GG die „Verbreitungsfreiheit“ dermaßen mitumfaßt, daß Programmbetreiber aufgrund einer grundrechtlichen Sicherung ein Recht haben, ihre Sendeanlagen selbst zu betreiben — ein Recht, das stärker ist als die aus dem Funkanlagenmonopol folgende Rechtsstellung der Telekom AG; oder
- ob mangels einer solchen Grundrechtsposition der Rundfunkunternehmen der Bundesgesetzgeber einen Zwang ausüben kann, Anlagen gesetzlich terminierter Dritter zu benutzen.

2. Stellungnahme des Bundesverfassungsgerichts im Ersten Fernsehurteil

Das Bundesverfassungsgericht hat im Ersten Fernsehurteil[232] vom 28. Februar 1961 zu diesem Punkt erstmals Stellung genommen, als die Deutsche Bundespost neben den ARD-Rundfunkanstalten für das zweite Fernsehprogramm Sender baute[233]. Das Bundesverfassungsgericht erklärte damals ohne nähere Begründung: „Artikel 5 GG fordert – anders als die Antragsteller meinen – nicht, daß die Veranstalter von Rundfunksendungen auch über die sendetechnischen Anlagen verfügen und die Möglichkeit haben müssen, diese Anlagen selbst zu betreiben“[234]. Erwähnenswert ist der Mangel einer jeden Begründung um so mehr, als dem Bundesverfassungsgericht Begründungen der Gegenmeinung vorlagen[235]. Möglicherweise ist hierin auch eine gewisse Unsicherheit des Gerichts in dieser Frage zu sehen, zumal der vom Bundesverfassungsgericht gewählte Kompromiß des Bestandsschutzes für eigene Sender der Landesrundfunkanstalten über die Begründung des Gebots des bundesfreundlichen Verhaltens nicht recht einzuleuchten vermag. Eine Aussage darüber, daß Sendeanlagen nach dem 28. Februar 1961 ausschließlich vom Bund oder von der Deutschen Bundespost betrieben werden dürfen, machte das Bundesverfassungsgericht nicht, weshalb die Hörfunkprogramme und die Ersten Fernsehprogramme der ARD von den Landesrundfunkanstalten über eigene Sendeanlagen – freilich mit entsprechender fernmelderechtlicher Genehmigung des BPM/BMPT – ausgestrahlt werden, auch soweit Sendeanlagen für diese Programme nach dem 28. 2. 1961 in Betrieb genommen wurden. Die übrigen Rundfunksendeanlagen werden nunmehr durch die Deutsche Telekom AG betrieben[236].

3. Erster Blick auf Artikel 5 GG

Es ergibt sich rein praktisch unter Bezugnahme auf das Fernmelderecht und die verfassungsrechtliche Wertung folgende Situation: Die Rundfunkfreiheit des Art. 5 Abs. 1 GG und damit auch dessen Schutzbereich beginnt mit der Freiheit des Kommunikators zur Informationsbeschaffung bei der Suche von Informationen. Schon hier ist er vor Einflußnahme des Staates ge-

---

[232] BVerfG, Urt. vom 28.2.1961, BVerfGE 12, 205.

[233] *Hillig*, RuF 1962, 391 (397 ff.).

[234] BVerfG, Urt. vom 28.2.1961, BVerfGE 12, 205 (239), und mit anderer Formulierung ebd. S. 263.

[235] *Maunz*, in: *Zehner*, Fernsehstreit I, S. 276 (277); *Mallmann*, in: *Zehner*, Fernsehstreit I, S. 234 (257); *Ipsen*, Die Rundfunkgebühr, 2. Aufl. Hamburg 1958, S. 42 ff., 44, 79.

[236] S.o. Teil A, I.1. (S. 17 ff.).

schützt[237]. Auf vom Staat errichtete „Informationsmonopole" wie „Wochenschau" oder technisch nicht leistungsfähige „Volksempfänger" kann er nicht beschränkt werden. Auch die Verbreitung der so gewonnenen Informationen ist durch Art. 5 Abs. 1 GG geschützt. Ein Zugriff oder eine Regulierung dieser Informationsweitergabe von Seiten des Staates wäre verfassungswidrig, da die Rundfunkfreiheit aus Art. 5 Abs. 1 GG dem entgegenstände. Aus Sicht des Rezipienten geht die Freiheit des Art. 5 Abs. 1 Satz 1, 2. Hs. GG so weit, daß sein Empfang der gesendeten Informationen der Massenmedien nicht beschränkt oder reglementiert werden kann. Auch sein Empfangsgerät kann nicht dergestalt technisch begrenzt werden, daß von den allgemein zugänglichen Quellen nur noch ein Bruchteil empfangen werden kann.

Art. 5 Abs. 1 GG will offensichtlich und allgemein anerkannt die Freiheit des Meinungsaustausches umfassend schützen. Damit verträgt es sich schlecht, wenn das Bundesverfassungsgericht die Weitergabe der gewonnenen Informationen durch den Kommunikator mittels Wellen über Sender vom Recht der freien Meinungsäußerung als nicht gedeckt angesehen hat[238]. Diese Betrachtungsweise muß auch deshalb merkwürdig erscheinen, weil grundsätzlich davon ausgegangen werden muß, daß die in Art. 4 GG in Grundzügen garantierte Denkfreiheit ohne Nutzen und inhaltsleer wäre, wenn die Mitteilung der gedanklich gewonnenen Ergebnisse an andere von Art. 5 Abs. 1 GG nicht geschützt würde[239]. Ähnliche Bedenken müßte man haben, wenn man ein Äußern der Gedanken im allgemeinen anerkennen und nur speziell das Medium des Sendens hiervon ausnehmen würde[240].

Die Situation ist doch wohl eher mit der Freiheit des einzelnen Bürgers aus Art. 2 und 5 GG vergleichbar, einen Brief persönlich dem Adressaten zu übergeben *oder* für den Transport die Deutsche Post AG oder einen Dritten zu bemühen[241].

Ob die Aussage des Bundesverfassungsgerichts aus dem Jahre 1961 heute noch – 1995 – gelten kann oder ob die Entwicklung der letzten Jahrzehnte und das heute gebotene Verständnis des Art. 5 GG für die Frage des Betriebs von Rundfunksendeanlagen zu einem anderen Ergebnis führt, soll im folgenden untersucht werden.

---

[237] *Wendt*, in: *v. Münch*, GG, Art. 5 Rn. 45; *Starck*, in: *v. Mangoldt/Klein*, GG, Art. 5 Abs. 1, 2 Rn. 67.

[238] So BVerfG, Urt. vom 28.2.1961, BVerfGE 12, 205 (239, 263).

[239] *Herzog*, in: *Maunz/Dürig*, GG, Art. 5 Abs. 1, 2 Rn. 7, 8.

[240] S. vertiefend hierzu im folgenden.

[241] *Herrmann*, Fernsehen und Hörfunk in der Bundesrepublik Deutschland, S. 106 f.

II. Grundrechtspositionen der Rundfunkanstalten und -unternehmen

1. Freiheitsgewährleistungen nach Artikel 5 Abs. 1 Satz 1, 1. Hs. GG

Zunächst ist dazu zu untersuchen, ob Art. 5 Abs. 1 Satz 1, 1. HS. GG den Schutz einer umfassenden Mitteilungsfreiheit enthält und damit das Senden von Rundfunksendungen durch eigene sendetechnische Anlagen einschließt.

a) Wort, Schrift und Bild

Mit der Begriffstrias „Wort, Schrift und Bild" werden die Aussageformen, die für die Realisierung der Meinungsäußerungsfreiheit in Frage kommen, umschrieben. Allgemeiner Meinung nach wird hierin eine beispielhafte Aufzählung von drei Mitteln gesehen, die nicht erschöpfend, sondern im weitesten Umfang zu verstehen sei[242]. Damit fallen hierunter auch Äußerungsformen, die auch bei weitester wörtlicher Interpretation der drei Grundbegriffe nicht mehr unter diese subsumiert werden können[243], wie z.B. Gesten, Mienenspiel, Grußarten, Tragen bestimmter Symbole, auch Musik usw.[244]. Nach allgemeiner Meinung zwingt in Art. 5 Abs. 1 Satz 1 GG, der als Teil und Ausfluß der Gedankenfreiheit verstanden wird, die formelhaft zu verstehende Begriffstrias zu einer extensiven Auslegung.

Für den hier interessierenden Rundfunkbereich sind deshalb alle sinnlich wahrnehmbaren Formen der Entäußerung erfaßt, also das, was sich vor dem Mikrofon oder vor der Kamera zur Verbreitung durch Rundfunk abspielt, praktisch alle Rundfunkinhalte wie Nachrichten, Kommentare, Feature, Hör- und Fernsehspiele u.v.a.m. [245].

---

[242] *Ridder*, Meinungsfreiheit, in: GR II, S. 243 (273 f.); *Starck*, in: *v. Mangoldt/Klein*, GG, Art. 5 Rn. 21; *Degenhart*, in: BK zum GG, Art. 5 Abs. 1, 2 Rn. 162; *K. Hesse*, Grundzüge des Verfassungsrechts der Bundesrepublik Deutschland, S. 154; *Maunz/Zippelius*, Deutsches Staatsrecht, S. 195.

[243] *Herzog*, in: *Maunz/Dürig*, GG, Art. 5 Abs. 1, 2 Rn. 73.

[244] Beispiele bei *Ridder*, Meinungsfreiheit, in: GR II, S. 243 (274); *Scheuner*, VVDStRL 22, S. 1 (63).

[245] BVerfG, Urt. vom 28.2.1961, BVerfGE 12, 205 (260). Der Rundfunk wurde in den Beratungen des Parlamentarischen Rates und seiner Ausschüsse im Zusammenhang mit Art. 5 Abs. 1 Satz 1 GG genannt, ohne daß Zweifel an dessen Einbeziehung erwähnt sind. Vgl. Stenoprotokoll des Grundsatzausschusses des Parlamentarischen Rates in der 25. Sitzung vom 24.11.1948, S. 18 (hier und im folgenden zitiert nach *Matz*, in: *v. Doemming/Füsslein/Matz*, JöR 1951, oder *Herrmann*, Fernsehen und Rundfunk in der Bundesrepublik Deutschland).

b) Meinung

Die Gewährleistung der Grundfreiheit in Art. 5 Abs. 1 Satz 1 GG nennt das Äußern und das Verbreiten einer „Meinung". Was unter diesen Begriff der „Meinung" fällt, wird seit langem in der Literatur diskutiert. Anstoß der Überlegungen bildet die Unterscheidung zwischen einem engeren Begriff „Meinung" und dem Begriffspaar „Nachricht" oder „Bericht" als „Tatsachenbehauptung". Letztere sollen sich nur auf Tatsachenäußerungen beziehen, d.h. die rein sachliche Wiedergabe von Tatsachen, während „Meinung" eine wertende Ansicht, Auffassung, Überzeugung, Wertung, Einschätzung u.a. bedeutet[246]. Man versteht hierunter vorrangig die wertende Betrachtung von Tatsachen oder Gedankengütern, also ganz allgemein ein Werturteil. Dem (engeren) Begriff „Meinung" ist danach die Subjektivität der Wertung immanent.

Der Schutz der Meinungsfreiheit sollte nach früherer Literaturmeinung zur Zeit der Weimarer Reichsverfassung und auch in den ersten Jahren des Grundgesetzes nur Werturteile umfassen[247]. Demgegenüber weist Herzog zu Recht darauf hin, daß sich Meinung im eigentlichen Sinn und Tatsachenmitteilung nicht trennen lassen[248]. Bei der Entstehung eines Werturteils fließt immer mehr oder weniger Tatsachenwissen mit ein, wobei sich beide Phänomene nicht voneinander trennen lassen, und fast jede Tatsachenbehauptung enthält – schon durch die Formulierung – eine Meinungsäußerung.

Auch das Bundesverfassungsgericht hat in bezug auf Massenkommunikationsmittel ausgeführt, daß die Entscheidung, ob überhaupt ein bestimmter Bereich Aufnahme in ein Massenkommunikationsmittel findet, sowie die Art und Weise der Aufmachung und der Plazierung in den Nachrichten immer auch Werturteile enthalten, die von der Berichterstattung nicht getrennt werden können. Allein die Auswahl von Tatsachenmitteilungen, Nachrichten oder Zitaten enthält bereits wertende Elemente[249]. Herzog spricht von der Unmöglichkeit des Menschen, auch geringfügigste Tatsachenäußerungen ohne persönliche Regung zu referieren[250].

---

[246] *Wendt*, in: *v. Münch/Kunig*, GG, Art. 5 Rn. 8; *Ridder*, Meinungsfreiheit, in: GR II, S. 243 (264); *Scheuner*, VVDStRL 22, S. 63; *Herrmann*, Fernsehen und Hörfunk in der Bundesrepublik Deutschland, S. 60; *Maunz*, in: *Zehner*, Fernsehstreit I, S. 276 (277).

[247] *Maunz*, in: *Zehner*, Fernsehstreit I, S. 276 (277); hierzu auch *Herrmann*, Fernsehen und Hörfunk in der Bundesrepublik Deutschland, S. 60 f.

[248] *Herzog*, in: *Maunz/Dürig*, GG, Art. 5 Abs. 1, 2 Rn. 51.

[249] BVerfG, Urt. vom 28.2.1961, BVerfGE 12, 205 (260); BVerfG, Urt. vom 4.4.1967, BVerfGE 21, 271 (278 f.); BVerfG, Urt. vom 27.7.1971, BVerfGE 31, 314 (326); BVerfG, Urt. vom 5.6.1973, BVerfGE 35, 202 (222); BVerfG, Beschl. vom 28.11.1973, BVerfGE 36, 193 (204).

[250] *Herzog*, in: *Maunz/Dürig*, GG, Art. 5 Abs. 1, 2 Rn. 51.

Mit einem Blick auf Art. 5 Abs. 1 Satz 2 GG, in dem „Berichterstattung durch Rundfunk“ gewährleistet wird[251], ist nicht einzusehen, daß der Privatmann, der von seiner in Art. 5 Abs. 1 Satz 1 GG garantierten Freiheit Gebrauch machen will, einen engeren Grundrechtsschutz genießen sollte als diejenigen, die über die Mittel der Massenkommunikation verfügen[252]. Auch unter der Betrachtung des Ergebnisses macht Herzog darauf aufmerksam, daß bei der Abgrenzungstheorie nicht hinnehmbare Lösungen herauskämen. Die rein subjektive Meinungsäußerung, die im Extremfall nicht den Hauch von nachprüfbarer Objektivität besitzt, wäre bei einer engen Interpretation des Art. 5 Abs. 1 Satz 1 GG mehr geschützt als die auf Wissen gegründete rein sachliche Wiedergabe von Tatsachen, obwohl letztere objektiv auf ihre Wahrheit untersucht werden können und eine Meinung ohne Tatsachenäußerung regelmäßig nicht möglich ist. Darüber hinaus wäre eine Einschränkung des Meinungsbegriffs auf das Ergebnis menschlichgeistiger Erkenntnis- und Urteilsfähigkeit eine Schutzbereichsreduzierung des Art. 5 Abs. 1 Satz 1 GG[253]. Es ist aber nicht einzusehen, warum aus der Gesamtheit des allgemeinen Mitteilungsbedürfnisses[254] Ergebnisse eigener Gedanken bevorzugt werden sollen, obgleich die Mitteilung von Tatsachen für den Kommunikationsprozeß und die Freiheit des Menschen ebenso wichtig ist. Es ist sogar hervorzuheben, daß die Unterdrückung von Tatsachenmitteilungen und Nachrichten durch den Staat für die allgemeine Meinungsbildung sogar schwerwiegendere Folgen haben könnte als eine Unterdrückung von Meinungen.

Aufgrund der vorbenannten Ausführungen müssen – über die Äußerungen von Werturteilen hinaus – Tatsachenmitteilungen, Berichte und Nachrichten unter den Begriff der „Meinung“ in Art. 5 Abs. 1 Satz 1 GG gefaßt werden. Die Meinungsäußerungsfreiheit wird damit als umfassende Mitteilungsfreiheit verstanden. Also gehören Tatsachenmitteilungen, Nachrichten und Berichte zum Grundrechtsschutz der Massenmedien. Christian Starck stellt hierzu fest, daß die früher herrschende Lehre mit dem Versuch der Abgrenzbarkeit der beiden Begriffe aus heutiger Sicht „als gescheitert angesehen werden“ muß[255].

---

[251] S. hierzu im folgenden unter Teil D, II.3. (S. 78 ff.).

[252] *Herzog*, in: *Maunz/Dürig*, GG, Art. 5 Abs. 1, 2 Rn. 52 f.

[253] Freilich würde die Tatsachenäußerung dann durch einen Rückgriff auf die allgemeine Handlungsfreiheit aus Art. 2 Abs. 1 GG abgesichert, Art. 2 Abs. 1 GG gewährleistet jedoch einen ungleich geringeren Schutz als Art. 5 Abs. 1 GG. *Dürig*, in: *Maunz/Dürig*, GG, Art. 2 Abs. 1 Rn. 17 ff; *Herzog*, in: *Maunz/Dürig*, GG, Art. 5 Abs. 1, 2 Rn. 53.

[254] *Herzog*, ebd., Art. 5 Abs. 1, 2 Rn. 54.

[255] *Starck*, in: *v. Mangoldt/Klein*, GG, Art. 5 Abs. 1, 2 Rn. 19; Widerlegung des engen Meinungsbegriffs ausführlich bei *Herzog*, in: *Maunz/Dürig*, GG, Art. 5 Abs. 1, 2 Rn. 49–55, und *Herrmann*, Fernsehen und Hörfunk in der Bundesrepublik Deutschland, S. 60 ff.

Das Bundesverfassungsgericht geht in ständiger Rechtsprechung einen Kompromiß ein[256]. Zwar soll die „Mitteilung einer Tatsache im strengen Sinne keine Äußerung einer Meinung [sein], weil ihr die für eine Meinungsäußerung charakteristischen Merkmale fehlen". Gleichwohl seien Tatsachenmitteilungen durch die Meinungsfreiheit geschützt, „weil und soweit sie Voraussetzung der Bildung von Meinungen sind, welche Artikel 5 Abs. 1 GG gewährleisten"[257].

Da es sich in den Fällen, in denen die Frage des Grundrechtsschutzes überhaupt aufgeworfen wird, regelmäßig um Tatsachenbehauptungen handelt, die für die Meinungsbildung relevant sind, kommt dieser Weg des Bundesverfassungsgerichts praktisch zu demselben Ergebnis wie die Lehre: Schutz jeglicher Aussage[258].

Damit umfaßt Art. 5 Abs. 1 Satz 1 GG auch den Grundrechtsschutz für das Verbreiten aller Programmsparten und -inhalte durch Rundfunk.

c) Äußern und verbreiten

Nach dem Text des Art. 5 Abs. 1 Satz 1 GG hat jeder das Recht, seine Meinung „frei zu äußern und zu verbreiten". Aus dem Recht der freien Äußerung hat jeder Grundrechtsträger die Möglichkeit, sich seiner Meinung zu entäußern. Die Staatsgewalt hat damit nicht die Einflußmöglichkeit, den Bürger auf seine „Gedankenfreiheit" zu reduzieren, sondern muß dem Bürger den Freiraum lassen, daß diese Gedanken aus dem eigenen Einflußbereich herausgetragen werden.

Erwähnenswert ist, daß schon Ridder[259] bei seinen Untersuchungen des Art. 5 GG zu dem Ergebnis kam, daß bei einer nicht ausdrücklichen Nennung der „Verbreitung" im Grundgesetz sich diese unmittelbar aus dem Sinn des Art. 5 Abs. 1 GG ableiten ließe.

---

[256] Etwa BVerfG, Beschl. vom 3.6.1980, BVerfGE 54, 208 (219); BVerfG, Beschl. vom 22.6.1982, BVerfGE 61, 1 (8).

[257] BVerfG, Beschl. vom 9.10.1991, NJW 1992, 1439 (1440) und BVerfG, Beschl. vom 11.11.1992, NJW 1993, 1845.

[258] Während es bei Äußerung der Meinung kein falsch oder richtig gibt, sondern die Wertung als solche geschützt wird, sind bei Tatsachenmitteilungen nur richtige Informationen geschützt. Bewiesene oder bewußt unwahre Tatsachenbehauptungen sind nicht vom Schutz des Art. 5 Abs. 1 GG umfaßt; vgl. *Grimm*, NJW 1995, 1697 (1699); BVerfG, Beschl. vom 3.6.1980, BVerfGE 54, 208 (219); Beschl. vom 22.6.1982, BVerfGE 61, 1 (8); Beschl. vom 13.4.1994, BVerfGE 90, 241 (249, 254).

[259] *Ridder*, Meinungsfreiheit, in: GR II, S. 243 (248 f.); auch *Herzog*, in: *Maunz/Dürig*, GG, Art. 5 Abs. 1, 2 Rn. 57.

Zur Zeit der Weimarer Reichsverfassung enthielt Art. 118 Abs. 1 WRV das Recht der „Verbreitung" nicht expressis verbis. Dennoch war es dem Art. 118 Abs. 1 WRV immanent, worauf Smend[260] schon 1927 hinwies.

Als konsequente Folge der Denkfreiheit gewährleistet das Grundgesetz die Meinungsäußerungsfreiheit. Diese Freiheit gewährleistet ein „lautes", vernehmbares Denken des sich äußernden Menschen. Vernehmbarkeit und Vernommenwerden sind die hier wesentlichen Aspekte[261]. So gewährleistet das Recht der Meinungsäußerung nicht lediglich das Heraustragen der Meinung in einem „menschenleeren Hochtal" und damit den Vorgang der Ent-Äußerung einer Meinung für sich allein, sondern auch den Empfang der Meinung und den Weg bis zum individuellen Empfang einer Äußerung[262].

Die ausdrückliche Nennung des „Verbreitens" in Art. 5 Abs. 1 Satz 1 GG ist eher auf den Parlamentarischen Rat im Hinblick auf Rundfunkangelegenheiten zurückzuführen, der expressis verbis betonen wollte, daß es sich bei Art. 5 Abs. 1 Satz 1 GG um ein Kommunikationsgrundrecht handelt[263]. Die Meinungsverbreitungsfreiheit beinhaltet das Recht der Kontaktaufnahme mit anderen Menschen[264], welches sich nun durch die explizite Nennung an dieser Stelle offenbart und sich auf dem Gebiet des Rundfunks wie folgt darstellt: Daß Art. 5 Abs. 1 Satz 1 GG auch Rundfunkäußerungen umfassen sollte, d. h., daß der Rundfunk als Darstellungsform von Meinungen an die Öffentlichkeit erfaßt wird, ergibt sich aus der grundlegenden Bemerkung des Abgeordneten v. Mangoldt, wonach die Freiheit der Meinungsäußerung durch den Rundfunk schon vom allgemeinen Begriff der „Meinungsäußerungsfreiheit" erfaßt sei[265]. Die Freiheit der Meinungsäußerung durch den Rundfunk erschöpft sich auch nicht in der ungehinderten Produktion von Sendungen, denn gerade diese ist durch die Aussage des Grundgesetzes „seine Meinung [...] frei zu äußern" bereits gesichert. Gerade durch die Einführung des Wortes „verbreiten" durch den Grundsatzausschuß des Parlamentarischen Rates auf Vorschlag von Thomas[266] sollte über die Meinungsäußerungsfreiheit des Rundfunks hinaus das Benutzen aller zur Verbreitung von Meinungen geeigneten Medien ausdrücklich mit in den Freiheitsbereich eingeschlossen werden und jeglicher Zweifel hieran beseitigt werden. Zu Recht sieht daher Hans

---

[260] *Smend*, VVDStRL 4, S. 44 (50).

[261] *Ridder*, Meinungsfreiheit, in: GR II, S. 243 (248).

[262] *Ridder*, ebd., S. 243 (248 f.).

[263] *Herzog*, in: *Maunz/Dürig*, GG, Art. 5 Abs. 1, 2 Rn. 57.

[264] *Herzog*, ebd., Art. 5 Abs. 1, 2 Rn. 58 f.; *Starck*, in: *v. Mangoldt/Klein*, GG, Art. 5 Abs. 1, 2 Rn. 22.

[265] Stenoprotokoll des Grundsatzausschusses des Parlamentarischen Rates in der 25. Sitzung vom 24.11.1948, S. 18.

[266] Stenoprotokoll, ebd., S. 7 ff.

Peters in Art. 5 Abs. 1 Satz 1 GG die Freiheit der Verbreitung der Sendungen garantiert: Die Verbreitungsfreiheit schützt die Sendung als den nach außen wirkenden technischen Vorgang gegen beeinträchtigende staatliche Eingriffe[267].

Damit wird nicht nur die subjektive Betätigung des Kommunikators geschützt, sondern auch die „objektive Seite des nach außen wirkenden technischen Vorgangs"[268], das Senden. Gerade die Einführung des Wortes „verbreiten" und dessen ausdrückliche Nennung *neben* dem Begriff „äußern" müssen so interpretiert werden, daß die Zerteilung des Grundrechts dergestalt, daß einzelne Bestandteile von staatlichen Eingriffen frei sind (Programmgestaltung) und andere Bestandteile kraft staatlicher Lenkung nicht mehr dem Kommunikator zustehen sollen (das Senden der Programme), dem Grundgesetz widerspricht. „Verbreiten" heißt nach natürlichem Wortsinn und Verständnis: „freie Mitteilung an andere"[269]. Die Meinungsäußerungsfreiheit und das Recht der Verbreitung in Art. 5 Abs. 1 Satz 1 GG muß als Gesamtfreiheitsrecht betrachtet werden, wobei die Einengung des einen Bestandteils auch den anderen tangiert und damit die Freiheit im ganzen beeinträchtigen würde[270]. Dies bedeutet: Jede technische Einengung der Hörbarkeit oder Sehbarkeit eines Programms würde bereits die Mitteilungsfreiheit in Art. 5 Abs. 1 Satz 1 GG beschränken. Zu Art. 5 Abs. 1 Satz 1 GG gehört demnach neben der freien Programmgestaltung auch die ungehinderte Verfügung der Rundfunkanstalten und -unternehmen über die technischen Anlagen, da Art. 5 Abs. 1 Satz 1 GG die Freiheit der rundfunkmäßigen Verbreitung von Meinungen in Form von Sendungen erfaßt und den nach außen wirkenden technischen Vorgang des Sendens gegen beeinträchtigende staatliche Eingriffe schützt[271]. Er ist die maßgebende konstitutionelle Basis aller Kommunikationsfreiheiten.

Die Interpretation dieses ersten Teils des Art. 5 GG hat also zum Ergebnis, daß Art. 5 Abs. 1 Satz 1, 1. Hs. GG eine umfassende Mitteilungsfreiheit garantiert und damit das Errichten und Betreiben eigener Sendeanlagen durch Rundfunkanstalten in seinem Schutzbereich mitumfaßt.

---

[267] *Peters*, Die Zuständigkeit des Bundes im Rundfunkwesen, S. 48.

[268] *Maunz*, in: *Zehner*, Fernsehstreit I, S. 276 (277).

[269] *Herzog*, in: *Maunz/Dürig*, GG, Art. 5 Abs. 1, 2 Rn. 55.

[270] *Maunz*, in: *Zehner*, Fernsehstreit I, S. 276 (277).

[271] *Peters*, Die Zuständigkeit des Bundes im Rundfunkwesen, S. 48; *Mallmann*, in: *Zehner*, Fernsehstreit I, S. 234 (257); *Maunz*, in: *Zehner*, Fernsehstreit I, S. 276 (277 f., 290); *Herrmann*, Fernsehen und Hörfunk in der Bundesrepublik Deutschland, S. 60.

2. Freiheitsgewährleistungen nach Artikel 5 Abs. 1 Satz 1, 2. Hs. GG

a) Informationsfreiheit und Fernmelderecht

Neben der im Grundgesetz verbürgten Meinungsäußerungsfreiheit gewährleistet Art. 5 Abs. 1 Satz 1, 2. Hs. GG das völlig gleichwertige[272] Recht, „sich aus allgemein zugänglichen Quellen ungehindert zu unterrichten". § 1 Abs. 2 Satz 2 FAG postuliert hingegen das ausschließliche Recht, Funkanlagen zu errichten und zu betreiben, zugunsten des Nachfolgeunternehmens der DBP TELEKOM. Ein ungehinderter Empfang von Sendungen aus allgemein zugänglichen Quellen könnte durch diese einfachgesetzliche Regelung aufgehoben oder eingeschränkt sein, etwa weil die Sendungen von Fernsehen II, III und der Privaten aufgrund einer gesetzlichen Monopolregelung über die Sendeanlagen der Telekom AG ausgestrahlt werden. Diese einfachgesetzliche Monopolstellung zugunsten eines Privaten und zum Nachteil des Rezipienten könnte mit Art. 5 Abs. 1 Satz 1, 2. Hs. GG in Widerspruch stehen.

Bisher wurde zu Art. 5 Abs. 1 Satz 1, 2. Hs. GG in Literatur und Rechtsprechung hauptsächlich die Frage erörtert, ob die Verfassung für jeden Rundfunkrezipienten die Freiheit gewährleistet, über die Wahl eines Rundfunkprogramms nach freiem Ermessen zu entscheiden und die hierfür erforderlichen technischen Anlagen, die Empfangstechnik, zu betreiben[273]. Im folgenden soll die Frage erörtert werden, ob die Verfassung auch die Freiheit des Rezipienten gewährt, alle Sendungen nach dem Willen des Sendeunternehmens durch das Unternehmen selbst oder durch einen selbstgewählten Dritten zu empfangen, ohne vorher durch das „Nadelöhr" der Telekom AG gepreßt zu werden.

b) Allgemein zugängliche Quelle

Der Begriff der „allgemein zugänglichen" Quelle ist im weitesten Sinne zu verstehen und umfaßt alle nur denkbaren Träger von Informationen[274]. Die Information selbst kann tatsächliche Verhältnisse, Meinungen und Werturteile umfassen[275].

---

[272] *Herzog*, in: *Maunz/Dürig*, GG, Art. 5 Abs. 1, 2 Rn. 82.

[273] So z.B. m.w.N. *Bullinger*, Kommunikationsfreiheit im Strukturwandel der Telekommunikation, S. 66 f.; *Wendt*, in: *v. Münch/Kunig*, GG, Art. 5 Rn. 23, 27; *Starck*, in: *v. Mangoldt/Klein*, GG, Art. 5 Abs. 1, 2 Rn. 29; *Lerche*, Informationsfreiheit, in: *Herzog/Kunst/Schlaich/Schneemelcher* (Hrsg.), EvStL, Sp. 1314 (1315); *Herrmann*, Rundfunkrecht, S. 119 f.

[274] *Herzog*, in: *Maunz/Dürig*, GG, Art. 5 Abs. 1, 2 Rn. 87.

[275] *Starck*, in: *v. Mangoldt/Klein*, GG, Art. 5 Abs. 1, 2 Rn. 28.

Ob eine Informationsquelle „allgemein zugänglich" ist und welcher Informationsinhalt „allgemein zugänglich" sein soll, wird vom Inhaber der Quelle, vom Kommunikator der entsprechenden Information, entschieden[276]. Demnach ist eine Quelle „allgemein zugänglich", wenn sie dazu bestimmt und geeignet ist, daß ein nicht individuell bestimmbarer Personenkreis von ihrem Inhalt Kenntnis erlangt. Definitionsgemäß sind damit in erster Linie die Massenkommunikationsmittel, insbesondere der Rundfunk, allgemein zugängliche Quellen im Sinne des Art. 5 Abs. 1 Satz 1, 2. Hs. GG[277]. Rundfunksendungen sind nach dem Willen der Kommunikatoren definitionsgemäß[278] an die Allgemeinheit gerichtet und für jeden allgemein zugänglich. Diese Freiheitsgewährleistung gilt insbesondere auch für ausländische Rundfunksendungen[279].

Die Allgemeinzugänglichkeit darf nicht durch einfaches Gesetz oder Verordnung beschränkt werden[280]. Hätte der Gesetzgeber das Recht, darüber zu entscheiden, welche Quellen allgemein zugänglich sein sollen und welche nicht, so würde das Bestehen eines verfassungsrechtlichen Grundrechtsschutzes nicht von der Verfassung, sondern vom Gesetzgeber abhängen, dem gegenüber jedoch die Verfassung insoweit gerade Freiheitspositionen einräumen soll.

Die Informationsfreiheit, die Ingo v. Münch die „passive Seite" der Kommunikationsfreiheit nennt[281], enthält keine inhaltliche Einschränkung in bezug auf Hören, Sehen, Lesen oder ähnliche Tätigkeiten. Art. 5 Abs. 1 Satz 1, 2. Hs. GG schützt nicht nur die aktive Informationsbeschaffung wie im Pressewesen, sondern auch die „schlichte Entgegennahme von Informationen"[282].

---

[276] *Herrmann*, Fernsehen und Hörfunk in der Bundesrepublik Deutschland, S. 107 ff.; *ders.*, Rundfunkrecht, S. 120.

[277] BVerfG, Beschl. vom 27.3.1973, BVerfGE 35, 307 (309); *Ipsen*, Rundfunkgebühr, 2. Aufl. Hamburg 1958, S. 45; *Zeidler*, Probleme der Rundfunkgebühr im Anschluß an das Urteil des Bundesverfassungsgerichts vom 28. Februar 1961, S. 17; *Starck*, in: *v. Mangoldt/Klein*, GG, Art. 5 Abs. 1, 2 Rn. 30.

[278] S.o. Fn. 273. Die ausdrückliche Gewährleistung einer Informationsfreiheit ist aus der geschichtlichen Entwicklung aufgrund der „Verordnung über außerordentliche Rundfunkmaßnahmen" vom 1.9.1939 (RGBl. I S. 1683) zu erklären. Ein derartiges Abschneiden von Rundfunkempfangsmöglichkeiten sollte für die Zukunft ausgeschlossen werden.

[279] BVerfG, Urt. vom 4.11.1986, BVerfGE 73, 118 (197).

[280] *Lerche*, Informationsfreiheit, in: *Herzog/Kunst/Schlaich/Schneemelcher* (Hrsg.), EvStL, Sp. 1314 (1315).

[281] *v. Münch*, JZ 1964, 280.

[282] BVerfG, Beschl. vom 3.10.1969, BVerfGE 27, 71 (82); BVerfG, Beschl. vom 14.10. 1969, BVerfGE 27, 88 (98).

c) „Ungehindert“

Nach Art. 5 Abs. 1 Satz 1, 2. Hs. GG soll Rundfunkempfang *ungehindert* möglich sein. Mit anderen Worten, eine Behinderung durch staatliche Gewalt ist ausgeschlossen. Grundsätzlich handelt es sich hierbei um das Verbot an den Staat, durch Eingriffe jeglicher Art einen Informationsvorgang unmöglich zu machen oder ihn wesentlich zu erschweren. Art. 5 Abs. 1 Satz 1, 2. Hs. GG gewährleistet damit, positiv formuliert, in erster Linie die Freiheit des Individuums gegenüber einem staatlichen Gebot zur Produktion oder zur Benutzung von Rundfunkempfängern mit geringer Reichweite[283], dem Abhörverbot ausländischer Sender[284] etc.

Aber nicht nur massive Eingriffe in die Informationsfreiheit berühren Art. 5 Abs. 1 Satz 1, 2. Hs. GG, sondern auch schwächere[285] und mittelbare. Immerhin wird das Grundrecht der Informationsfreiheit vom Bundesverfassungsgericht als „eine der wichtigsten Voraussetzungen der freiheitlichen Demokratie“ bezeichnet[286]. Genausowenig wie der Rezipient allgemein gehindert werden darf, Rundfunkprogramme zu empfangen, darf er ebenfalls nicht zum Empfang bestimmter und ausschließlicher Rundfunkprogramme gezwungen werden. Der Zwang zur exklusiven Bindung an den Empfang eines bestimmten Programms oder bestimmter Programme ist verfassungswidrig[287]. Neben der Beschränkung einer freien Programmwahl sind auch die mittelbaren Einwirkungen verfassungswidrig, wie etwa eine Abschreckung vor Rundfunkempfang durch überhöhte Gebühren oder schwer erfüllbare Zulassungsvoraussetzungen. Auch ein Reduzieren der Empfangsmöglichkeiten des Rezipienten auf die Rundfunkprogramme, in dessen Anstaltsbereich er wohnt oder sich aufhält, wäre verfassungswidrig[288], und das Recht, Rundfunkempfangsanlagen selbst zu errichten und zu betreiben, ist von der Informationsfreiheit aus Art. 5 Abs. 1 Satz 1, 2. Hs. GG umfaßt[289]. Staatliche Einwirkungen in bezug auf den Erwerb von Fernseh- und Hörfunkempfangsgeräten und auf den freien Empfang gewünschter Sendungen würden damit gegen das Grundgesetz verstoßen.

---

[283] Z.B. die Produktion von *Volksempfängern* zu Zeiten des NS-Regimes mit der praktischen Auswirkung, daß lediglich reichsdeutsche Sender empfangen werden konnten.

[284] Vgl. z.B. die „Verordnung über außerordentliche Rundfunkmaßnahmen vom 1.9.1939 (RGBl. I S. 1683).

[285] *Herzog*, in: *Maunz/Dürig*, GG, Art. 5 Abs. 1, 2 Rn. 98.

[286] BVerfG, Beschl. vom 19.11.1991, NJW 1992, 493 (494); BVerfG, Beschl. vom 15.10.1991, ZUM 1992, 498 (500).

[287] *Herrmann*, Rundfunkrecht, S. 695.

[288] BVerfG, Beschl. vom 19.11.1991, NJW 1992, 493 (494); BVerfG, Beschl. vom 15.10.1991, ZUM 1992, 498 (500).

[289] *Herrmann*, Rundfunkrecht, S. 719 ff.

Wenn schon der freie Erwerb von Ton- und Fernsehempfangsgeräten und der freie Empfang durch Art. 5 Abs. 1 Satz 1, 2. Hs. GG geschützt wird, macht es wenig Sinn, den Weg vom Kommunikator zum Rezipienten, das Senden von Programmen, nicht unter die ungehinderte Informationsfreiheit zu subsumieren. Schließlich hat der Rezipient das Recht, die freien Informationen *ungehindert* zu bekommen. Und gerade bei der Vorstellung von Krisensituationen, in denen sich die Verfassung und insbesondere die Informationsfreiheit bewähren muß, macht es keinen Sinn, freie Informationen nicht frei zu „verschicken", sondern sie über gesteuerte und gebündelte Sternpunkte, die in monopolisierter Hand liegen, zu senden. Wie leicht ließe sich die Informationsweitergabe z.B. durch fingierte Stromausfälle oder provozierte „Spontanstreiks" stoppen. Allein diese praktisch vorstellbare Möglichkeit spricht für den Schutz jeglicher ungehinderter Informationsfreiheit und gegen eine Monopolisierung von Fernmeldeanlagen. Der Rezipient muß das verfassungsrechtlich verbürgte Grundrecht haben, seine Informationen direkt vom programmgestaltenden Unternehmen empfangen zu können. Nur dieser von der Verfassung gedeckte Anspruch gewährleistet ihm die ungehinderte Freiheit, die nach Aussage des Bundesverfassungsgerichts „eine der wichtigsten Voraussetzungen der freiheitlichen Demokratie" ist.

Hätte der Gesetzgeber das Recht, innerhalb des Art. 5 Abs. 1 Satz 1, 2. Hs. GG verbindlich festzulegen, daß das Senden der Programme über Fernsehen I und den Hörfunk selbst zum Recht der ungehinderten Informationsfreiheit gehört, jedoch das Recht auf freien Empfang bei allen übrigen Programmanbietern den Umweg über die monopolisierten Fernmeldeanlagen der Telekom AG nehmen muß, so wäre das Grundrecht entgegen seinem expliziten Wortlaut „ungehindert" dem Willen des einfachen Gesetzgebers ausgeliefert. Der Gesetzgeber wäre über den Rahmen des Art. 5 Abs. 2 GG hinweg zusätzlich befugt zur willkürlichen Bestimmung des Anwendungsbereiches des Art. 5 Abs. 1 GG selbst.

Es ist aber gerade die Aufgabe des Grundrechts der Informationsfreiheit, solche monopolistischen Tendenzen vom Grundsatz her auszuschließen und dort, wo regulierende Maßnahmen unumgänglich sind, sie dem Schrankenbereich des Art. 5 Abs. 2 GG zu unterstellen[290]. Evtl. notwendige Einschränkungen von Freiheitsrechten zur Verhinderung möglicher Störungen im Ätherbereich können an dieser Stelle wirkungsvoll realisiert werden[291].

Damit ist das Recht des Rezipienten auf ungehinderten Zugang zu allgemein zugänglichen Informationsquellen aus Art. 5 Abs. 1 Satz 1, 2. Hs. GG

---

[290] In diesem Sinne auch die Entstehungsgeschichte der Informationsfreiheit als Abwehr gegen totalitäre Systeme; s.a. BVerfG, Beschl. vom 3.10.1969, BVerfGE 27, 71 (80, 84).

[291] S. dazu unten Teil D, V.2.c) (S. 123 ff.), und Teil D, V.4.c)aa) (S. 135 ff.).

umfassend zu verstehen und beinhaltet das Recht, freie Informationen direkt vom verfassungsmäßig frei organisierten Programmveranstalter zu empfangen (falls dieser *frei* ausstrahlen möchte) — und nicht verfassungsrechtlich auf das Unternehmen Telekom AG angewiesen zu sein, welches auch zum heutigen Zeitpunkt noch weiterhin staatlichen Einflußmöglichkeiten unterliegt[292].

Ob möglicherweise Einschränkungen im Rahmen der Schranken der Informationsfreiheit gemäß Art. 5 Abs. 2 GG normiert werden können, und wenn ja, inwieweit hierbei die Monopolstellung eines privaten Unternehmens gegen das Verhältnismäßigkeitsprinzip verstößt, ist unten zu Art. 5 Abs. 2 GG zu untersuchen[293].

3. Freiheitsgewährleistungen nach Artikel 5 Abs. 1 Satz 2 GG

Nunmehr stellt sich die Frage, ob das Errichten und Betreiben von rundfunkeigenen Sendeanlagen auch durch die „Freiheit der Berichterstattung durch Rundfunk" gedeckt ist und dem Schutzbereich von Art. 5 Abs. 1 Satz 2 GG unterfällt.

a) Entwicklung und Verhältnis von Individualrecht und institutioneller Garantie in Artikel 5 Abs. 1 Satz 2 GG

Die klassische Staatsrechtslehre zur Zeit der Weimarer Reichsverfassung interpretierte die Äußerungsfreiheit als verfassungsrechtliche Absicherung vor dem Hintergrund eines eben überwundenen absolutistischen Staates betont als Freiheitsrecht des Einzelnen[294]. Dementsprechend wurde auch nach Inkrafttreten des Grundgesetzes Art. 5 Abs. 1 GG zunächst allgemein als Individualrecht verstanden[295].

Durch die von Ridder[296] aufgestellten Thesen der „öffentlichen Meinungsfreiheit" bildete sich in den Fünfziger Jahren eine zweite Sichtweise. Nicht das einzelne Individuum, sondern die öffentliche Meinungsfreiheit als Institution rückte als Schutzobjekt des Art. 5 Abs. 1 GG in den Vordergrund. Es wurde erkannt, daß der demokratische Staat auf Dauer nur dann Bestand haben kann, wenn der einzelne Bürger seine eigenständige, frei gebildete Meinung in Meinungsäußerungen kundtun kann. Aber Voraussetzung jeglicher

---

[292] S. dazu unten Teil D, V.3.b) (S. 126 ff.).

[293] S. dazu unten Teil D, V.4. (S. 133 ff.).

[294] *Anschütz*, Die Verfassung des Deutschen Reiches vom 11. August 1919, 14. Aufl., Art. 118 Anm. 1, S. 550 ff.

[295] *v. Mangoldt*, GG, 1. Aufl., S. 60 ff.

[296] *Ridder*, Meinungsfreiheit, in: GR II, S. 243 (249 ff.).

Demokratie sei, daß jene durch freie und eigenverantwortliche Meinungsäußerung kundgemachte Entscheidung nur auf der Grundlage einer öffentlichen Meinung erfolgen kann, die nicht staatlich reglementiert ist. Grundlage für die Bildung einer freien Meinung seien unter anderem die ungehinderte Ermittlung von Informationsstoff und dessen Aufbereitung durch klassische Informationsmittel wie Presse, Film und Rundfunk.

Insoweit wurde nun Art. 5 Abs. 1 GG nicht mehr so sehr als Freiheitsrecht des Einzelnen gewertet, sondern es wurde der institutionelle Charakter herausgehoben: So setzte sich die institutionelle Garantie der Presse durch[297]. Diese Bewertung vollzog sich weniger am Recht der einfachen Meinungsäußerungsfreiheit in Art. 5 Abs. 1 Satz 1 GG als vielmehr im Bereich der Pressefreiheit und der Freiheit der sonstigen Massenkommunikationsmittel in Art. 5 Abs. 1 Satz 2 GG.

Über Jahre hinweg erstreckte sich eine Diskussion in der Literatur, in der sich zwei Hauptströmungen feststellen lassen: Auf der einen Seite stehen die Verfechter der Ansicht, die Freiheit der Berichterstattung durch Rundfunk objektivrechtlich interpretieren, wonach Art. 5 Abs. 1 Satz 2 GG nicht die subjektivrechtliche Freiheit des Rundfunkveranstalters garantieren soll, sondern den Rundfunk als Institution. Auf der anderen Seit stehen jene Autoren, die Art. 5 GG insgesamt als klassisches Freiheitsrecht verstanden wissen wollen und auch in Art. 5 Abs. 1 Satz 2 GG ein Individualgrundrecht des Bürgers sehen.

Da für das Thema dieser Arbeit interessant ist, ob Art. 5 Abs. 1 Satz 2 GG ein Individualgrundrecht eines jeden Rundfunkveranstalters beinhaltet, seine Programme auch selbst über Sendeanlagen zu verbreiten, oder ob in Art. 5 Abs. 1 Satz 2 GG lediglich eine Garantie der Institution des öffentlich-rechtlichen Rundfunks ohne weitergehende Rechte für private Rundfunkunternehmen gewährleistet wird, soll im folgenden ein kurzer Überblick über die Interpretationen gegeben werden.

aa) Objektiv-rechtliche Auslegung

Die Vertreter der objektiv-rechtlichen Auslegung sahen und sehen in Art. 5 Abs. 1 Satz 2 GG weniger die Garantie eines klassischen Freiheitsrechtes auf Rundfunkveranstaltung mit allen in diesem Zusammenhang stehenden Rechten und Freiheiten gegenüber dem Staat verbürgt, sondern er-

---

[297] *Ridder*, Meinungsfreiheit, in: GR II, S. 243 (249 ff.); *ders.*, Die öffentliche Aufgabe der Presse im System des deutschen Verfassungsrechts, S. 7 (16 f.); *Dagtoglou*, Wesen und Grenzen der Pressefreiheit, S. 12 ff.; *ders.*, DÖV 1963, 636 (638 ff.); *Dittrich*, Pressekonzentration und Grundgesetz, S. 127 ff.

blicken im staatsfreien Rundfunk eine besondere Bedeutung für Staat und Gesellschaft, weshalb sie die Gewährleistung der „Institution" eines staatsfreien Rundfunks in den Vordergrund stellen. Art. 5 Abs. 1 Satz 2 GG soll hauptsächlich die Institution des Rundfunks mit der in der Bundesrepublik historisch entwickelten Organisationsform schützen. Praktisch bedeutet das in erster Linie eine Garantie der Institution des öffentlich-rechtlichen Rundfunks. Hauptvertreter dieser Auslegung waren Lerche[298], Stern und Bethge[299], deren Argumente später vertieft oder mit anderen Akzenten fortentwickelt wurden. Sie sehen in Art. 5 Abs. 1 Satz 2 GG eine Garantie der Freiheit des Meinungs- und Willensbildungsprozesses und betonen den objektiv-rechtlichen Gehalt des Grundrechts mit seiner besonderen Funktion für die „tatsächlich" gewordene Ordnung und stellen seinen gleichzeitig vorhandenen Charakter als Freiheitsrecht in den Hintergrund. So sei im Pressebereich durch Art. 5 Abs. 1 Satz 2 GG der „institutionelle Teilgehalt der Pressefreiheit" verbürgt, der den „Grundtypus der tatsächlich gewordenen Presse als einer gestalteten Erscheinung des Privatrechts und der Privatwirtschaft" impliziere[300]. Betont wird der durch Art. 5 Abs. 1 Satz 2 GG geschützte konstitutive Ordnungsgehalt des Grundrechts, der Regelungs- und Ordnungsauftrag an den Gesetzgeber, wobei das in Art. 5 Abs. 1 Satz 2 GG verbürgte Freiheitsrecht zurückgedrängt wird[301].

Nach Auffassung dieser Autoren bestehen zwischen Presse und Rundfunk wesentliche Unterschiede, die eine Gleichbehandlung hinsichtlich der Privatrechtlichkeit und der Privatwirtschaftlichkeit verbieten[302]. Rundfunk und insbesondere Fernsehen wirke wesentlich intensiver auf das Publikum als Druckerzeugnisse. Die Gefahr des Mißbrauchs sei wegen seiner psychologischen Einwirkungsmöglichkeiten besonders hoch. Die vom Medium Rundfunk ausgehenden Gefahren seien im Falle des Mißbrauchs oder eines Ungleichgewichts der vertretenen Meinungen für das demokratische Staatswesen größer als die Gefahren durch die Presse. Es sei nicht realistisch anzunehmen, daß sich die Entwicklung einer Vielfalt im Rundfunkwesen, so wie sie im Pressebereich vorherrscht, sobald man den Rundfunk dem freien Spiel der Kräfte überläßt, von selbst einstelle[303]. Schon im Pressebereich sei es fraglich, ob allein das freie Kräftespiel die Gewähr dafür biete, daß die Mei-

---

298 *Lerche*, Landesbericht Bundesrepublik Deutschland, in: *Bullinger/Kübler*, Rundfunkorganisation und Kommunikationsfreiheit, S. 15 ff.; *ders.*, Rundfunkmonopol.

299 *Stern*, DVBl. 1982, 1109; *Bethge*, Die verfassungsrechtliche Problematik der Zulassung von Rundfunkveranstaltern des Privatrechts; *Stern/Bethge*, Öffentlich-rechtlicher und privatrechtlicher Rundfunk.

300 *Lerche*, Verfassungsrechtliche Aspekte der „inneren Pressefreiheit", S. 36 f.

301 *Lerche*, ebd., S. 33, 84.

302 *Stern/Bethge*, Öffentlich-rechtlicher und privatrechtlicher Rundfunk, S. 52 f.

303 *Lerche*, Rundfunkmonopol, S. 35, 98 f.

nungsvielfalt tatsächlich zu Wort komme und sich in der Presse widerspiegele. Die Autoren befürchten, daß die Presse durch die schon seinerzeit festzustellende Konzentration im Pressewesen ihre öffentlichen Aufgaben nicht mehr erfüllen könne. Bei einer Privatisierung des Rundfunks sei diese Entwicklung noch viel stärker zu befürchten. Und gerade wegen der besonderen Breitenwirkung des Rundfunks habe der Rundfunkveranstalter eine „öffentliche Verantwortung" zu tragen. Diese öffentliche Verantwortung verbiete es, den Rundfunk einer Privatinitiative zu überlassen — oder noch schärfer: Aus der öffentlichen Verantwortung folge der Ordnungsauftrag an den Gesetzgeber zur Regelung des Rundfunks.

In späteren Arbeiten führen andere Autoren die Gedanken von Lerche, Stern und Bethge fort, indem auch sie die öffentlich-rechtliche Gewährleistung des Grundrechts aus Art. 5 Abs. 1 Satz 2 GG besonders herausarbeiten[304]. Lieb[305] und Stammler[306] sehen in Art. 5 Abs. 1 Satz 2 GG weniger ein individuelles Rundfunkveranstaltungsrecht als vielmehr einen Organisationsauftrag an den Gesetzgeber, um die Rundfunkfreiheit der öffentlich-rechtlichen Anstalten zu garantieren. Stammler sieht in den Rundfunkanstalten hochtechnisierte Großapparate, eine gemeinsame Informations- und Kommunikationsbasis in einer spezialisierten, arbeitsteiligen Massengesellschaft. Die Benutzung einer solchen Maschinerie zur Verbreitung persönlicher Meinungen eines privaten Besitzers in der Öffentlichkeit sei nicht ihre Aufgabe. Mit der Wahrnehmung ihrer speziellen Kommunikationsaufgabe erfülle sie eine integrierende Funktion. Damit stehe sie über einzelnen Gruppeninteressen, und gerade hierin liege ihre konstitutive Bedeutung für die freiheitlich-demokratische Verfassung[307]. Damit schütze Art. 5 Abs. 1 Satz 2 GG nicht das Recht einzelner, sondern stelle sich als Garantie der Institution Rundfunk als solcher dar. Auch Berendes[308] sieht in Art. 5 Abs. 1 Satz 2 GG keine Garantie der Rundfunkveranstaltungsfreiheit, sondern die Gewährleistung der Institution Rundfunk. Seiner Meinung nach bedarf der Rundfunk als konstituierendes Element der Demokratie eines institutionellen Schutzes, individualrechtliche Elemente kommen daneben nicht zur Geltung[309].

---

[304] Nachweise bei *Wieland*, Die Freiheit des Rundfunks, Diss. Berlin 1984, S. 63.

[305] *Lieb*, Kabelfernsehen und Rundfunkgesetze, S. 231 ff.

[306] *Stammler*, Verfassungs- und organisationsrechtliche Probleme des Kabelrundfunks, S. 20 ff.

[307] *Stammler*, ebd., S. 20 ff.

[308] *Berendes*, Die Staatsaufsicht über den Rundfunk, S. 48 ff.

[309] *Berendes*, ebd., S. 48 ff.

Hoffmann-Riem[310] leitet aus Art. 5 Abs. 1 Satz 2 GG das Gebot ab, einen freien Meinungsmarkt herzustellen. Diesen konstitutiven Meinungsmarkt hält er auf längere Sicht nur unter staatlicher Aufsicht für möglich und gewährleistet. Bei der Rundfunkvielfalt und Ausgewogenheit schließt er sich der Meinung von Stern und Bethge an, indem er dem *freien Spiel der Kräfte* mißtraut. Er spricht sich gegen eine Kommerzialisierung des Rundfunks aus, da er dem privaten Rundfunkveranstalter keine größere Meinungsbildungsmacht einräumen will als anderen Grundrechtsträgern[311].

Weiteren Vertretern der objektiv-rechtlichen Auslegung[312] ist gemeinsam, daß sie die besondere Funktion und Aufgabe des Rundfunks in einem demokratischen Staatswesen in den Vordergrund stellen und hieraus die Forderung an den Staat ableiten, einen entsprechenden Ordnungsrahmen zu schaffen, innerhalb dessen der Rundfunk seine besondere Aufgabe erfüllen kann. Die Freiheit des Rundfunks könne nicht dadurch gewährleistet werden, daß staatlicher Einfluß zurückgedrängt wird, sondern dadurch, daß durch einen staatlichen Ordnungsrahmen der Rundfunk sowohl vor unzulässigem Einfluß des Staates als auch vor zu starker Einflußnahme einzelner gesellschaftlicher Gruppierungen geschützt wird.

Allen Verfechtern der objektiv-rechtlichen Auslegung ist gemeinsam, daß sie den Doppelcharakter des Grundrechts aus Art. 5 Abs. 1 Satz 2 GG, nämlich Gewährleistung der Institution Rundfunk und auch eines individuellen Freiheitsrechtes, zwar im Grundsatz anerkennen, letztlich aber wegen der besonderen Aufgabe des Rundfunks das objektiv-rechtliche Ordnungselement allein in den Vordergrund stellen und das Freiheitsrecht fast gänzlich dahinter zurücktreten lassen[313].

Diese Auffassung hätte zur Folge, daß zwar die Garantie der funktionierenden Institution des öffentlich-rechtlichen Rundfunks für die öffentlichrechtlichen Rundfunkanstalten vom Ansatzpunkt her auch weitergehende Rechte umfassen kann, wie etwa das Verbreiten von Programmen über eigene Senderanlagen der Rundfunkanstalten, jedoch die Freiheitsrechte der pri-

---

310 *Hoffmann-Riem*, RuF 1979, S. 143 ff.; *ders.*, Rundfunkfreiheit durch Rundfunkorganisation. Anmerkungen zur Neufassung des Radio-Bremen-Gesetzes, S. 15 ff.; *ders.*, AöR 109, 304 (317).

311 *Hoffmann-Riem*, AöR 109, 304 (317 f.).

312 *Jarass*, Die Freiheit der Massenmedien. Zur staatlichen Einwirkung auf Presse, Rundfunk, Film und neue Medien, S. 155 ff.; *ders.*, Die Freiheit des Rundfunks vom Staat, S. 11 ff.; *W. Schmidt*, Die Rundfunkgewährleistung, S. 77 ff.; *ders.*, DVBl. 1981, 920; *ders.*, NJW 1986, 1792 ff.; *Ossenbühl*, Rundfunk zwischen Staat und Gesellschaft, S. 7 ff.; *ders.*, DöV 1972, 293; *Badura*, Verfassungsrechtliche Bindungen der Rundfunkgesetzgebung, S. 31 f.; *Stock*, Zur Theorie des Koordinationsrundfunks, S. 35 f.; *ders.*, RuF 1980, 336 (347 ff.); *ders.*, RuF 1980, 583 ff.

313 Vgl. auch Überblick bei *Wolf*, Medienfreiheit und Medienunternehmen, S. 79–86.

vaten Rundfunkunternehmen vollständig auf Null reduziert wären. Das Recht der privaten Rundfunkunternehmen, ihre Programme über eigene Senderanlagen zu verbreiten oder sich Dritte für diese Aufgabe frei zu wählen, wäre ausgeschlossen. Die „institutionelle Garantie" der objektiv-rechtlichen Auslegung garantiert lediglich die Sicherung der öffentlich-rechtlichen Einrichtungen und läßt individuelle Freiheitsrechte Privater, wie z.B. das Verbreiten der Programme über eigene Senderanlagen, nicht zu.

bb) Subjektiv-rechtliche Auslegung

Die Anzahl der Vertreter der subjektiv-rechtlichen Auslegung ist in den letzten Jahren ständig gewachsen. Sie sehen in Art. 5 Abs. 1 Satz 2 GG nicht in erster Linie eine Verankerung der institutionellen Garantie, sondern betonen die subjektiv-rechtliche Seite der Meinungsäußerungs-, Meinungsverbreitungs- und Informationsfreiheit und insbesondere die Freiheit der Rundfunkveranstaltung[314]. Gemeinsam ist ihnen im wesentlichen folgende Argumentation:

Die Rundfunkfreiheit stehe von der Systematik her im Grundrechtsteil des Grundgesetzes und gehöre, wie die Pressefreiheit, zu den klassischen Freiheits- und Abwehrrechten des Bürgers gegen den Staat. Herrmann[315], H.H. Klein[316] und Scholz[317] weisen auf die systematische Verbindung zwischen Art. 5 Abs. 1 Satz 1 und Satz 2 GG hin. Die in Satz 1 genannten Rechte gewährleisteten einen individuellen Freiheitsraum, der gegen Eingriffe des Staates geschützt werde. Wegen der systematischen Stellung gebe es keinen Grund, die in Satz 2 angeführten Rechte anders zu interpretieren als die in Satz 1 genannten, d. h. anders als Individualgrundrechte.

[314] *Bullinger*, Kommunikationsfreiheit im Strukturwandel der Telekommunikation, S. 62 ff.; *ders.*, AöR 108, 161 (186 ff.); *Herrmann*, Fernsehen und Hörfunk in der Bundesrepublik Deutschland, S. 117 ff.; *Klein*, Die Rundfunkfreiheit (Schriftenreihe des Instituts für Rundfunkrecht an der Universität zu Köln, Bd. 24), 41 f.; *Kull*, AfP 1971, 98 ff.; *Scheuner*, Das Grundrecht der Rundfunkfreiheit, S. 22; *Schmitt Glaeser*, Kabelkommunikation und Verfassung. Das privatrechtliche Unternehmen im „Münchner Pilotprojekt", S. 143 ff.; *Scholz*, Medienfreiheit und Publikumsfreiheit, in: Studienkreis für Presserecht und Pressefreiheit (Hrsg.), Presserecht und Pressefreiheit. Festschrift für Martin Löffler, S. 355 (355 ff.); *Weber*, Rundfunkfreiheit – Rundfunkmonopol, in: *Schnur* (Hrsg.), Festschrift für Ernst Forsthoff, S. 467 (474 ff.).

[315] *Herrmann*, Fernsehen und Hörfunk in der Bundesrepublik Deutschland, S. 48 ff.

[316] *Klein*, Die Rundfunkfreiheit (Schriftenreihe des Instituts für Rundfunkrecht an der Universität zu Köln, Bd. 24), S. 41 f.

[317] *Scholz*, Medienfreiheit und Publikumsfreiheit, in: Studienkreis für Presserecht und Pressefreiheit (Hrsg.), Presserecht und Pressefreiheit. Festschrift für Martin Löffler, S. 355 (355 ff.).

Nach den Vertretern der subjektiv-rechtlichen Auslegung ergebe sich aus der grammatikalischen Auslegungsmethode folgendes Bild: Die Freiheit der Berichterstattung durch Rundfunk wird im selben Satz erwähnt wie die Presse- und Filmfreiheit. Grundsätzlich herrscht aber Einigkeit darüber, daß die Presse- und Filmfreiheit Individualgrundrechte seien. Presse-, Film- und Rundfunkfreiheit seien parallel verbürgt, und damit sei die Freiheit der Berichterstattung durch Rundfunk als Individualgrundrecht auszulegen[318]. Der Formulierungsunterschied – einerseits heißt es „Pressefreiheit", andererseits „Freiheit der Berichterstattung durch Rundfunk" – sei hierzu unbeachtlich.

Gegen eine besondere Bedeutung dieses Unterschieds im Ausdruck spreche die systematische Stellung und die Betrachtung der Entstehungsgeschichte[319]. Bei den Beratungen im Grundsatzausschuß des Parlamentarischen Rates hatte man es seinerzeit ausdrücklich abgelehnt, eine öffentlich-rechtliche Rundfunkorganisation im Grundgesetz festzuschreiben, und hatte statt dessen die Gestaltung des Rundfunkwesens ausdrücklich dem Gesetzgeber überlassen[320]. Aufgrund der Tatsache, daß man bereits damals die beiden Alternativen privater und öffentlich-rechtlicher Rundfunk erörtert, aber keines der beiden Modelle favorisiert hatte oder gar festschreiben wollte, sind die Vertreter eines Individualgrundrechtes zu der Auffassung gelangt, daß man die Formulierung „Freiheit der Berichterstattung durch Rundfunk" nun auch nicht als Argument gegen ein Freiheitsrecht auf Rundfunkveranstaltung anführen kann. Die Mehrheit der Vertreter der subjektiv-rechtlichen Auslegung geht davon aus, daß Art. 5 Abs. 1 Satz 2 GG seit jeher die Freiheit enthalten habe, Rundfunk zu veranstalten[321]. Aufgrund des Bestehens der vom Bundesverfassungsgericht formulierten und allgemein anerkannten Sondersituation habe man von diesem Recht keinen Gebrauch machen können, weshalb dieses Grundrecht bislang „verschüttet" gewesen sei[322]. Je mehr Sendefrequenzen und Übertragungskapazitäten zur Verfügung stehen und je weiter die Kosten für eine Beteiligung an einer Rundfunkveranstaltung sinken, desto mehr kann sich das Individualrecht des Einzelnen entfalten, und desto mehr kann der Einzelne von diesem Individualrecht Gebrauch machen.

[318] Z.B. *Scheuner*, Das Grundrecht der Rundfunkfreiheit, S. 22; *Klein*, Die Rundfunkfreiheit, S. 41; *Weber*, Rundfunkfreiheit – Rundfunkmonopol, in: *Schnur* (Hrsg.), Festschrift für Ernst Forsthoff, S. 467 (474 ff.).

[319] S. Stenografisches Protokoll der 25. Sitzung des Grundsatzausschusses am 24.11. 1948, S. 14, sowie Stenografisches Protokoll der 32. Sitzung des Grundsatzausschusses am 11.1.1949, S. 41 ff.

[320] Dazu Teil D, II.1.c) (S. 71 ff.).

[321] Z.B. *Schmitt Glaeser*, Kabelkommunikation und Verfassung. Das privatrechtliche Unternehmen im „Münchner Pilotprojekt", S. 143 ff.; *Kull*, AfP 1971, 98 ff.

[322] *Kull*, AfP 1971, 98 (102).

So kommt auch Bullinger[323] im Ergebnis zu einem Bedeutungswandel des Art. 5 Abs. 1 GG, indem er anhand der laufenden Entwicklung im Telekommunikationsbereich zu einer Individualisierung der Telekommunikation gelangt und darüber hinaus eine „Individualisierung der Kommunikationsfreiheit" feststellt. Die verfassungsrechtliche Verbürgung sieht er hingegen nicht so sehr in der Freiheit der Berichterstattung durch Rundfunk, sondern in der allgemeinen Informationsfreiheit des Art. 5 Abs. 1 GG: Bullinger sieht einen Eingriff des Staates in das Recht des Einzelnen auf Informationsfreiheit, sobald der Staat Dritten verbietet, Rundfunk zu veranstalten.

Weite Teile der Literatur haben sich so im Laufe der Jahre von einer zunächst ausschließlich objektiv-rechtlich betonten Auffassung zu einer differenzierten umfassenden Auffassung entwickelt, nach der subjektiv-rechtliche Elemente im Vordergrund stehen, wobei jedoch die Garantie der Institution des öffentlich-rechtlichen Rundfunks nicht ausgeschlossen wird, sondern etwas versetzt hinter dem Individualrecht steht.

Die Betrachtung des Art. 5 Abs. 1 Satz 2 GG als Individualrecht hat damit zur Folge, daß nicht nur die öffentlich-rechtlichen Rundfunkanstalten, wie bei der objektiv-rechtlichen Auslegung über die institutionelle Garantie, sondern auch private Rundfunkunternehmen ein Recht auf rundfunkinternes Errichten und Betreiben von Senderanlagen geltend machen können und sich eine Reduktion des Art. 5 Abs. 1 Satz 2 GG auf den lediglich institutionellen Charakter verbietet.

cc) Rechtsprechung des Bundesverfassungsgerichts

Die Aussagen des Bundesverfassungsgerichts wurden vielfach aufgrund der in der Rechtsprechung benutzten Formulierungen mißverstanden. Aus den benutzten Formulierungen wie z.B. „Institut der freien Presse", „institutionelle Eigenständigkeit der Presse" und „institutionelle Freiheit des Rundfunks"[324] sollte nämlich nicht vorschnell geschlossen werden, das Gericht vertrete die objektiv-rechtliche Auslegung. Das Bundesverfassungsgericht ist so zu verstehen, daß es ebenfalls grundsätzlich bei der Interpretation des Art. 5 Abs. 1 Satz 2 GG von einem Individualgrundrecht ausgeht, jedoch objektiv-rechtliche Elemente neben dem Individualgrundrecht betonen wollte. Allein der

[323] *Bullinger*, Kommunikationsfreiheit im Strukturwandel der Telekommunikation, S. 62 ff.; *ders.*, AöR 108, 161 (186 ff.).

[324] Z.B. BVerfG, Beschl. vom 6.10.1959, BVerfGE 10, 118 (121); BVerfG, Urt. vom 28.2.1961, BVerfGE 12 205 (260); BVerfG, Teilurt. vom 5.8.1966, BVerfGE 20, 162 (175 f.); BVerfG, Beschl. vom 26.2.1969, BVerfGE 25, 256 (268); BVerfG, Urt. vom 27.7. 1971, BVerfGE 31, 314 (326); BVerfG, Besch. vom 28.11.1973, BVerfGE 36, 193 (204); BVerfG, Beschl. vom 6.2.1979, BVerfGE 50, 234 (240).

Begriffsgebrauch des Bundesverfassungsgerichts ist unterschiedlich zur Literatur der subjektiv-rechtlich Auslegungsmethode, bei der Ergebnisbetrachtung hingegen ist vom Ausgangspunkt her Übereinstimmung festzustellen: So wurden die leicht für Verwirrung sorgenden Begriffe vom Bundesverfassungsgericht zum großen Teil immer dann verwendet, wenn die Gesamtheit der Tätigkeiten der Massenmedien umfaßt werden sollte[325], d.h. wenn die Tätigkeit der Massenkommunikationsmittel in ihrer Gesamtheit von dem Zeitpunkt der ersten Informationsrecherche bis zur technischen Verbreitung gemeint war. Das Bundesverfassungsgericht hat aber nicht von Institutionellem gesprochen, wenn es um das schlichte Äußern und Verbreiten von Informationen ging. Bei der Betrachtung aus Sicht des Ergebnisses des Bundesverfassungsgerichts ist eine institutionelle Garantie aus Art. 5 Abs. 1 Satz 2 GG zur Erreichung dieses Ziels überhaupt nicht nötig, da es sich sowieso um solche Freiheitsrechte handelt, die jeder einzelne Verleger selbst besitzen muß, um seine Ziele zu erlangen, und nicht nur die Massenmedien als Ganzes. Teilweise bedient sich das Bundesverfassungsgericht jener Formulierungen auch, um darüber Klarheit zu schaffen, daß das Grundrecht aus Art. 5 Abs. 1 Satz 2 GG nicht nur ein Individualrecht umfaßt, sondern zusätzlich daneben auch die Institutionelle Garantie z.B. der freien Presse[326]. Damit geht auch das Bundesverfassungsgericht, trotz der Unterschiede in der Begrifflichkeit zur Literatur, von einer klassischen Grundrechtsgewährleistung in Art. 5 Abs. 1 Satz 2 GG aus[327]. Zusammen mit der neueren Grundrechtslehre sieht es hingegen keine Notwendigkeit, sich alternativ für die eine oder andere Meinung in dem Sinne zu entscheiden, daß nur die eine *oder* die andere Verfassungsinterpretation richtig sei. Herzog spricht hier von einem „sowohl-als-auch“-Grundrechtsverständnis im Gegensatz zu einem „stattdessen“[328]. Insofern muß in Art. 5 Abs. 1 Satz 2 GG sowohl eine Gewährleistung der institutionellen Garantie gesehen werden, die bestehenden Rundfunkanstalten des öffentlichen Rechts in ihrem Bestand zu schützen, als auch das Individualgrundrecht eines jeden einzelnen auf Rundfunkfreiheit. Das Bundesverfassungsgericht hat die eigenständige Bedeutung des Individualrechts dem Grunde nach nie negiert, sondern hat das Nebeneinander beider Sichtweisen als selbstverständlich vorausgesetzt[329].

---

[325] BVerfG, Beschl. vom 6.10.1959, BVerfGE 10, 118 (121); BVerfG, Urt. vom 28.2. 1961, BVerfGE 12, 205 (260); BVerfG, Teilurt. vom 5.8.1966, BVerfGE 20, 162 (175 f.); BVerfG, Besch. vom 28.11.1973, BVerfGE 36, 193 (204); BVerfG, Beschl. vom 6.2.1979, BVerfGE 50, 234 (240).

[326] So z.B. BVerfG, Beschl. vom 6.2.1979, BVerfGE 50, 234 (240) für die Verbürgung des Instituts „freie Presse“ neben dem Freiheitsgrundrecht jedes einzelnen.

[327] *Herzog*, in: *Maunz/Dürig*, GG, Art. 5 Abs. 1, 2 Rn. 14a.

[328] *Herzog*, ebd., Art. 5 Abs. 1, 2 Rn. 8.

[329] BVerfG, Beschl. vom 3.10.1969, BVerfGE 27, 71 (81); BVerfG, Beschl. vom 25.1. 1961, BVerfGE 12, 113 (125); BVerfG, Urt. vom 28.2.1961, BVerfGE 12, 205 (259 f.);

Dabei wird die objektiv-rechtliche Grundrechtskomponente in erster Linie zur Verbreitung und Verstärkung der subjektiv-rechtlichen Geltungskraft, des Individualbezugs des Grundrechts, gesehen[330].

b) Gleiche Freiheitsrechte für Presse und Rundfunk?

aa) Wesensgleichheit von Presse und Rundfunk?

Im folgenden soll durch einen Vergleich der verfassungsrechtlichen Aussagen zur Presse- und Rundfunkfreiheit versucht werden, noch schärfer herauszuarbeiten, welchen Regelungsinhalt das Grundrecht der Freiheit der Berichterstattung durch Rundfunk hat. Erst dann läßt sich feststellen, welche Reglementierungen erforderlich und zulässig sind und welche Regelungen einen unzulässigen Eingriff in das Grundrecht auf Rundfunkfreiheit bedeuten.

Die grundsätzliche verfassungsrechtliche Gleichartigkeit der Medienfreiheit bei Presse und Rundfunk gegenüber dem Staat steht in Lehre und Rechtsprechung weitgehend außer Streit[331]. Als Grundlage dieser Gleichartigkeit wird allgemein der Wortlaut und die Systematik von Art. 5 Abs. 1 Satz 2 GG angesehen, weil grundsätzlich Einigkeit darüber besteht, daß die Formulierung „Freiheit der Berichterstattung durch Rundfunk und Film" gegenüber der Wendung „Pressefreiheit" allenfalls den Umfang der publizistischen Betätigung, nicht aber den Charakter der grundrechtlichen Freiheitsgarantie betrifft. So erschien nach den im stenografischen Protokoll festgehaltenen Äußerungen des Abgeordneten von Mangoldt[332] der Begriff Pressefreiheit im Gegensatz zu dem Wort Rundfunkfreiheit als ein fester Begriff, wobei sich bei Rundfunk und Film die Freiheit auf Berichterstattung beziehe. Die Frage, ob unter „Berichterstattung durch Rundfunk" allein die quellenorientierte Weitergabe von Informationen zu verstehen ist oder auch Kommentare, Spiele und Unterhaltung, ist vom Bundesverfassungsgericht im Ersten Fernsehurteil dahingehend entschieden worden, daß unter diese grundgesetzliche Formulierung das gesamte Rundfunkprogramm, d.h. alle Rundfunksendungen zu fassen sind[333].

BVerfG, Beschl. vom 6.10.1959, BVerfGE 10, 118 (121); BVerfG, Teilurt. vom 5.8.1966, BVerfGE 20, 162 (175 f.); BVerfG, Beschl. vom 28.11.1973, BVerfGE 36, 193 (204); BVerfG, Beschl. vom 6.2.1979, BVerfGE 50, 234 (240).

[330] BVerfG, Urt. vom 1.3.1979, BVerfGE 50, 290 (337).

[331] *Wolf*, Medienfreiheit und Medienunternehmen, S. 261–277 m.w.N.

[332] Stenografisches Protokoll der 25. Sitzung des Grundsatzausschusses am 24.11.1948, S. 18 und ähnlich S. 23.

[333] BVerfG, Urt. vom 28.2.1961, BVerfGE 12, 205 (260).

Auch jene Autoren, die in der Rundfunkfreiheit aus Art. 5 Abs. 1 Satz 2 GG kein Recht auf Veranstaltungs- und Unternehmensgründungsfreiheit sehen, sehen in ihrer Argumentation Presse und Rundfunk vom Ausgangspunkt her nicht als wesensmäßig verschieden.

bb) Die „Sondersituation" im Rundfunk

Selbst bei sehr restriktiven Grundrechtsinterpretationen wie der Meinung, der eingeschränkte Verfassungswortlaut in Art. 5 Abs. 1 Satz 2 GG, in dem eben nicht von *Rundfunkfreiheit* im Vergleich zu *Pressefreiheit* gesprochen wird, gewährleiste nur eine „nichtkommerzielle Rundfunkunternehmerfreiheit"[334], und der Meinung von Bethge[335], der in der Informationsfreiheit des Art. 5 Abs. 1 Satz 1 GG nur die Nutzung der vorhandenen Massenmedien und nicht die Erschließung neuer einklagbarer subjektiver Rechtspositionen sieht, zeigt sich zumindest im grundsätzlichen Ansatz ein individualrechtlich geprägtes Verständnis der beiden Verfassungsbestimmungen. Ihrer Meinung nach besteht zwischen der objektiv-rechtlichen und der subjektiv-rechtlichen Komponente ein Rangverhältnis. Nach ihrem Verständnis kann offenbar die eine Grundrechtskomponente soweit zurückgedrängt werden, daß sich das Individualgrundrecht gegen Null reduziert[336].

Das Bundesverfassungsgericht hingegen hat zwar im FRAG-Urteil[337] immer wieder die Organisationsfreiheit des Gesetzgebers herausgestellt, jedoch würde man die Rechtsprechung falsch interpretieren, wenn man unter Organisationsfreiheit des Gesetzgebers eine so weitreichende Regelungsfreiheit verstünde, daß hierdurch dem Grundrecht seine verfassungsrechtliche Regelungskraft hinsichtlich der subjektiv-rechtlichen Komponente genommen werden könnte[338].

Grundlage dieser unterschiedlichen Verfassungsinterpretation der Rundfunkfreiheit zwischen diesen Vertretern der objektiv-rechtlichen Ansicht in der Literatur und dem Bundesverfassungsgericht liegt in einem grundsätzlich anderen Verständnis von der „Sondersituation" des Rundfunks[339]. Die oben skizzierten Literaturmeinungen von Walter Schmidt und Bethge gehen bei

---

[334] *W. Schmidt*, Die Rundfunkgewährleistung, S. 85.

[335] *Bethge*, DVBl. 1983, 369 (373).

[336] S.o. Teil D, II.3.a)aa) (S. 79 ff.).

[337] BVerfG, Urt. vom 16.6.1981, BVerfGE 57, 295, insbesondere (319 f.).

[338] Vgl. *Kull*, FuR 1981, 644 (646 ff.); *ders.* AfP 1981, 378 (380); *Pestalozza*, NJW 1981, 2158 (2160 ff.); *Scholz*, JZ 1981, 561 (566).

[339] Eingehende Untersuchung bei *Wolf*, Medienfreiheit und Medienunternehmen, S. 366 ff.

der Sondersituation von einer rechtlichen Sondersituation aus und nicht von einer von äußeren Umständen geprägten faktischen Sondersituation. Im Vergleich zwischen Rundfunk und Presse sehen sie eine Andersartigkeit des Rundfunks, die sich verfassungsrechtlich in einem anderen Regelungsinhalt des Grundrechts darstellt.

Ausgehend von der Ansicht, der Rundfunk und insbesondere das Fernsehen wirke mit seiner gleichzeitig akustischen und visuellen Einwirkung sehr viel intensiver auf das Publikum als Druckerzeugnisse und könne deshalb leicht mißbraucht werden, sind die vorbenannten Vertreter der objektiv-rechtlichen Ansicht der Meinung, dieses mächtige Massenmedium dürfe nicht dem freien Spiel der Kräfte überlassen werden[340]. Die Finanzierung kommerzieller Rundfunkunternehmen erfolge durch Werbemittel, was zwangsläufig einen minderwertigen Rundfunk, wohl unter dem Gesichtspunkt des Drucks der Einschaltquoten und der damit verbundenen verstärkten Ausstrahlung von populären Sendungen im Gegensatz zu journalistisch anspruchsvollem Rundfunk, zur Folge habe. Auch das Bundesverfassungsgericht brachte zum Ausdruck, daß private Anbieter „der Aufgabe umfassender Information nicht in vollem Ausmaß gerecht [...] werden“[341]. Lerche vertritt die Auffassung, die Freiheit des Rundfunks könne nur durch staatliche Vorkehrungen hergestellt und gesichert werden, nicht durch ein freies Spiel der Kräfte wie im Pressebereich[342].

Grundsätzlich müßten aber viele der Argumente, die für eine besondere Situation des Rundfunks angeführt werden und die eine Auswirkung auf den verfassungsrechtlichen Inhalt der Grundrechtsgewährleistung haben, auch auf das Grundrecht der Pressefreiheit anwendbar sein. Ob dem so ist, und wenn ja, wie weit sie tatsächlich für den grundrechtlichen Regelungsinhalt von Bedeutung sind, bleibt zu untersuchen.

Das Bundesverfassungsgericht entwickelte und gebrauchte im Ersten Fernsehurteil[343] erstmals den Begriff der „Sondersituation“ des Rundfunks im Vergleich zur Presse (Stichworte: Frequenzknappheit und Finanzaufwand). Von diesem Ausgangspunkt ausgehend folgert das Gericht, daß Vorkehrungen zur Sicherung der Rundfunkfreiheit getroffen werden müssen. Gleichzeitig wird aber ebenfalls betont, daß sich Presse und Rundfunk wesensmäßig als Massenmedium[344] gleichen. Später fügte das Bundesverfassungsgericht hinzu, daß sich Presse und Rundfunk auch verfassungsrechtlich als primär

---

[340] Z.B. *Bethge*, Die verfassungsrechtliche Problematik der Zulassung von Rundfunkveranstaltern des Privatrechts, S. 41.

[341] BVerfG, Urt. vom 4.11.1986, BVerfGE 73, 118 (155).

[342] Vgl. z.B. *Lerche*, Rundfunkmonopol, S. 34 ff.

[343] BVerfG, Urt. vom 28.2.1961, BVerfGE 12, 205 (261).

[344] BVerfG, Urt. vom 28.2.1961, BVerfGE 12, 205 (260 f.).

individuelle Grundrechtsgewährleistung gleichen. Das Mitbestimmungsurteil[345] spricht hier von einer Nichtakzeptanz der verselbständigten „überhöhenden Objektivierung" gegenüber einer Verschüttung der individualrechtlichen Grundrechtsbedeutung. Diese Sichtweise wird in der Argumentation der Vertreter der Literatur der objektiv-rechtlichen Auslegung fast völlig verdrängt. Statt dessen wird die vom Bundesverfassungsgericht formulierte „Sondersituation" in eine allgemein gedeutete *Besonderheit* uminterpretiert, d.h. der Rundfunk wird im Gegensatz zur Presse in eine Andersartigkeit umgedeutet.

Diese Interpretation ist jedoch vom Ansatz her fehlerhaft. Ausgangspunkt der Interpretation der „Sondersituation" müssen die Aussagen des Bundesverfassungsgericht im Ersten Fernsehurteil sein:

Das Bundesverfassungsgericht hat im Ersten Fernsehurteil bei der Rechtfertigung des öffentlich-rechtlichen Rundfunkmonopols hauptsächlich zwei Gründe für den Unterschied zur Presse genannt[346]. Die Anzahl der Veranstalter von Rundfunk werden einmal aus „technischen Gründen" als auch wegen des übermäßig hohen „finanziellen Aufwands" klein bleiben. Und gerade wegen dieser „Sondersituation" müßten Vorkehrungen getroffen werden, um die Freiheit des Rundfunks zu verwirklichen und aufrechtzuerhalten. Gerade diese Formulierung zeigt aber doch, daß unter „Sondersituation" ein außerrechtlicher, von äußeren Umständen geprägter faktischer Zustand zu verstehen ist und daß dies nicht das Ergebnis einer methodischen Interpretation von Art. 5 Abs. 1 Satz 2 GG ist. Es wird vielmehr die verfassungsmäßige Gleichstellung von Rundfunk und Presse bedeutet, die allein aus technischen und finanziellen Gründen seinerzeit nicht zu verwirklichen erschien.

Auch in späteren Urteilen blieb sich das Bundesverfassungsgericht treu, indem es z.B. im Mehrwertsteuerurteil[347] feststellte, daß eine Vielfalt von Konkurrenten im Rundfunkbereich aus technischen Gründen und den hohen finanziellen Anforderungen nicht möglich sei, und im Lebach-Urteil[348] ausführte, daß sich die Rundfunkfreiheit von der Pressefreiheit nicht wesensmäßig unterscheide. Auch im Vierten Rundfunkurteil wurde unter Bezugnahme der früheren Rechtsprechung das noch vorhandene Bestehen der „Sondersituation" gegenüber der Presse in der Frequenzknappheit und des finanziellen Aufwands gesehen[349].

---

[345] BVerfG, Urt. vom 1.3.1979, BVerfBE 50, 290 (337 ff., 338); vgl. auch *Oppermann*, JZ 1981, 721 (726); *Kröger*, NJW 1979, 2537 (2543).

[346] BVerfG, Urt. vom 28.2.1961, BVerfGE 12, 205 (261).

[347] BVerfG, Urt. vom 27.7.1971, BVerfGE 31, 314 (326).

[348] BVerfG, Urt. vom 5.6.1973, BVerfGE 35, 202 (222).

[349] BVerfG, Urt. vom 4.11.1986, BVerfGE 73, 118 (121, 154).

Diese Situation der Frequenzknappheit hat die Grundrechtsaussage hinsichtlich der Freiheit des Rundfunks nach Art. 5 Abs. 1 Satz 2 GG auch schon damals weder angetastet noch durchschlagend verändert. Im Vergleich zu verlegerischen Aktivitäten war die Anzahl der Rundfunkveranstalter minimal. Der entscheidende Grundstein für die Differenzierung zwischen Presse und Rundfunk lag also in einer von äußeren Umständen geprägten faktischen „Sondersituation", weshalb bei logischer Betrachtung durch Zunahme von Sendekapazitäten zukünftig das individuelle Grundrecht aus Art. 5 Abs. 1 Satz 2 GG immer mehr an praktischem Gewicht zunehmen wird. Mit der damit verbundenen verfassungsrechtlichen Gleichstellung von Rundfunk und Presse wächst der Freiheitsraum der individualrechtlichen Komponente mit dem stetigen Fortfall der von äußeren Gegebenheiten initiierten Sondersituation, bis zwischen den beiden Medienrechten nicht nur verfassungsrechtlich, sondern auch rein tatsächlich kein Unterschied mehr besteht.

Zuzustimmen ist hier Wolf[350], der bei aller Anerkennung eines subjektivrechtlichen Individualrechts und einer verfassungsrechtlich vollkommen unterschiedslosen Gleichstellung von Pressefreiheit und Rundfunkfreiheit darauf hinweist, daß die Veranstaltungsfreiheit des Rundfunks im Gegensatz zum Pressewesen von der Zuteilung von Sendekanälen oder Frequenzen abhängig ist, auf dessen Nutzung der Veranstalter keinen freien Zugriff hat. Dieser Zugriff bedarf einer staatlichen Reglementierung und Zuteilung durch den BMPT, wo hingegen dem Presseverleger grundsätzlich alle Vertriebswege offenstehen.

Letztlich muß sich aber die Reglementierung des Vertriebs von Informationen, welche sich sowohl in der Pressefreiheit als auch in der Rundfunkfreiheit identisch widerspiegeln, als *ultima ratio* darstellen und kann sich nur auf die Tatsache der sehr begrenzten Anzahl von Sendekanälen oder Frequenzen beziehen. Hier kann aus tatsächlichen, faktischen Gründen den Rundfunkveranstaltern nicht mehr an Frequenzmöglichkeiten zugesprochen werden als zur Regelung durch den BMPT zur Verfügung steht. Andererseits müssen diejenigen Frequenzen, die dem BMPT zur Verfügung stehen, den Rundfunkanstalten und -unternehmen zur Betätigung ihrer grundrechtlich geschützten Freiheitsausübung übertragen werden. Rein technisch und faktisch könnten sich verschiedene Veranstalter in die Lage versetzen, ihr Programm über eigene Sendeanlagen zu verbreiten. Aus den in Teil B genannten Gründen würden sie das auch gerne tun.

Unter Beachtung der realen Gegebenheiten einer begrenzten Anzahl von Frequenzen muß davon ausgegangen werden, daß sich die verfassungsrechtlichen Freiheitsrechte von Presse und Rundfunk nicht unterscheiden. Im Be-

---

350 *Wolf*, Medienfreiheit und Medienunternehmen, S. 285 ff., 363 ff.

reich des Pressewesens ist seit langem als ein Teilbereich der Pressefreiheit das Recht anerkannt, daß der Verleger selbst darüber bestimmt, an wen sich Presseäußerungen wenden und an wen und durch wen er sie verbreiten möchte. Undenkbar wäre wohl eine Situation, in der der Verlag zwar eine Zeitung gemäß dem Inhalt der Pressefreiheit herstellen könnte, deren Vertrieb aber in den Händen des Staates läge. Auch darf nicht der Staat einem einzigen dritten Privaten durch Monopol das Verbreiten der Zeitung übertragen oder gar dem Verlag durch Gesetz verbieten, seine Zeitung selber zu verbreiten. Allein der Gedanke an die Bindung des Pressevertriebs an einen mit monopolisierten Rechten ausgestatteten „Vertriebsdienst", mit ähnlichen Monopolrechten ausgestattet wie die Telekom AG, der zwangsweise den Vertrieb sämtlicher Zeitungen übernehmen würde, läßt die Verfassungswidrigkeit einer solchen Idee aufleuchten und zeigt die Wichtigkeit einer umfassenden Pressefreiheit auf. Bei diesem Beispiel wird deutlich, daß der Staat bereits bei dem Versuch vorzuschreiben, wem der Vertrieb von Presseäußerungen vorbehalten sein soll, bereits in die Pressefreiheit empfindlich eingreift, selbst wenn er auf den Inhalt der Äußerungen nicht einwirkt.

Nichts anderes kann für die Rundfunkfreiheit gelten, da sie, wie oben ausgeführt, der Pressefreiheit verfassungsrechtlich gleichgestellt ist. Einziger Unterschied ist die „Sondersituation" im Rundfunkwesen, die sich als von äußeren faktischen Umständen geprägter Zustand nicht auf das verfassungsrechtlich verbürgte Freiheitsrecht als solches auswirken kann. Mit zunehmendem Freiwerden von Sendekapazitäten und zunehmenden Datenkompressionen in der Zukunft werden rein tatsächlich im Rundfunkwesen ähnliche Gegebenheiten vorherrschen wie im Pressewesen. Deshalb ist die verfassungsrechtlich gewährleistete Freiheit des Rundfunks gegenüber staatlichen Einwirkungen letztlich nur garantiert, wenn die inhaltliche Gestaltung der Sendung *und* das Verfügen über Sendeanlagen, nämlich das Recht des freien Verbreitens durch Senden als der nach außen wirkende technische Vorgang, in der Hand der jeweiligen Rundfunkanstalt oder des Rundfunkunternehmens selbst liegt. Nur dadurch wird letztlich das verfassungsrechtlich verbürgte Recht gewährleistet, daß Sendungen tatsächlich an jeden Hörer herangebracht werden, den eine Sendeanstalt oder ein Sendeunternehmen erreichen will und nach dem Stand der Technik auch erreichen kann.

Die verfassungsrechtliche Gleichstellung der Freiheitsrechte von Pressefreiheit und Freiheit der Berichterstattung durch Rundfunk führt zu dem Ergebnis: Ebenso wie das Verbreiten der Informationen im Pressewesen durch die Pressefreiheit in Art. 5 Abs. 1 Satz 2 GG gewährleistet ist, trägt Art. 5 Abs. 1 Satz 2 GG für den Rundfunk die Freiheit, Programme über eigene Senderanlagen zu verbreiten.

4. Verhältnis zwischen Artikel 5 Abs. 1 Satz 1 und Satz 2 GG

Art. 5 Abs. 1 Satz 2 GG ist die einzige Norm des Grundgesetzes, in der der Begriff „Rundfunk" genannt wird. Während Satz 2 die Freiheit der Berichterstattung durch Rundfunk und Film ausdrücklich nennt, stellte sich bereits oben die Frage, ob der Schutzbereich des Art. 5 Abs. 1 Satz 1 GG die Meinungsverbreitung durch die Darstellungsformen des Rundfunks erfaßt[351].

Art. 5 Abs. 1 Satz 2 GG garantiert einen Grundrechtsschutz für die Medien Presse, Rundfunk und Film. Er wurde in Rechtsprechung und Literatur zur grundrechtlichen Basis der Massenmedien.

Liest man Satz 1 und Satz 2 im Zusammenhang, wird ein materieller Zusammenhang beider Sätze erkennbar. In Satz 1 wird die Meinungsfreiheit des Individuums geschützt, indem ihm das Recht zusteht, Meinungsäußerung, Meinungsverbreitung und damit Meinungsbildung ungehindert auszuüben. Durch die in Art. 5 Abs. 1 Satz 1, 2. Hs. GG korrespondierende Informationsfreiheit soll der einzelne Bürger aufgrund der so gewonnenen Informationen die Möglichkeit haben, sich eine eigene Meinung zu bilden, d.h. ihm soll das Fundament eines möglichen späteren Produktes eigener geistiger Tätigkeit verfügbar sein. Damit begründet Satz 1 den Grundtatbestand freiheitlicher Kommunikation und garantiert die Meinungsfreiheit.

In dem sich anschließenden Satz 2 werden Existenz und Wirksamkeit der Massenmedien geschützt. Grund hierfür ist der unverzichtbare Beitrag der Massenmedien zur Meinungsbildung des einzelnen als Informant, Vermittler von Meinungsbildung und der Wiedergabe der öffentlichen Meinung selbst in seiner ganzen Bandbreite und Couleur.

Bei der Betrachtung beider Sätze ergibt sich, daß Satz 2 im Zusammenhang mit Satz 1 zu verstehen ist und daß beide Grundrechtsgewährleistungen in einem funktionalen Zusammenhang stehen, wobei Satz 2 nicht ohne Bezug zur „Basisgewährleistung" des Rechts der freien Meinungsäußerung interpretiert werden kann[352]. Die Grundrechtsgewährleistungen von Satz 2 haben sich demnach an denen von Satz 1 zu orientieren und insoweit den Basisgewährleistungen von Satz 1 zu dienen.

Durch die materielle Verknüpfung der beiden Verfassungsgewährleistungen müssen bei den Grundrechtsgewährleistungen von Satz 2 alle in Art. 5 Abs. 1 Satz 1 GG garantierten Freiheitsrechte gewahrt werden, wobei sich die Entfaltung der Massenmedien, insbesondere des Rundfunks, an den Frei-

---

[351] S.o. Teil D, II.1. (S. 68 ff.), und II.2. (S. 74 ff.).

[352] *Scholz*, Medienfreiheit und Publikumsfreiheit, in: Studienkreis für Presserecht und Pressefreiheit (Hrsg.), Presserecht und Pressefreiheit. Festschrift für Martin Löffler, S. 355 (356).

heitsrechten und Zielen des Art. 5 Abs. 1 Satz 1 zu orientieren hat. Die aus Satz 2 zu entnehmenden Rechte dürfen sich nicht den Gewährleistungen von Satz 1 diametral entgegenstellen[353]. Soweit die Inhalte von Satz 1 und Satz 2 miteinander in Konkurrenz stehen, ist Satz 2 keine lex specialis mit derogierender Wirkung, sondern eine die verfassungsrechtliche Basisaussage „verstärkende Wiederholung und Weiterbildung“[354]. Damit ist Art. 5 Abs. 1 Satz 1 GG die maßgebende konstitutionelle Basis aller Kommunikationsfreiheiten.

Diese Interpretation ist dem Grundgesetz nicht fremd, und man begegnet ihr auch in anderen Verfassungsnormen[355], weshalb Scholz bei der Gesamtfeststellung über den funktionalen Zusammenhang von Satz 1 und 2 von einer „Selbstverständlichkeit, wenn nicht Binsenweisheit“ spricht[356].

5. Grundrechtsträgerschaften

a) Private Rundfunkunternehmen

Träger des Grundrechts aus Art. 5 Abs. 1 Satz 1 GG kann „Jeder“ sein. Es handelt sich damit bei der Meinungsäußerungsfreiheit um ein Menschenrecht und nicht um ein Bürgerrecht der Deutschen[357]: Grundrechtsträger ist jeder, der den Wunsch hat, an einer Kommunikation teilzunehmen. Der Grundrechtsschutz steht damit wie selbstverständlich allen natürlichen Personen zu, die eine Meinung äußern wollen.

Ob Art. 5 GG auch auf inländische juristische Personen des Privatrechts anwendbar ist, hängt davon ab, ob das Grundrecht Art. 5 GG seinem Wesen nach anwendbar ist[358]. Über Art. 19 Abs. 3 GG nehmen privatrechtliche Körperschaften, z.B. in der Rechtsform einer AG, GmbH oder KG, an der Meinungsäußerungsfreiheit teil. Damit ist zunächst einmal klar, daß private

---

[353] *Scholz*, ebd., S. 355 (356).

[354] *Herrmann*, Fernsehen und Hörfunk in der Bundesrepublik Deutschland, S. 60 mit Verweis auf *Wernicke*, BK zum GG, Art. 5 Anm. II 1e, der von *Hervorhebung* spricht.

[355] Z.B. Art. 3 GG, der von der Gleichberechtigung von Mann und Frau in unterschiedlichen Aussageintensitäten über drei Absätze hinweg spricht. S.a. *Steiner* zum umfassenden Grundrecht der Glaubensfreiheit in Art. 4 Abs. 1 und Abs. 2 GG unter Zugrundelegung des Bundesverfassungsgerichtsbeschlusses vom 16.10.1968, BVerfGE 24, 236 (245 f.), JuS 1982, 157 (159).

[356] *Scholz*, Medienfreiheit und Publikumsfreiheit, in: Studienkreis für Presserecht und Pressefreiheit (Hrsg.), Presserecht und Pressefreiheit. Festschrift für Martin Löffler, S. 355 (357).

[357] *Herrmann*, Rundfunkrecht, S. 116.

[358] *Herzog*, in: *Maunz/Dürig*, GG, Art. 5 Abs. 1, 2 Rn. 17.

Rundfunkunternehmen, auch sofern sie juristische Personen sind, in den Genuß der Meinungsäußerungsfreiheit kommen.

b) Öffentlich-rechtliche Anstalten

aa) Wesensmäßige Anwendbarkeit

Problematisch mag hingegen die Frage erscheinen, ob die öffentlich-rechtlichen Rundfunkanstalten am Schutz der Grundfreiheit teilnehmen. Ganz überwiegend wurde das Problem in der Literatur und Rechtsprechung unter Art. 5 Abs. 1 Satz 2 GG behandelt. Bei der hier vertretenen Auffassung, die Rundfunkäußerungen schon in Art. 5 Abs. 1 Satz 1 GG geschützt sieht, stellt sich die Frage schon oder auch für Art. 5 Abs. 1 Satz 1 GG. Doch selbst wenn man das Verhältnis zwischen Satz 1 und Satz 2 anders als hier versteht, bleibt das Problem als solches bestehen, es stellt sich dann nur für Satz 2.

Die Frage der Grundrechtssubjektivität steht im Zusammenhang mit Art. 19 Abs. 3 GG, der im ersten Halbsatz für juristische Personen eine Grundrechtsträgerschaft denkbar erklärt; dafür können grundsätzlich auch die öffentlich-rechtlichen Anstalten in Frage kommen. So wurde im allgemeinen Redaktionsausschuß des Parlamentarischen Rates anstelle der Formulierung *Körperschaften und Anstalten* der Begriff *juristische Personen* gewählt, um klarzumachen, daß alle juristischen Personen des öffentlichen und privaten Rechts umfaßt sein könnten[359].

Eine maßgebliche Einschränkung findet sich jedoch im zweiten Halbsatz von Art. 19 Abs. 3 GG, nach dem die Grundrechte für inländische juristische Personen gelten, „soweit sie ihrem Wesen nach auf diese anwendbar sind“. Inwieweit einer juristischen Person Grundrechtssubjektivität zukommt, hängt vom Wesen des betreffenden Grundrechts ab.

Das Bundesverfassungsgericht hat in bezug auf die Grundrechtsfähigkeit juristischer Personen ausgeführt, die Grundrechte gingen von der Würde und der Freiheit des einzelnen Menschen als natürlicher Person aus und wollten die Freiheitssphäre des Einzelnen gegen Eingriffe staatlicher Gewalt schützen[360]. Art. 19 Abs. 3 GG sei von dieser zentralen Vorstellung her auszule-

---

[359] Anmerkung des Allgemeinen Redaktionsausschußes in der Fassung vom 25.1.1949 zu Art. 20a, der sich mit der Endfassung des Art. 19 Abs. 3 GG deckt, zitiert nach *Matz*, in: *v. Doemming/Füsslein/Matz*, JöR 1951, S. 182 f.

[360] BVerfG, Beschl. vom 2.5. 1967, BVerfGE 21, 362 (369); BVerfG, Beschl. vom 8.7. 1982, BVerfGE 61, 82 (100 f.); BVerfG, Beschl. vom 31.10.1984, BVerfGE 68, 193 (205); BVerfG, Beschl. vom 14.4.1987, BVerfGE 75, 192 (195 f.); BVerfG, Beschl. vom 20.2. 1986, NJW 1987, 2501 (2501 f.).

gen und anzuwenden[361]. Von dieser Grundrechtsbetrachtung ausgehend, hat das Bundesverfassungsgericht den juristischen Personen des öffentlichen Rechts bei der Wahrnehmung öffentlicher und nicht öffentlicher Aufgaben die Grundrechtssubjektivität regelmäßig vorenthalten[362]. Hauptargument war die Überlegung, daß *der Staat* als Verpflichteter der Grundrechte nicht auch gleichzeitig deren Berechtigter sein könne[363]. Streitigkeiten zwischen verschiedenen Hoheitsträgern seien Kompetenzkonflikte im weiteren Sinne, deren Lösung mangels unmittelbaren Bezugs zum Menschen nicht Gegenstand der Grundrechte sei[364]. Von dem Normalfall einer Grundrechtsanwendung ausgehend, daß sich der einzelne Mensch als natürliche Person gegen Eingriffe staatlicher Gewalt schützt, setzen nach der oben dargestellten Ansicht die Freiheitsrechte voraus, daß die Grundrechtsträger einerseits und die Träger hoheitlicher Gewalt andererseits voneinander unterschieden werden können. Es soll eine klare Zuordnung von Berechtigung und Verpflichtung in bezug auf die Freiheitsrechte möglich sein. Zugrundegelegt wird die Unterscheidung von Staat und Gesellschaft.

Bei einer Bedrohung des Bürgers durch den Staat erfüllen die Grundrechte ihre Aufgaben als spezifisch auf Staatsabwehr gerichtete Freiheitsrechte. Da Art. 19 Abs. 3 GG auf das Wesen der Grundrechte als in erster Linie Individualrechte abstellt, kommt Grundrechtsschutz zugunsten juristischer Personen des öffentlichen Rechts nur dann in Frage, wenn jene staatlichen Institutionen ein ähnliches Schutzbedürfnis gegenüber anderen Hoheitsträgern haben, wie ein einzelner Bürger im Verhältnis zum Staat.

Um eine Grundrechtssubjektivität einer juristischen Person des öffentlichen Rechts feststellen zu können, muß folglich nach Art. 19 Abs. 3 GG teleologisch argumentiert werden[365].

---

[361] BVerfG, Beschl. vom 2.5. 1967, BVerfGE 21, 362 (369); BVerfG, Beschl. vom 8.7. 1982, BVerfGE 61, 82 (101); auch *Dürig*, in: *Maunz/Dürig*, GG, Art. 19 Abs. 3 Rn. 1.

[362] BVerfG, Beschl. vom 2.5. 1967, BVerfGE 21, 362 (369 ff.); BVerfG, Beschl. vom 21.5.1968, BVerfGE 23, 353 (372); BVerfG, Beschl. vom 4.2.1969, BVerfGE 25, 198 (205); BVerfG, Beschl. vom 24.6.1969, BVerfGE 26, 228 (244); BVerfG, Beschl. vom 19.6.1973, BVerfGE 35, 263 (271); BVerfG, Beschl. vom 9.4.1975, BVerfGE 39, 302 (312 ff.); BVerfG, Beschl. vom 7.6.1977, BVerfGE 45, 63 (78); BVerfG, Beschl. vom 13.1. 1982, BVerfGE 59, 231 (254); BVerfG, Beschl. vom 8.7.1982, BVerfGE 61, 82 (101 f.); BVerfG, Beschl. vom 31.10.1984, BVerfGE 68, 193 (206); BVerfG, Beschl. vom 14.4. 1987, BVerfGE 75, 192 (196); BVerfG, Beschl. vom 20.2.1986, NJW 1987, 2501 (2502).

[363] BVerfG, Beschl. vom 16.1.1963, BVerfGE 15, 256 (262); BVerfG, Beschl. vom 2.5. 1967, BVerfGE 21, 362 (369 f.); BVerfG, Urt. vom 27.7.1971, BVerfGE 31, 314 (321); BVerfG, Beschl. vom 13.1.1982, BVerfGE 59, 231 (254 f.).

[364] Grundlegend BVerfG, Beschl. vom 2.5. 1967, BVerfGE 21, 362 (370).

[365] Vgl. *v. Mutius*, in: BK zum GG, Art. 19 Abs. 3 Rn. 99; *Dreier*, Zur Grundrechtssubjektivität juristischer Personen des öffentlichen Rechts, in: *Achterberg* (Hrsg.), Öffentliches Recht und Politik. Festschrift für Hans Ulrich Scupin, S. 81 (89).

bb) Literatur

Bettermann[366] und von Mutius[367] gehen von einer grundrechtstypischen Gefährdungslage aus. Diese sei gegeben, wenn sich die öffentlich-rechtliche Einrichtung durch ihren Tätigkeitsbereich im Verhältnis zur grundrechtsbeschneidenden öffentlichen Gewalt in dem gleichen Außenrechtsverhältnis befinde wie der einzelne Mensch. Ihre Argumentation stellt auf das Schutzinteresse der juristischen Person als solcher ab.

Anders sind hingegen die Lösungsansätze von Rupp-v. Brünneck[368] und Ulsamer[369]. Sie gehen vom grundrechtlich geschützten Lebensbereich aus. Grundrechtssubjektivität komme einer juristischen Person des öffentlichen Rechts nur dann zu, wenn die Grundfreiheit die Konstruktion einer juristischen Person einschließt und sich ein Bezug zum Grundrecht der natürlichen Person herstellen läßt, so z.B. wenn die individuelle Freiheitsentfaltung zur Verwirklichung des verfassungsverbürgten Rechts die Hilfe einer juristischen Person benötige.

cc) Rechtsprechung

Das Bundesverfassungsgericht hat sich in nunmehr ständiger Rechtsprechung dem Lösungsansatz vom grundrechtlich geschützten Lebensbereich angeschlossen[370]. Mehrfach betont es, daß juristische Personen des öffentlichen Rechts grundsätzlich nicht Inhaber materieller Grundrechte sein können. „Nur wenn mithin die Bildung und Betätigung einer juristischen Person Ausdruck der freien Entfaltung der privaten, natürlichen Personen sind, wenn insbesondere der Durchblick auf die hinter den juristischen Personen stehenden Menschen es als sinnvoll und erforderlich erscheinen läßt, ist es gerechtfertigt, juristische Personen als Grundrechtsinhaber anzusehen und sie kraft dessen auch in den Schutzbereich bestimmter materieller Grundrechte einzubeziehen (vgl. BVerfGE 21, 362 [369])"[371].

---

[366] *Bettermann*, NJW 1969, 1321 (1323 f.).

[367] *v. Mutius*, in: BK zum GG, Art. 19 Abs. 3 Rn. 114 ff.

[368] Siehe *Rupp-v. Brünneck*, Zur Grundrechtsfähigkeit juristischer Personen, in: *Ehmke/Schmidt/Scharoun* (Hrsg.), Festschrift für Adolf Arndt, S. 349 (360 f., 366).

[369] *Ulsamer*, Zur Geltung der Grundrechte für juristische Personen des öffentlichen Rechts, in: *Leibholz/Faller/Mikat/Reis* (Hrsg.), Menschenwürde und freiheitliche Rechtsordnung. Festschrift für Willi Geiger, S. 199 (214).

[370] Siehe BVerfG, Beschl. vom 8.7.1982, BVerfGE 61, 82 (101 ff.) unter Zusammenfassung zahlreicher Nachweise der vorher ergangenen Verfassungsrechtsprechung.

[371] BVerfG, Beschl. vom 8.7.1982, BVerfGE 61, 82 (101).

Als Voraussetzung für Grundrechtsfähigkeit nennt das Gericht also die unmittelbare Zuordnung der juristischen Person des öffentlichen Rechts zu einem grundrechtlich geschützten Lebensbereich, wie dies bei Universitäten, Fakultäten und auch bei den hier besonders interessierenden Rundfunkanstalten der Fall sei, oder diesem Bereich von vornherein zugehöre, wie die Kirchen. „Bei den in der bisherigen Rechtsprechung des Bundesverfassungsgerichts anerkannten Ausnahmen handelt es sich durchweg um juristische Personen des öffentlichen Rechts, die den Bürgern auch zur Verwirklichung ihrer individuellen Grundrechte dienen, und die als eigenständige, vom Staat unabhängige oder jedenfalls distanzierte Einrichtungen bestehen (vgl. BVerfGE 45, 63 [79])“[372].

dd) Ergebnis

Nach alledem kann die Fähigkeit, Grundrechtsinhaber zu sein, öffentlichrechtlichen Rechtspersonen nur zukommen, wenn sie sich gegenüber anderen staatlichen Stellen in einer vergleichbaren Situation befinden wie der Bürger gegenüber dem Staat, und wenn gerade die juristische Person Ausdruck der Freiheitsentfaltung des Bürgers ist.

Da dies bei den öffentlichen Rundfunkanstalten als juristische Personen des öffentlichen Rechts der Fall ist – eines ihrer elementaren Prinzipien ist die Repräsentanz weiter Kreise der Bürger verbunden mit einer weitgehenden Staatsfreiheit[373] – partizipieren sie ebenso wie die privaten Rundfunkunternehmen am Schutz der Rundfunkfreiheit.

6. Resümee zu Artikel 5 Abs. 1 GG

Als Abschlußbetrachtung des Art. 5 Abs. 1 GG kann an dieser Stelle vermerkt werden, daß die Meinungsäußerungsfreiheit in Art. 5 Abs. 1 Satz 1 GG auf Rundfunkanstalten und -unternehmen anwendbar ist und auch eine umfassende Verbreitungsfreiheit gewährleistet, so daß hierunter alle Verbreitungsvorgänge, auch der nach außen wirkende technische Vorgang, zu verstehen sind, namentlich das Senden nach außen. Auch das Recht, Sendeanlagen zu errichten und zu betreiben, ist vom Schutzbereich des Art. 5 Abs. 1 Satz 1 GG umfaßt.

Die Rundfunkfreiheit aus Art. 5 Abs. 1 Satz 2 GG umfaßt einen ebensolchen Schutz. Satz 2 ist vom Grundsatz her als Individualrecht zu werten, wobei die Sichtweise hin zur institutionellen Garantie keinen Verdrängungsme-

[372] BVerfG, Beschl. vom 8.7.1982, BVerfGE 61, 82 (103).

[373] Siehe Teil B, II. (S. 28 ff.).

chanismus zur Individualrechtsreduzierung gegen Null in Gang setzt, sondern die Institution der Massenmedien als zusätzliche Grundrechtskomponente neben das ursprüngliche Individualfreiheitsrecht tritt. Aus der verfassungsrechtlich gewährleisteten Gleichstellung von Presse und Rundfunk ergibt sich das gleiche Recht der Presse auch für den Rundfunk: die freie und ungehinderte Verbreitung von Programmen jeglicher Art. Die vom Bundesverfassungsgericht seinerzeit konstatierte *Sondersituation* vermag am Grundrechtsgehalt selber nichts zu ändern, sie betrifft nur die realen Gegebenheiten der Praxis, wie z.B. die nur begrenzte Anzahl von Sendefrequenzen. Die Fortentwicklung des modernen *DAB*-Systems, der Kabel- und Satellitenentwicklung bis hin zur Entwicklung der digitalen Datenautobahn mit 300–500 Fernsehprogrammen führt dazu, daß die frühere *Sondersituation* nunmehr geänderten Bedingungen gewichen ist. Frequenzknappheit wird schon bald kein Grund mehr für eine begrenzte Anzahl von Sendern sein. So wird man sich über kurz oder lang nicht mehr an den tatsächlichen Gegebenheiten der *Sondersituation* festklammern können, sondern wird sich auf den umfassenden normativen Gehalt von Art. 5 Abs. 1 Satz 2 GG zurückbesinnen müssen.

Aus dem Verhältnis von Art. 5 Abs. 1 Satz 2 zu Satz 1 GG hat sich oben ergeben, daß Satz 2 keine lex specialis mit derogierender Wirkung gegenüber Satz 1 ist, sondern daß er sich sogar an Satz 1 zu orientieren hat. Damit stehen die Freiheitsrechte von Satz 1 und Satz 2 nebeneinander und unterstützen sich insofern, daß aus ihnen somit – gewissermaßen zweifach gestützt – ein Senderecht der Rundfunkanstalten und -unternehmen begründet werden kann.

Das alles zeigt, daß die Verfassung in Art. 5 Abs. 1 GG die Freiheit des Meinungsaustausches in umfassender Weise und damit eine umfassende Rundfunkfreiheit in den Schutzbereich der Norm aufnehmen wollte.

Deshalb kann aus heutiger Sicht die Ansicht des Bundesverfassungsgerichts im Ersten Fernsehurteil im Hinblick auf den Schutzbereich von Art. 5 Abs. 1 GG nicht aufrechterhalten werden, wenn es in seiner Entscheidung ohne jegliche Begründung kommentarlos ausführt: „Art. 5 GG fordert [...] nicht, daß die Veranstalter von Rundfunksendungen auch über die sendetechnischen Anlagen verfügen und die Möglichkeit haben müssen, diese Anlagen selbst zu betreiben“[374].

Inwieweit der so festgestellte Umfang des Schutzbereichs den Schrankenbestimmungen nach Art. 5 Abs. 2 GG standhält, wird im folgenden zu untersuchen sein.

[374] BVerfG, Urt. vom 28.2.1961, BVerfGE 12, 205 (239).

III. Die Schrankenbestimmung Artikel 5 Abs. 2 GG

1. Die Vorschriften der allgemeinen Gesetze

Die in Art. 5 Abs. 1 GG gewährleisteten Grundfreiheiten finden nach Art. 5 Abs. 2 GG ihre Schranken „in den Vorschriften der allgemeinen Gesetze, den gesetzlichen Bestimmungen zum Schutze der Jugend und in dem Recht der persönlichen Ehre". Diese im Verhältnis zu anderen Grundrechtsbestimmungen sehr ausführliche Schrankenregelung ist darauf zurückzuführen, daß die Mitglieder des Parlamentarischen Rates den Meinungsäußerungsfreiheiten einen besonderen Stellenwert zugemessen haben: Sowohl die Auswirkungen schädlicher Äußerungen zwangen zu einem besonderen Hinweis auf die Schranken als auch das Bewußtsein der elementaren Bedeutung der Meinungsäußerungsfreiheit für die Demokratie, weshalb Einschränkungen nur im Rahmen einer speziellen Schrankennorm möglich sein sollten[375].

Daß Überschneidungen zwischen den „Vorschriften der allgemeinen Gesetze, den gesetzlichen Bestimmungen zum Schutze der Jugend und dem Recht der persönlichen Ehre" im Schrankenbereich des Art. 5 Abs. 2 GG vorkommen können und welche Wirkung diese untereinander haben[376], kann im Rahmen dieser Arbeit nicht vertieft werden, da Jugendschutz und das Recht der persönlichen Ehre für die hier zu behandelnde Thematik nicht einschlägig sind. Im Zusammenhang dieser Untersuchung stellt sich ausschließlich die Frage, ob der Schutzbereich des Art. 5 Abs. 1 GG, der die Freiheit umfaßt, Programme in eigener Verantwortung auch selbst auszustrahlen, durch Schranken nach Art. 5 Abs. 2 GG reduziert werden kann.

Eine solche staatliche Schrankenbestimmung findet sich im Fernmeldeanlagengesetz. Es ist deshalb zu untersuchen, ob es sich hierbei um ein „allgemeines Gesetz" im Sinne von Art. 5 Abs. 2 GG handelt und ob das FAG tatsächlich die in der Freiheitsgewährleistung garantierten *Verbreitung* von Programmen verfassungsrechtlich einwandfrei zu beschränken vermag.

Die einfach anmutende Formulierung in Art. 5 Abs. 2 GG „Vorschriften der allgemeinen Gesetze" bereitet der Grundgesetzinterpretation ebensolche Auslegungsschwierigkeiten wie einst der Lehre bei der Interpretation des Art. 118 WRV, wobei festzustellen ist, daß sich die Argumente im Rahmen der Interpretation der „allgemeinen Gesetze" unter der Weimarer Reichsverfassung und dem Grundgesetz sehr stark ähneln[377]. Ausgangspunkt für die Grundgesetzinterpretation war die Rechtsprechung des Bundesverfassungs-

---

[375] *Herrmann*, Rundfunkrecht, S. 128.

[376] Hierüber ausführlich *Herzog*, in: *Maunz/Dürig*, GG, Art. 5 Abs. 1, 2 Rn. 244, 245.

[377] *Herzog*, ebd., Art. 5 Abs. 1, 2 Rn. 251.

gerichts, das insbesondere beim Lüth-Urteil[378] noch stark unter dem Eindruck der Weimarer Diskussion stand und deren Begrifflichkeit übernahm. Hier wurden verschiedene Kurzformeln verschiedenen Inhalts aneinandergereiht, wodurch die Herausarbeitung einer einheitlichen Linie nicht gefördert wurde[379]. Die Ansichten sind deshalb, soweit es für das Thema der Arbeit relevant ist, zusammenfassend darzustellen und zu bewerten.

Grundsätzlich haben sich drei Hauptströmungen zur Interpretation des Begriffs „allgemeine Gesetze" herausgebildet.

2. Die „allgemeinen Gesetze" im Hinblick auf den Personenkreis

Der erste Interpretationsversuch ging in bezug auf die *Allgemeinheit* der Schrankengesetze vom Adressatenkreis aus. Das heißt, ein Befund „allgemeines Gesetz" wird bejaht, wenn sämtliche denkbaren Träger der Kommunikationsgrundrechte aus Art. 5 Abs. 1 GG (oder früher Art. 118 WRV) von der Schrankennorm betroffen sind und nicht nur bestimmte Gruppen der Grundrechtsträger, wie z.B. die Unterwerfung von Beamten unter Sonderregelungen[380]. Der Begriff „allgemeine Gesetze" wird hier in demselben Sinn interpretiert wie der in der Formulierung des Art. 137 Abs. 3 Satz 1 WRV. Dort ist die Sprache von selbständiger Verwaltung eigener Angelegenheiten „innerhalb der Schranken des für alle geltenden Gesetzes"[381].

Häntzschel[382] und Rothenbücher[383] haben aber zu Recht auf die unterschiedliche Formulierung zu Art. 137 Abs. 3 Satz 1 WRV hingewiesen und darauf aufmerksam gemacht, daß, wenn der Verfassungsgeber dem Art. 118 WRV denselben Bedeutungsgehalt hätte verleihen wollen, er wohl denselben Wortlaut gewählt hätte. Da nach Art. 140 GG der Art. 137 WRV Bestandteil des Grundgesetzes ist, gilt dieses Argument auch für die Interpretation des Grundgesetzes.

Der Auffassung, Art. 5 Abs. 2 GG wolle noch einmal unmißverständlich ausschließen, daß die Kommunikationsrechte nicht durch an einzelne Personen(gruppen) gerichtete Gesetze beschränkt werden können, kann deshalb nicht zugestimmt werden, zumal da Art. 19 Abs. 1 GG bereits ein durchgän-

---

[378] BVerfG, Urt. vom 15.1.1958, BVerfGE 7, 198 (209 f.).

[379] Kritisch dazu *Herrmann*, Rundfunkrecht, S. 128; *Starck*, in: *v. Mangoldt/Klein*, GG, Art. 5 Abs. 1, 2 Rn. 120.

[380] *Vervier*, AöR 45, 1 (6).

[381] Vgl. *Anschütz*, Die Verfassung des Deutschen Reiches vom 11. August 1919, 14. Aufl., Art. 137 Anm. 5.

[382] *Häntzschel*, AöR 49, 228 (232).

[383] *Rothenbücher*, VVDStRL 4, 6 (19).

giges Verbot von Einzelfallgesetzen normiert. Es ist wohl davon auszugehen, daß der Verfassungsgeber nicht zusätzlich zu dem in Art. 19 Abs. 1 GG enthaltenen Verbot von Einzelfallgesetzen in Art. 5 Abs. 2 GG noch einmal die gleiche Regelung treffen wollte, diesmal jedoch nur für die Freiheitsrechte aus Art. 5 Abs. 1 GG[384].

Schließlich kann die vorgenannte Interpretation, die auf personelle Allgemeinheit abstellt, auch deshalb nicht überzeugen, da sie tatsächlich nicht den Schrankenbereich des Art. 5 Abs. 2 GG einengt und somit die Kommunikationsfreiheit schützt, sondern sie erlaubt geradezu jegliche gezielte Beschränkung der Kommunikationsfreiheit, wenn nur das Schrankengesetz für alle Träger der Freiheitsrechte gilt.

3. Die „allgemeinen Gesetze" im Hinblick auf den Schutzbereich

Eine zweite in der Literatur vertretene Ansicht stellte bei der „Allgemeinheit" der möglichen einschränkenden Normen auf die in den begrenzenden Normen genannten Freiheitsrechte ab. Ein Gesetz solle „allgemein" im Sinne von Art. 5 Abs. 2 GG[385] sein, wenn es nicht nur die Meinungsäußerungsfreiheit aus Art. 5 Abs. 1 GG beschränke, sondern darüber hinaus auch andere Freiheitsrechte betreffe. Sonderrechte, die sich speziell gegen die Meinungsfreiheit und einen geäußerten Gedankeninhalt richten, sollen demnach keine allgemeinen Gesetze sein[386]. Als Paradebeispiel eines nicht allgemeinen Gesetzes wird hier das Sozialistengesetz vom 21. Oktober 1878[387] angeführt, das ausschließlich die Meinungsfreiheit betrifft und einen bestimmten Inhalt von Meinungen verbietet. Beliebtes Beispiel eines allgemeinen Gesetzes in diesem Sinne bilden die Normen über Sicherheit und Ordnung, da sie nicht nur die Meinungsfreiheit als solche beschränken, sondern die Ausübung der Freiheitsrechte allgemein[388].

---

[384] *Starck*, in: *v. Mangoldt/Klein*, GG, Art. 5 Abs. 1, 2 Rn. 122; *Herzog*, in: *Maunz/Dürig*, GG, Art. 5 Abs. 1, 2 Rn. 254.

[385] Zur Weimarer Zeit Art. 118 Abs. 1 Satz 1 WRV.

[386] *Häntzschel*, AöR 49, 228 (232 f.); *Starck*, in: *v. Mangoldt/Klein*, GG, Art. 5 Abs. 1, 2 Rn. 122; *v. Münch*, in: *ders.*, GG, Art. 5 Rn. 48; erstaunlicherweise auch BVerfG, Beschl. vom 24.3.1987, BVerfGE 74, 297 (336) in Hinblick auf den Rundfunk, wobei diese Anschauung nicht entscheidungserheblich war; in bezug auf die Presse BVerfG, Urt. vom 4.4.1967, BVerfGE 21, 271 (280).

[387] Hierzu *Häntzschel*, Das Recht der freien Meinungsäußerung, in: *Anschütz/Thoma* (Hrsg.), Handbuch des Deutschen Staatsrechts, Bd. II, S. 651 (662).

[388] *Starck*, in: *v. Mangoldt/Klein*, GG, Art. 5 Abs. 1, 2 Rn. 123; *Degenhart*, in: BK zum GG, Art. 5 Abs. 1, 2 Rn. 117.

Nach der hier dargestellten Ansicht könnten Regelungen der Presse- und Rundfunkgesetze[389] nicht als „allgemeine Gesetze“ gem. Art. 5 Abs. 2 GG[390] angesehen werden, da sie regelmäßig nur die Freiheiten des Art. 5 Abs. 1 GG betreffen. Sie müßten dann konsequenterweise als durch Art. 5 Abs. 2 GG verboten angesehen werden[391].

Dieses Ergebnis stimmt jedoch mit dem vom Verfassungsgeber Gewollten und der hiernach praktizierten Realität nicht überein. Regelungen bezüglich des Pressewesens wurden schon unter der Weimarer Reichsverfassung als mit Art. 118 Abs. 1 Satz 1 WRV vereinbar angesehen[392].

Auch in den Beratungen des Parlamentarischen Rates wurde deutlich, daß Schrankenbestimmungen hinsichtlich Presse, Rundfunk und Film als notwendig und zulässig erachtet wurden. So wurde z.B. die Festschreibung einer Rundfunkordnung in der Verfassung selbst abgelehnt, weil man die Entwicklung des Rundfunks noch nicht kannte und deshalb einer diesbezüglich gesetzlichen Regelung nicht vorgreifen wollte[393]. Das zeigt deutlich, daß die Abgeordneten des Parlamentarischen Rates grundsätzlich von der Zulässigkeit einfacher Rundfunkgesetze ausgingen.

Ganz besonders ersichtlich wird dies bei der Entstehung des Begriffs „allgemeine Gesetze“ selbst. Dem Parlamentarischen Rat wurde in der 32. Sitzung des Grundsatzausschusses eine Schrankenregelung in bezug auf die Meinungsäußerungsfreiheit des Art. 5 Abs. 1 GG vorgelegt, die ausdrücklich den Erlaß von Presse-, Rundfunk- und Filmgesetzen vorsah[394]. Der Allgemeine Redaktionsausschuß dehnte sogar die vorgesehene Klausel „allgemeine Strafgesetze“ [395]aus dem Grund auf „allgemeine Gesetze“ aus[396], damit die neue Fassung den Erlaß auch von Pressegesetzen zuließ[397].

---

[389] Auch Strafgesetze, sofern sie Sanktionen für bestimmte Meinungsäußerungen androhen.

[390] Zur Weimarer Zeit Art. 118 Abs. 1 Satz 1 WRV.

[391] So *Wendt*, in: *v. Münch/Kunig*, GG, Art. 5 Rn. 71, 74, der jedoch sonderbarer Weise meinungsbeschränkende Normen in Beamten- und Soldatengesetzen als Beispiel für „allgemeine Gesetze“ nennt; inkonsequent insofern auch *Starck*, in: *v. Mangoldt/Klein*, GG, Art. 5 Abs. 1, 2 Rn. 122, 123, und *Häntzschel*, AöR 49, 228 (233).

[392] *Anschütz*, Die Verfassung des Deutschen Reiches vom 11. August 1919, 14. Aufl., Art. 118 Anm. 3, 4c.

[393] Stenografisches Protokoll der 32. Sitzung des Grundsatzausschusses vom 11.1.1949, S. 42, 44.

[394] Abgedruckt bei *Matz*, in: *v. Doemming/Füsslein/Matz*, JöR 1951, S. 86.

[395] A.a.O., S. 86.

[396] A.a.O., S. 87.

[397] Siehe die Begründung des Allgemeinen Redaktionsausschusses zu seiner Fassung vom 25.1.1949 bei *Matz*, a.a.O., S. 87.

Daraus ergibt sich, daß die Schrankenbestimmung des Art. 5 Abs. 2 GG keineswegs gezielte Eingriffe in die Meinungsäußerungsfreiheit des Art. 5 Abs. 1 GG, die sich ausschließlich im Schutzbereich dieser Vorschrift auswirken, verfassungsrechtlich unzulässig erscheinen läßt. Denn sonst könnte der Gesetzgeber Gefährdungen, die speziell aus der Wirkung der Kommunikationsfreiheiten erwachsen, in keiner Weise Einhalt gebieten. Der Ansatzpunkt zur Bestimmung der „allgemeinen Gesetze" ist demnach nach anderen Kriterien zu suchen.

4. Die „allgemeinen Gesetze" im Hinblick auf den verfassungskonformen Zweck der Einschränkung mit Güterabwägung

a) Verfassungskonformer Zweck

Der dritte Interpretationsversuch stellt bei der Frage nach „allgemeinen Gesetzen" ausschließlich auf die Frage nach dem Zweck der Beschränkung ab[398]. Häntzschel wollte mit seiner Interpretation von Art. 118 Abs. 1 WRV Normen ausschließen, deren einziger Zweck in der Unterdrückung eines bestimmten gedanklichen Inhalts lag mit der Folge einer drastischen Beschränkung der Meinungsfreiheit. Zum Erreichen diese Zwecks bietet es sich an, nicht erst auf die Frage einer exklusiven Betroffenheit des Schutzbereichs der Meinungsfreiheiten abzustellen, sondern grundsätzlich exklusiv auf die Frage nach dem Zweck der Beschränkung.

Rothenbücher[399] und Smend[400] entwickelten den Lösungsansatz zur Frage der „allgemeinen Gesetze" als erste, indem sie den Schutzzweck des Schrankengesetzes als Kriterium der „Allgemeinheit" herausarbeiteten. Allgemeine Schrankengesetze seien diejenigen, die dem zu schützenden Rechtsgut, nämlich das, das durch das betreffende Gesetz geschützt werden soll, schlechthin

---

[398] *Hain*, Rundfunkfreiheit und Rundfunkordnung, S. 96 ff. Diesen Interpretationsweg sind auch viele Interpreten gegangen, die aber grundsätzlich die ausschließliche Betroffenheit der Kommunikationsrechte als unzulässig angesehen haben. Insoweit wollen sie inkonsequenterweise zu ihrer Theorie Regelungen der Presse- und Rundfunkgesetze anerkennen, wobei sie Gesetze nur dann als verfassungswidrig ansehen, wenn ihr Grund ausschließlich die Unterdrückung eines bestimmten gedanklichen Inhalts ist. So z.B. *Häntzschel*, AöR 49, 228 (233 f.); *ders.*, Das Recht der freien Meinungsäußerung, in: *Anschütz / Thoma* (Hrsg.), Handbuch des Deutschen Staatsrechts, Bd. II, S. 651 (659 f.); ähnlich *Degenhart*, in: BK zum GG, Art. 5 Abs. 1, 2 Rn. 103; *Wendt*, in: *v. Münch / Kunig*, GG, Art. 5 Rn. 71, 74; *Anschütz*, Die Verfassung des Deutschen Reiches vom 11. August 1919, 14. Aufl., Art. 118 Anm. 3.

[399] *Rothenbücher*, VVDStRL 4, 6 (20).

[400] *Smend*, VVDStRL 4, 44 (52).

dienten, ohne eine bestimmte Meinung zu treffen oder sich speziell gegen eine bestimmte Meinung zu richten[401]. Smend hebt den Güterabwägungsaspekt noch verstärkend heraus, indem er verlangt, das Schutzgut des Schrankengesetzes müsse wichtiger sein als die Meinungsfreiheit[402].

Bei dem hier vertretenen Lösungsansatz, dem sich die vorliegende Arbeit anschließt, kommt es nicht darauf an, daß es sich um Gesetze handelt, die für Jedermann gelten. Ebensowenig ist auf das Kriterium abzustellen, ob sich die beschränkenden Normen ausschließlich im Schutzbereich des Art. 5 Abs. 1 GG auswirken oder auch andere Freiheitsrechte betreffen.

„Allgemeine Gesetze" im Sinne des Art. 5 Abs. 2 GG sind Normen, die – ohne daß es auf eine exklusive Betroffenheit des Schutzbereichs der Meinungsfreiheit ankäme – in der Lage sind, ein Kommunikationsrecht des Art. 5 Abs. 1 GG zu beschränken und die einem bestimmten verfassungskonformen Rechtsgut dienen, wobei sie ohne einen solchen Grund in die Kommunikationsfreiheitsrechte nicht eingreifen dürfen. Damit sind zielgerichtete Eingriffe in die Rechte aus Art. 5 Abs. 1 GG dann, aber eben nur dann erlaubt, wenn das Schrankengesetz einem grundsätzlich verfassungskonformen Rechtsgut dient, wobei das nötige Gewicht, welches dem Rechtsgut zukommen muß, noch Gegenstand weiterer Ausführungen sein wird.

Hiermit ist der vorliegende Interpretationsansatz im Hinblick auf die „allgemeinen Gesetze" in Art. 5 Abs. 2 GG in der Lage, die Probleme in bezug auf notwendige[403] und vom Grundgesetz nicht ausgeschlossene meinungs-, presse-, rundfunk- und filmspezifische Regelungen widerspruchsfrei zu lösen.

b) Güterabwägung

Zu klären ist in diesem Zusammenhang noch die Frage, welches Gewicht den Rechtsgütern der beschränkenden Norm zukommen muß, zu deren Gunsten eine Beschränkung der Freiheit aus Art. 5 Abs. 1 GG in Betracht kommt. Das ist insoweit wichtig, als das Grundgesetz den Freiheitsrechten aus Art. 5 Abs. 1 GG eine so zentrale Bedeutung beimißt[404].

Smend war der Auffassung, ein Gesetz sei nur dann *allgemein*, wenn es dem Schutz eines bedeutenderen Rechtsgutes als der Meinungsfreiheit die-

---

[401] Diesen Punkt der Meinungsneutralität des einschränkenden Gesetzes betont *Herrmann*, Fernsehen und Hörfunk in der Verfassung der Bundesrepublik Deutschland, S. 179, 185.

[402] *Smend*, VVDStRL 4, 44 (52).

[403] *Starck*, in: *v. Mangoldt/Klein*, GG, Art. 5 Abs. 1, 2 Rn. 122.

[404] *Wendt*, in: *v. Münch/Kunig*, GG, Art. 5 Rn. 1; *Herrmann*, Rundfunkrecht, S. 128.

ne[405], indem er auf die Inbezugnahme eines alten sachlichen Gedankens aus dem überlieferten Gedankenkreis der Grundrechte hinwies[406].

Das Bundesverfassungsgericht griff erstmals im Lüth-Urteil[407] den Gedanken der Güterabwägung auf und ergänzte ihn durch die Forderung grundrechtskonformer Auslegung der Schrankengesetze. Seitdem judiziert das Bundesverfassungsgericht, das Recht zur Meinungsäußerung müsse zurücktreten, wenn höherrangige schutzwürdige Interessen eines anderen durch die Betätigung der Meinungsfreiheit verletzt würden[408]. Die allgemeinen Gesetze müßten in ihrer das Grundrecht beschränkenden Wirkung ihrerseits im Lichte der Bedeutung dieses Grundrechts gesehen und so interpretiert werden, daß der besondere Wertgehalt dieses Rechts auf jeden Fall gewahrt bleibe. Die allgemeinen grundrechtsbeschränkenden Gesetze seien im Hinblick auf die Bedeutung des Grundrechts so auszulegen, daß sie in ihrer das Grundrecht begrenzenden Wirkung ihrerseits wieder eingeschränkt würden[409].

Wegen der besonderen Tragweite der Kommunikationsrechte aus Art. 5 Abs. 1 GG ist der Ansicht zuzustimmen, lediglich diejenigen Rechtsgüter zur Beschränkung der Freiheitsrechte aus Art. 5 Abs. 1 GG anzuerkennen, deren zentrale Bedeutung wichtiger ist als die Kommunikationsrechte. Bei dieser Abwägung ist nur auf die Gesamtbedeutung der Kommunikationsrechte aus Art. 5 Abs. 1 GG an sich abzustellen, nicht aber auf eine Bewertung des Inhalts bestimmter, im Einzelfall geäußerter Gedanken[410], wobei bei der Güterabwägung der Grad der Beeinträchtigung eines Rechtes aus Art. 5 Abs. 1 GG erst anhand des konkreten Falls erkennbar ist[411/412].

Im Hinblick auf die grundrechtlich garantierte Rundfunkfreiheit und ihre Verbreitungsfreiheit besteht unter Einbeziehung des Fernmeldeanlagengesetzes rein faktisch ein Funkanlagenmonopol zugunsten eines Privaten, der Telekom AG. Ob die Schrankennorm des Fernmeldeanlagengesetzes mit dermaßen weitreichenden Folgen noch von den Schranken des Art. 5 Abs. 2 GG

---

405 *Smend*, VVDStRL 4, 44 (52).

406 *Smend*, ebd., 44 (51).

407 BVerfG, Urt. vom 15.1.1958, BVerfGE 7, 198.

408 St. Rspr. seit BVerfG, Urt. vom 15.1.1958, BVerfGE 7, 198 (209 f.); vgl. auch *Wendt*, in: *v. Münch/Kunig*, GG, Art. 5 Rn. 76 m.w.N.; zusammenfassend auch *Grimm*, NJW 1995, 1697 (1700 ff.).

409 So st. Rspr. seit BVerfG, Urt. vom 15.1.1958, BVerfGE 7, 198 (208 f.).

410 *Starck*, in: *v. Mangoldt/Klein*, GG, Art. 5 Abs. 1, 2 Rn. 124.

411 *Wendt*, in: *v. Münch/Kunig*, GG, Art. 5 Rn. 76.

412 Die von *Herzog* (in: *Maunz/Dürig*, GG, Art. 5 Abs. 1, 2 Rn. 260) vorgeschlagene generelle abstrakte Rechtsgüterabwägung erscheint nicht durchführbar, da es nach *Wendt* an Abwägungsmaßstäben fehlt und eben der Grad der Beeinträchtigung erst im Hinblick auf den konkreten Fall erkennbar ist.

gedeckt ist, muß im folgenden unter Bezugnahme auf den oben entwickelten Lösungsansatz unter gründlicher Abwägung der in Frage stehenden Verfassungsgüter untersucht werden.

IV. Standort des Fernmeldewesens in der Verfassung

1. Ausgangspunkt

In Teil D, II., wurde aufgezeigt, was unter Rundfunkfreiheit zu verstehen ist, insbesondere daß das Senden von Programmen eine von Art. 5 Abs. 1 GG zentral geschützte Tätigkeit ist. Um nun konkret festzustellen, ob das Fernmeldeanlagengesetz ein verfassungskonformes „allgemeines Gesetz" im Sinne von Art. 5 Abs. 2 GG ist, welches die Kommunikationsfreiheitsrechte einschränken kann, muß zunächst das Funkanlagenmonopol in seinem verfassungsmäßigen Umfeld untersucht werden, um festzustellen, ob dieses Monopol überhaupt in vollem Umfang am Grundrechtsmaßstab überprüft werden kann oder ob es sich um ein verfassungsrechtlich festgeschriebenes Recht handelt, welches damit einer verfassungsrechtlichen Überprüfung entzogen ist. Denn nur bei voller Bindung an die Grundrechte und bei Überprüfung des Fernmeldemonopols am umfassenden Grundrechtsmaßstab kann in der Gesamtschau unter Art. 5 Abs. 2 GG eine Güterabwägung zwischen der Kommunikationsfreiheit und dem Fernmeldewesen vorgenommen werden. Die Anwendbarkeit der Grundrechte aus Art. 5 Abs. 1 GG als Maßstab für das Handeln der aus der Deutschen Bundespost TELEKOM hervorgegangenen Unternehmen könnte jedoch nach der Rechtsprechung des Bundesverfassungsgerichts dann ausgeschlossen sein, wenn es sich bei der Funkdienstleistung der Telekom AG um ein ausdrücklich anerkanntes, verfassungsrechtlich festgeschriebenes Funkanlagenmonopol handelt[413]. Ob ein solches verfassungsrechtlich festgeschriebenes Funkanlagenmonopol besteht und ob es damit den grundrechtlichen Bindungen unterliegt oder von deren Geltung ausgenommen ist, muß im folgenden untersucht werden.

Bei dem Begriff *Rundfunk* sind von der Begrifflichkeit her zwei Teilbereiche zu unterscheiden: die *kulturelle* Seite und die *sendetechnische*[414]. Je nachdem, von welchem Teilbereich man beim Rundfunk ausgeht, fällt er in voneinander zu trennende Zuständigkeitsbereiche. Die Verfassung selbst nennt

---

[413] BVerfG, Beschl. vom 14.1.1976, BVerfGE 41, 205 (218 ff.) und *Fiedler*, DÖV 1977, 390 (390 ff., 393 ff.).

[414] BVerfG, Urt. vom 28.2.1961, BVerfGE 12, 205 (225 ff., 237 f.); Zu den Kulturförderungsleistungen der Rundfunkanstalten s. *Steiner*, Zur Kulturförderung durch den öffentlich-rechtlichen Rundfunk, in: *Baumgärtel / Klingmüller / Becker / Wacke* (Hrsg.), Festschrift für Heinz Hübner, S. 799 ff.

keine spezielle Kompetenzzuweisung für die kulturelle Seite, weshalb sie entsprechend der Zuständigkeitsregelung der Art. 30, 70 ff. und Art. 83 ff. GG der Ländergesetzgebungskompetenz unterliegt[415]. Nach der Entscheidung des Bundesverfassungsgerichts im Ersten Fernsehurteil hat der Bund nicht die Befugnis, „die Organisation der Veranstaltung und die innere Organisation der Veranstalter von Rundfunksendungen zu regeln oder Vorschriften in bezug auf die Sendungen zu erlassen. Die von Art. 5 GG geforderte gesetzliche Normierung der in ihm zur Sicherung der Rundfunkfreiheit enthaltenen Leitgrundsätze, und zwar sowohl in materiellrechtlicher als auch in organisatorischer Hinsicht [...], fällt in die Gesetzgebungskompetenz der Länder“[416].

2. Artikel 73 Nr. 7 GG

Der fernmelderechtliche Aspekt des Rundfunks gehört zur Telekommunikation im Sinne des Art. 73 Nr. 7 GG und fällt damit in die ausschließliche Gesetzgebungsbefugnis des Bundes[417]. Im Ersten Fernsehurteil hat das Bundesverfassungsgericht näher ausgeführt, was unter *Fernmeldewesen*[418] zu verstehen ist: „Fernmeldewesen ist ein technischer, am Vorgang der Übermittlung von Signalen orientierter Begriff. Das Fernmeldewesen hat es mit den Fernmeldeanlagen, also mit technischen Einrichtungen, zu tun, mit deren Hilfe Signale ‚in die Ferne‘ gemeldet oder übermittelt werden“[419]. „Das Fernmeldewesen beginnt erst mit der Übermittlung der sendefertigen Ton- und Bildsignale vom Studio zu einem oder mehreren Sendern [...]“[420]. Damit gehören zur Telekommunikation auf der Kommunikatorseite die technischen Vorgänge des Sendens eines Rundfunkprogramms (mit Ausnahme der sog. Studiotechnik).

Fraglich ist, ob noch weitere Bereiche zur Telekommunikation im Sinne von Art. 73 Nr. 7 GG gehören und damit der ausschließlichen Gesetz-

---

[415] Zur Länderkompetenz im Rundfunkwesen s. die Darstellung bei *Herrmann*, Fernsehen und Hörfunk in der Bundesrepublik Deutschland, S. 278 ff.; grundlegend BVerfG, Urt. vom 28.2.1961, BVerfGE 12, 205 (229).

[416] BVerfG, Urt. vom 28.2.1961, BVerfGE 12, 205 (225). Zuletzt bestätigt durch BVerfG, Urt. vom 22.3.1995, ZUM 1995, 405 (415) – EG-Fernsehrichtlinie.

[417] Zur Bundeskompetenz im Rundfunkwesen s. die Darstellung bei *Herrmann*, Fernsehen und Hörfunk in der Bundesrepublik Deutschland, S. 261 ff.

[418] Das Gesetz zur Änderung des Grundgesetzes vom 30.8.1994, BGBl. I S. 2245, hat den Begriff *Fernmeldewesen* dem Sprachgebrauch *Telekommunikation* angepaßt. Das Grundgesetz, das Bundesverfassungsgericht und die Literatur sprachen bis zu diesem Zeitpunkt von Fernmeldewesen. Der neue Wortlaut beinhaltet jedoch keine materielle Änderung des Kompetenzbereichs (BR-Drs. 114/94, S. 6).

[419] BVerfG, Urt. vom 28.2.1961, BVerfGE 12, 205 (226).

[420] BVerfG, Urt. vom 28.2.1961, BVerfGE 12, 205 (227).

gebungszuständigkeit des Bundes unterliegen. In Betracht kommt die Funkwellenordnung im Äther. Das Bundesverfassungsgericht führt hierzu aus: „Zuteilung und Abgrenzung der Wellenbereiche der Sender, Bestimmung ihrer Standorte und Sendestärken unter funktechnischen Gesichtspunkten, die sogenannte Leitungstechnik, Überwachung des Funkverkehrs, sein Schutz gegen großräumige und örtliche Störungen sowie die Durchführung internationaler Vereinbarungen können nach Lage der Sache nur einheitlich geregelt werden, wenn ein Chaos im Funkverkehr vermieden werden soll"[421]. Damit ist als wichtiger Punkt der Bundeszuständigkeit im Hinblick auf die Telekommunikation die sog. Ätherpolizei zur Gefahrenabwehr eines Chaos im Funkverkehr hervorgehoben. Der Bund hat auch insoweit Regelungskompetenz, als durch die Aufgabe „Ätherpolizei" der Rundfunkbereich berührt wird[422].

Das Bundesverfassungsgericht judizierte darüber hinaus, daß die Gesetzgebungskompetenz des Bundes in bezug auf das *Fernmeldewesen*[423] auch solche Regelungen zulassen, in denen sich der *Bund* das ausschließliche Recht vorbehalte, Funkanlagen für den Rundfunk zu errichten und zu betreiben[424/425].

Diese Ansicht verträgt sich nicht mit der allgemeinen Meinung über Gesetzgebungszuständigkeiten. Den Schluß von einer Zuständigkeitsnorm für Gesetzgebung auf die Behauptung eines Betriebsrechts (gar mit Monopol) verwundert auch insoweit, als das Bundesverfassungsgericht für andere Sachbereiche außerhalb der Gesetzgebungszuständigkeitsnormen verfassungsrechtliche Begründungen sucht[426]. Deshalb ist hier zuzustimmen, wenn Lerche, Mallmann, Maunz und Ipsen auch für den Rundfunkbereich einen Schluß von Art. 73 Nr. 7 GG auf ein Funkmonopol verneinen. Denn Art. 73 Nr. 7 GG trägt eine solche Behauptung nicht[427]. Mit der Gesetzgebungszuständigkeit für

---

[421] BVerfG, Urt. vom 28.2.1961, BVerfGE 12, 205 (230).

[422] BVerfG, Urt. vom 28.2.1961, BVerfGE 12, 205 (227).

[423] Heute *Telekommunikation*.

[424] BVerfG, Urt. vom 28.2.1961, BVerfGE 12, 205 (239).

[425] Nach dem Postneuordnungsgesetz hat sich die Situation zugunsten eines Privaten geändert. Das ausschließliche Recht als solches ist aber geblieben, es hat sich nur vom Bund auf das private Unternehmen Telekom AG verlagert, weshalb wir heute ein Ausschließlichkeitsrecht zugunsten eines Privaten haben. S.o. Teil C, I.3. (S. 48 ff.), und II. (S. 54 ff.).

[426] So z.B. für die verfassungsrechtliche Normierung von Monopolrechten. S.u. bei Teil D, IV.4. (S. 112 ff.).

[427] *Lerche*, Fernmeldemonopol und gesetzgeberische Bewegungsfreiheit, in: *Bartlsperger/Ehlers/Hofmann/Pirson* (Hrsg.), Rechtsstaat – Kirche – Sinnverantwortung. Festschrift für Klaus Obermayer, S. 75 (79); *Maunz*, in: *Maunz/Dürig*, GG, Art. 73 Rn. 117; *Mallmann*, in: *Zehner*, Fernsehstreit I, S. 234 (244 f.); *Ipsen*, Rundfunkgebühr 2. Aufl. Hamburg 1958, S. 32 ff.

die Telekommunikation in Art. 73 Nr. 7 GG ist nicht die ausschließliche Ermächtigung für eine gesetzlich monopolisierte Betriebsregelung verbunden. Die Regelungen für Gesetzgebungszuständigkeiten begründen nur die Zuständigkeit des Bundes oder der Länder zur Regelung und Herstellung der gesetzlichen Ordnung eines Sachgebietes. Eine Begründung hoheitlicher Verfügungsgewalt über die zu regelnde Materie ist hierin nicht zu sehen. Insoweit muß auch der seinerzeit in der Literatur vertretenen Meinung entgegengetreten werden, die Gesetzgebungskompetenz für Post- und Telekommunikation hebe eine „Fernmeldehoheit" einschließlich einer „Funkhoheit" des Bundes hervor[428].

Art. 73 Nr. 7 GG ordnet lediglich dem Bund das Recht zu, Gesetze zu erlassen, die diesen Lebensbereich regeln sollen. Ein verfassungsgarantiertes Ausschließlichkeitsrecht zugunsten des Bundes oder eines Privaten für Errichtung und Betrieb von Anlagen ist in Art. 73 Nr. 7 GG nicht zugesichert. Eine eigentumsähnliche Zuordnung von Funkwellen kann durch Art. 73 Nr. 7 GG ebensowenig herbeigeführt werden wie die Gesetzgebungskompetenz zur Regelung der Eigentumsfragen (z.B. im bürgerlichen Recht durch Art. 74 Nr. 1 GG) den Inhaber dieser Regelungskompetenz zum Inhaber der Rechte an den zu regelnden Sachen macht. Damit kann in Art. 73 Nr. 7 GG auch eine eigentumsähnliche Zuordnung von Funkwellen nicht gefunden werden. Der Bund ist auch hierdurch nicht zum Inhaber der Rechte an Funkwellen geworden. Deshalb kann in Art. 73 Nr. 7 GG nicht die Normaussage gesehen werden, daß der Bund eine Funkhoheit und/oder ein Errichtungs- und Betriebsmonopol innehabe.

3. Artikel 87f GG

Durch die Grundgesetzänderung wurden die verfassungsrechtlichen Voraussetzungen für eine Trennung der auch weiterhin in bundeseigener Verwaltung wahrzunehmenden hoheitlichen Aufgaben von den privatisierten Dienstleistungen geschaffen, deren Erbringung nun nicht weiter hoheitlich ist[429]. Art. 87f GG unterscheidet zwischen *Hoheitsaufgaben* und *Dienstleistungen*. Die *Hoheitsaufgaben* im Bereich des Postwesens und der Telekommunikation werden gemäß Art. 87f Abs. 2 Satz 2 GG in bundeseigener Verwaltung wahrgenommen. Nach Art. 87f Abs. 2 Satz 1 GG werden *Dienstleistungen* im Bereich des Postwesens und der Telekommunikation als private Tätigkeiten erbracht[430]. Die Abgrenzungen im Einzelfall beruhen weitgehend auf den

---

[428] *Schneider*, RuF 1955, 358 (359); *Aubert*, Fernmelderecht. Eine systematische Darstellung, S. 76; durchgängig auch *Peters*, Die Rundfunkhoheit des Bundes.

[429] S.o. Teil C, I.3.b)cc) (S. 50 f.).

[430] S.o. Teil C, I.3.b)cc) (S. 50 f.).

Funktionszuweisungen, die durch die Postreform I (1989) auf der Grundlage des PostVerfG vorgenommen wurden.

Hoheitsaufgaben sind z.B. die Funkfrequenzverwaltung, die Erteilung von Genehmigungen für Funkanlagen, die Vorsorge für den Krisen- und Katastrophenfall, die Behandlung von Fragen der Standardisierung und Normierung, aber auch die Lizenzierung und die Entgeltregulierung u.v.a.m.[431]. Darüber hinaus konkretisiert Art. 87f Abs. 1 GG die hoheitlichen Aufgaben dahingehend, daß der Bund „im Bereich des Postwesens und der Telekommunikation flächendeckend angemessene und ausreichende Drittleistungen" zu gewährleisten hat. Hierunter ist nach der Regierungsbegründung[432] ein Regelungsauftrag dahingehend zu verstehen, staatliche Maßnahmen lediglich zu ergreifen, um die Herstellung der ‚Grundversorgung' zu erzielen. Hierunter sind wohl auch Befugnisse zu verstehen, die den Marktzugang zu annehmbaren und akzeptablen Bedingungen sicherstellen.

Einigkeit besteht auch über den Umfang von *Dienstleistungen* im Bereich der Telekommunikation. In dem hier interessierenden Bereich der Fernmeldeanlagen ist unter Telekommunikationsdienstleistungen die Bereitstellung von Telekommunikationsdiensten zu verstehen[433]. Die Übermittlung oder der Empfang von Nachrichten, Zeichen, Bildern oder Tönen ohne Verbindungsleitung oder unter Verwendung elektrischer, an einem Leiter entlang geführter Schwingungen, kurz der Funk oder das Funken, ist eine Dienstleistung im Sinne von Art. 87f Abs. 2 Satz 1 GG, die durch private Anbieter erbracht werden soll.

Durch Art. 87f GG wurde der Status quo ante entschärft, indem eine Einbindung der Aufgabenerfüllung in *bundeseigene*, also unmittelbare Bundesverwaltung auf die *Hoheitsaufgaben* reduziert wurde und *Dienstleistungen* dem Wettbewerb überlassen wurden. Gemäß der Regierungsbegründung enthält Art. 87f Abs. 2 Satz 1 GG den verbindlichen Grundsatz, daß die Wahrnehmung eines Angebots von Dienstleistungen als Verwaltungsaufgabe in öffentlicher oder privatrechtlicher Organisationsform ausgeschlossen wird und damit ausschließlich private Tätigkeit ist[434].

Damit findet sich in Art. 87f GG ebenfalls kein verfassungsgarantiertes Ausschließlichkeitsrecht zugunsten einer *Funkhoheit* und / oder eines Anlagenmonopols des Bundes, das die Anwendbarkeit der Grundrechte aus Art. 5 Abs. 1 GG als Maßstab für das Handeln der Telekom AG ausschließt —

---

431 *Scherer*, CR 1994, 418 (420).

432 BR-Drs. 114 / 94, S. 3.

433 Hierzu *Scherer*, CR 1994, 418 (420) mit Hinweis auf Art. 3 und 4 der International Telecommunication Regulations.

434 BT-Drs. 12 / 6717, S. 4.

ganz im Gegenteil: Die Bereitstellung von Telekommunikationsdiensten wird explizit der privatwirtschaftlichen Tätigkeit überlassen, weshalb Dienstleistungen im Fernmeldeanlagenbereich durch den privaten Anbieter Telekom AG wahrgenommen und nicht mehr als Verwaltungsaufgabe definiert werden.

4. Artikel 143b Abs. 2 Satz 1 GG

a) Ausgangspunkt

Zu prüfen bleibt damit nur noch, ob Art. 143b Abs. 2 Satz 1 GG eine verfassungsrechtliche Normierung von Monopolrechten zur Erbringung von Telekommunikationsdienstleistungen beinhaltet. Die allgemeine und generelle Liberalisierung des Art. 87f Abs. 1 und 2 GG, der die Telekommunikationsdienstleistungen und damit auch die Funkdienstleistungen dem privaten Wettbewerbsmarkt überläßt, scheint durch Art. 143b Abs. 2 Satz 1 GG zunächst einmal grundsätzlich erschüttert. Hier heißt es: „Die vor der Umwandlung bestehenden ausschließlichen Rechte des Bundes können durch Bundesgesetz den aus [...] der Deutschen Bundespost TELEKOM hervorgegangenen Unternehmen verliehen werden“.

§ 1 Abs. 2 Satz 2 FAG ist im Lichte dieser neugefaßten Übergangs- und Schlußbestimmung des Grundgesetzes zu verstehen, wonach dem Nachfolgeunternehmen der DBP TELEKOM, also der Telekom AG, das ausschließliche Recht übertragen wird, Funkanlagen zu errichten und zu betreiben. Gramlich sieht in Art. 143b Abs. 2 Satz 1 GG eine Bekräftigung der Verleihung von Monopolrechten durch einfachgesetzliche Regelungen im Rahmen des Status quo an die Telekom AG[435], während Scherer andeutet, das Fernmeldemonopol könnte kurz vor dessen endgültiger Abschaffung doch noch „verfassungsrechtliche Bedeutung“ erlangt haben[436].

Ob es sich bei der neugefaßten Übergangs- und Schlußbestimmung des Art. 143b Abs. 2 Satz 1 GG tatsächlich um eine verfassungsrechtliche Verleihung von Monopolrechten und damit tatsächlich um die verfassungsrechtliche Fundierung eines Funkanlagenmonopols handelt, ist indes höchst fraglich.

Art. 143b Abs. 2 Satz 1 GG spricht von *bestehenden ausschließlichen* Rechten vor der Umwandlung der Deutschen Bundespost, die dem Nachfolgeunternehmen der DBP TELEKOM durch Bundesgesetz verliehen werden können. Es drängt sich somit die Frage auf, was unter den bisherigen bestehenden Rechten zu verstehen ist.

---

[435] *Gramlich*, NJW 1994, 2785 (2788).

[436] *Scherer*, CR 1994, 418 (420).

Bei den in Art. 143b Abs. 2 Satz 1 GG genannten *Rechten* ist zu differenzieren. Einmal könnte die bisher möglicherweise bestehende *verfassungsrechtliche Normierung* von Monopolrechten gemeint sein, die über die Umwandlung hinweg gelten soll. Zum anderen könnte die Beibehaltung der nur *einfachgesetzlichen* Monopolrechte gemeint sein, ohne daß hierin eine neuentstandene verfassungsrechtliche Verleihung von Monopolen zu sehen ist. Schließlich könnte der Verfassungsgeber eine „Anhebung" eines einfachgesetzlichen Monopols auf Verfassungsebene gewollt haben. Es ist zu untersuchen, welche der drei Möglichkeiten Inhalt der Verfassung ist.

b) Wortbedeutung

Schafft Art. 143b Abs. 2 Satz 1 GG eine *Erweiterung* der bisherigen verfassungsrechtlich initiierten Monopole oder sollte lediglich der *Status quo ante* der bisherigen Verfassungsregelungen beibehalten werden?

Der Wortlaut des Art. 143b Abs. 2 Satz 1 GG als solcher enthält die Formulierung „bestehende" Rechte. Unter „bestehenden" Rechten sind Rechte zu verstehen, die bereits *vorhanden* sind, bereits *existieren*[437]. Die Herkunft und die Bedeutung des Wortes *bestehen* deuten somit auf eine Beibehaltung des Status quo ante hin. Aus dem Rückschluß dieser Erkenntnis ergibt sich, daß Rechte, die vor der Postneuordnung noch nicht vorhanden waren und noch nicht existierten, auch nicht durch Art. 143b Abs. 2 Satz 1 GG neu geschaffen werden sollten. Der Status quo ante sollte lediglich beibehalten werden, weshalb eine Erweiterung des Regelungsumfangs aus der Formulierung des Art. 143b Abs. 2 Satz 1 GG selbst und aus der Interpretation des Wortsinns nicht abzuleiten ist.

c) Stellung der Vorschrift in der Verfassung

Auch die Stellung der Vorschrift in der Verfassung spricht mehr für eine Prolongation der seinerzeit bestehenden Rechtslage als für einen *Auferstehungsartikel*. Die Vorschrift fand in der Verfassung unter einem der letzten Artikel der Übergangs- und Schlußbestimmungen von Kap. XI ihre Aufnahme. Die Geltungsdauer wird in der Vorschrift selbst nicht festgelegt. Daß es sich jedoch um eine Übergangszeit handelt, steht auch nach der amtlichen Begründung außer Frage. Die Übergangszeit steht im Zusammenhang mit § 31 PostG und § 28 FAG (1994), die die Übergangszeit auf den 31. Dezember 1997 beschränken. Auch die Stellung der Vorschrift in der Verfassung spricht nicht dafür, daß in einer Übergangsvorschrift ein *Mehr* von

---

[437] *Drosdowski*, Duden Herkunftswörterbuch (Etymologie) (= Duden, Bd. VII), S. 705; *Müller*, Duden Bedeutungswörterbuch (= Duden, Bd. X), S. 137.

Rechtsbefugnissen im gegenüber der Vergangenheit zugesprochen werden soll, wobei diese Erhöhung ja auch nur von minimaler zeitlicher Spanne wäre. Für eine etwa beabsichtigte verfassungsrechtliche neue Verleihung von neuen Rechten hätte sich logischer- und konsequenterweise Art. 87f GG angeboten, indem man Abs. 1 oder Abs. 2 einen weiteren Satz mit dem Inhalt hätte hinzufügen können, daß ein Telefondienst-, Netz- oder Funkanlagenmonopol verfassungskräftig auf eine bestimmte Institution übertragen werden sollte. An diese Stelle hätte die in Frage stehende Verleihungsbefugnis schon wegen der einheitlichen Behandlung einer Thematik hingehört, wenn durch sie eine vom Status quo ante abweichende Regelung hätte herbeigeführt werden sollen. Die Aufnahme der Verleihung eines Funkanlagenmonopols an eine bestimmte Einrichtung hätte in der Verfassung nach der Systematik bei der Unterteilung *Dienstleistungen* und *Hoheitsaufgaben* in Art. 87f GG als dritte Alternative erwähnt werden müssen. Da erstens dies nicht geschehen ist und zweitens die im folgenden noch aufzuzeigenden Voraussetzungen für *verfassungsrechtliche* Gewährleistungen von Monopolen nicht erfüllt sind, ist davon auszugehen, daß keine Verleihung eines Funkanlagenmonopols auf *Verfassungs*ebene in Art. 143b Abs. 2 Satz 1 GG beabsichtigt und formuliert wurde, sondern daß vielmehr der verfassungsrechtliche Status quo ante für eine Übergangszeit beibehalten werden sollte.

Wie im folgenden aufgezeigt wird[438], beinhaltete der Status quo ante aber gerade kein durch die Verfassung gewährleistetes Funkanlagenmonopol[439]. Damit ist das Funkanlagenmonopol nach wie vor, wie in der Zeit vor der Postneuordnung (1994), (nur) einfachgesetzlich normiert.

---

[438] Teil D, IV.4.d) (S. 115 ff.).

[439] In der Literatur nahezu unstreitig unter der alten Terminologie *Fernmeldemonopol*: *v. Mangoldt/Klein*, GG, 2. Aufl. 1974, Art. 87 Anm. IV 5 c ee; *Thieme*, JZ 1961, 280 (283); *Herrmann*, Fernsehen und Hörfunk in der Bundesrepublik Deutschland, S. 104; *Lerche*, in: *Maunz/Dürig*, GG, Art. 87 Rn. 115; *v. Münch*, in: *ders.*, GG, Art. 73 Rn. 47; *Steiner*, Verkehr und Post, in: *Isensee/P. Kirchhof* (Hrsg.), HStR, Bd. III, S. 1087 (1114 f.); *Biermann*, Die Zulässigkeitsvoraussetzungen staatlicher Monopole im Grundgesetz, Diss. Mainz 1965, S. 152 ff.; *Jockel*, Öffentlich-rechtliche Monopole, Diss. Köln 1968, S. 44 f., 89 ff.; *Arndt*, ArchPF 1970, 3 (4 f., 9); *Badura*, Der Paketdienst der Deutschen Bundespost. Möglichkeiten und Grenzen gesetzgeberischer Maßnahmen zum Schutz des Postdienstes, Jb. DBP 1977, S. 76 (151); *Scherer*, Telekommunikationsrecht und Telekommunikationspolitik, S. 619, 683 ff.; *Lerche*, Das Fernmeldemonopol – öffentlich-rechtlich gesehen, in: *Mestmäcker* (Hrsg.), Kommunikation ohne Monopole, S. 139 (144); *Ossenbühl*, Bestand und Erweiterung des Wirkungskreises der Deutschen Bundespost, S. 29, 74; *A. Hesse*, Die Verfassungsmäßigkeit des Fernmeldemonopols der Deutschen Bundespost, S. 44 ff., 47. — A.A. *Klingler*, ArchPF 1978, 184 (189); *F. Kirchhof*, DVBl. 1984, S. 657 (658); *Püttner*, Die öffentlichen Unternehmen. Verfassungsfragen zur wirtschaftlichen Betätigung der öffentlichen Hand, S. 165.

d) Verfassungsrechtliche Gewährleistung von Monopolen

Die vorbenannte Interpretation wird gestärkt durch einen Blick auf Lehre und Rechtsprechung zum Monopol: Im Zusammenhang mit dem Branntweinmonopol[440], dem Arbeitsvermittlungsmonopol der Bundesanstalt für Arbeitsvermittlung und Arbeitslosenversicherung[441] und dem Versicherungsmonopol öffentlich-rechtlicher Anstalten für Gebäudeversicherung[442] hat sich das Bundesverfassungsgericht mit der Frage beschäftigt, ob bestimmte *Verwaltungsmonopole*[443] durch die Verfassung gewährleistet sind.

Das Bundesverfassungsgericht hat in seiner Entscheidung zum Branntweinmonopol aus den Verfassungsbestimmungen über die Gesetzgebungs-, Ertrags-, und Verwaltungshoheit für Finanzmonopole (Art. 105 Abs. 1, Art. 106, 108 Abs. 1 GG a.F.) die grundsätzliche verfassungsrechtliche Anerkennung und Bestätigung des Bestandes der Finanzmonopole durch das Grundgesetz und damit die grundgesetzliche Billigung ihrer Struktur im großen gefolgert[444]. Mit dieser grundgesetzlichen Anerkennung würden diejenigen Beschränkungen der freien wirtschaftlichen Betätigung der Einzelnen, die sich aus der vom Grundgesetz angetroffenen Struktur der Monopole notwendig ergeben, im Prinzip hingenommen und gebilligt[445]. Aber diese erste Entscheidung zeigt auch, daß die bloße Existenz eines Monopols in der Zeit vor Inkrafttreten des Grundgesetzes im Zusammenhang mit einer grundgesetzlichen Zuständigkeitsnorm für eine verfassungsrechtliche Gewährleistung des Monopols nicht ausreicht. Hinzutreten muß eine in der Verfassung zum Ausdruck kommende Anerkennung und Billigung der Monopolstellung.

In der Entscheidung zur Verfassungsmäßigkeit des landesrechtlichen Gebäudeversicherungsmonopols der Badischen Gebäudeversicherungsanstalt wurde dieser Maßstab noch weiter verschärft. Nicht alle bei Schaffung des Grundgesetzes bestehenden oder überlieferten Monopole waren danach ver-

---

[440] BVerfG, Beschl. vom 22.5.1962, BVerfGE 14, 105.

[441] Die drei sachlich zusammenhängenden Entscheidungen waren: BVerfG, Urt. vom 4.4. 1967, BVerfGE 21, 245 (248 ff.); BVerfG, Urt. vom 4.4.1967, BVerfGE 21, 261 (266 ff.); BVerfG, Urt. vom 4.4.1967, BVerfGE 21, 271 (280 ff.).

[442] BVerfG, Beschl. vom 14.1.1976, BVerfGE 41, 205; s.a. *Obermayer/Steiner*, NJW 1969, 1457; *Fiedler*, DÖV 1977, 390.

[443] Ob es sich aus damaliger Sicht um Verwaltungsmonopole gehandelt hat oder ob es sich aus heutiger Sicht um Monopole zugunsten eines Privaten handelt, ist insofern unerheblich, als es in beiden Fällen prinzipiell nur um die Frage geht, ob das Grundgesetz Monopole grundsätzlich billigt, und wenn ja, welche Voraussetzungen für die Anerkennung und Billigung der Monopolstellung erfüllt sein müssen.

[444] BVerfG, Beschl. vom 22.5.1962, BVerfGE 14, 105 (111).

[445] BVerfG, Beschl. vom 22.5.1962, BVerfGE 14, 105 (111); s.a. *Badura*, Das Verwaltungsmonopol, S. 228 ff., 336 f.

fassungsrechtlich abgesichert[446]. Die „grundsätzliche Anerkennung und die Billigung" der Monopolstrukturen muß vielmehr dem Grundgesetz „zu entnehmen" sein. Das Bundesverfassungsgericht stellte jetzt noch deutlicher auf den Wortlaut der einschlägigen Kompetenznorm ab. Es entnahm die grundsätzliche Anerkennung und Billigung des Monopols der „sich aus Artikel 74 Nr. 11 GG ergebende[n], durch Entstehungsgeschichte und Staatspraxis bestätigte[n] Aufteilung der Gesetzgebungszuständigkeit im Bereich des Versicherungswesens zwischen Bund und Ländern". Eine Aufteilung sei „nur sinnvoll, wenn sie die Befugnis der Länder zur Regelung der Versicherungsmonopole im bisherigen Umfang einschließt"[447].

Auch in dieser Entscheidung wird deutlich, daß die bloße Existenz von Ausschließlichkeitsrechten zugunsten eines Verwaltungsträgers zur Zeit des Inkrafttretens des Grundgesetzes nicht für deren verfassungsrechtliche Gewährleistung reicht. Unverzichtbar ist die ausdrückliche Anerkennung und Bestätigung der vorkonstitutionellen Rechtslage durch das Grundgesetz selbst, wobei Wortlaut, systematischer Zusammenhang und Entstehungsgeschichte der Verfassungsnorm hierfür Indizien liefern können[448].

Die dem Fernmeldeanlagenmonopol am ehesten vergleichbare Situation war das Arbeitsvermittlungsmonopol der Bundesanstalt für Arbeitsvermittlung und Arbeitslosenversicherung, über das das Bundesverfassungsgericht drei sachlich zusammenhängende Entscheidungen traf. Der Sachverhalt stellte sich so dar, daß bei Inkrafttreten des Grundgesetzes schon seit zwanzig Jahren ein Verwaltungsmonopol bestand, das durch das Gesetz für Arbeitsvermittlung und Arbeitslosenversicherung vom 16. Juli 1927[449] initiiert worden war. Der Unterschied zum Branntwein- und Gebäudeversicherungsmonopol bestand darin, daß das Arbeitsvermittlungs*monopol* selbst im Grundgesetz nicht erwähnt war[450], da Art. 87 Abs. 3 Satz 1 GG lediglich die verfassungsrechtliche Grundlage für die Errichtung eines Verwaltungsträgers formuliert hat und damit eine vergleichbare Situation in bezug auf die Bundespost durch Art. 87 Abs. 1 GG a.F. vorlag. Die nähere Ausgestaltung des Verwaltungshandelns übernahmen einfachgesetzliche Regelungen. Da aber die ausdrückliche Anerkennung und Billigung des Monopols auf verfassungsrechtlicher Ebene nicht vorlag, handelt es sich um kein verfassungsrechtlich gewährleistetes Verwaltungsmonopol. Die Folge dieser Erkenntnis ist, daß sich das Monopol unbeschränkt an den Grundrechten messen lassen muß[451].

---

[446] BVerfG, Beschl. vom 14.1.1976, BVerfGE 41, 205 (218).

[447] BVerfG, Beschl. vom 14.1.1976, BVerfGE 41, 205 (223 f.).

[448] BVerfG, Beschl. vom 14.1.1976, BVerfGE 41, 205 (220).

[449] RGBl. I S. 187, i.d.F. vom 3.4.1957, BGBl. I S. 321, zum Zeitpunkt der Entscheidung.

[450] BVerfG, Urt. vom 4.4.1967, BVerfGE 21, 245 (248).

Die vom Bundesverfassungsgericht herausgearbeiteten Voraussetzungen der „grundsätzlichen Anerkennung und Billigung der Strukturen im großen“[452] haben sich für das Funkanlagenmonopol nicht in Art. 73 Nr. 7, Art. 87 Abs. 1 Satz 1 a.F., Art. 87f n.F. und Art. 143b Abs. 2 Satz 1 GG widergespiegelt, deren Wortlaut weder einen Hinweis noch eine Aussage zur Zulässigkeit eines Funkanlagenmonopols enthält. Gerade der neugefaßte Art. 143b Abs. 2 Satz 1 GG spricht wie oben dargestellt nur von *bestehenden* Rechten und enthält deshalb weder Hinweis noch Aussage über die Fundierung eines Monopols durch die Verfassung, weshalb schon aus dem Wortlaut zu entnehmen ist, daß die Initiierung eines Monopols auf Verfassungsebene expressis verbis nicht beabsichtigt war. Diese Grundgesetzregelungen mögen zwar für das Telekommunikationswesen weiterhin die Möglichkeit *einfachgesetzlicher* Regelungen offen lassen, die den aus der DBP TELEKOM hervorgegangenen Unternehmen das ausschließliche Recht vorbehalten, Funkanlagen zu errichten und zu betreiben: eine *verfassungsrechtliche* Gewährleistung dieses Monopols ist jedoch im Grundgesetz nicht enthalten.

Offen steht deshalb zwar die einfachgesetzliche Einrichtung eines Funkanlagenmonopols, dieses ist jedoch von der Geltung der grundrechtlichen Bindung nicht ausgenommen, sondern kann in vollem Umfang am Grundrechtsmaßstab überprüft werden[453]. In diesem Sinn ist auch die Direktrufentscheidung[454] des Bundesverfassungsgerichts zu verstehen. Die Feststellung des Bundesverfassungsgerichts zu Beginn der Begründetheitsprüfung, „von der Bedeutung des Fernmeldemonopols für die Entscheidung der durch die Verfassungsbeschwerden aufgeworfenen Fragen“ werde abgesehen, bezieht sich auf das *einfachgesetzlich* begründete Fernmeldemonopol. Nur so, und nicht nur als Indiz, daß Monopole verfassungsrechtlich nicht selbstverständlich sind[455], ist es zu verstehen, daß das Bundesverfassungsgericht die „Maßstäbe des Grundgesetzes unmittelbar“[456] angewendet hat. Wäre das Fernmeldemonopol *verfassungsrechtlich* gewährleistet, wäre eine Auseinandersetzung mit den Grundrechten nach bisheriger Rechtsprechung ausgeschlossen gewesen, da eine „generelle Grundrechtsimmunität“[457] vorgelegen hätte. Daß das

---

451 BVerfG, Urt. vom 4.4.1967, BVerfGE 21, 245 (248, 249 ff.).

452 Hierzu BVerfG, Beschl. vom 22.5.1962, BVerfGE 14, 105 (111); BVerfG, Beschl. vom 14.1.1976, BVerfGE 41, 205 (218).

453 So auch insbesondere *Ossenbühl*, Bestand und Erweiterung des Wirkungskreises der Deutschen Bundespost, S. 29.

454 BVerfG, Beschl. vom 12.10.1977, BVerfGE 46, 120 (136).

455 So *Witte* (Hrsg.), Bericht der Regierungskommission Fernmeldewesen: Neuordnung der Telekommunikation, S. 33.

456 BVerfG, Beschl. vom 12.10.1977, BVerfGE 46, 120 (136).

457 *Steiner*, Verkehr und Post, in: *Isensee/P. Kirchhof* (Hrsg.), HStR, Bd. III, S. 1087 (1115).

Gericht die Monopolrechtsprechung bei der Entscheidung vor Augen hatte, beweist die ausdrückliche Verweisung auf eben diese[458]. Auch in dieser Entscheidung zeigt sich, daß das Bundesverfassungsgericht nicht von einem durch die Verfassung gewährleisteten Fernmeldemonopol ausgeht.

Auch Art. 143b Abs. 2 Satz 1 GG stellt damit lediglich klar, daß das in § 1 Abs. 2 FAG (1989) normierte, einfachgesetzliche Funkanlagenmonopol auf die Nachfolgeunternehmen der DBP TELEKOM übertragbar ist, was sich letztlich in § 1 Abs. 2 Satz 2 FAG (1994) realisiert hat. Der Status quo ante wurde damit beibehalten, indem das Funkanlagenmonopol durch einfaches Gesetz, das Fernmeldeanlagengesetz, initiiert wurde, ohne daß es durch die Verfassung selbst gewährleistet ist. Es ist demnach in vollem Umfang an den Grundrechten, insbesondere an Art. 5 Abs. 1 GG, zu messen.

Im folgenden kann und muß daher eine Güterabwägung zwischen der Kommunikationsfreiheit und dem Fernmeldewesen vorgenommen werden.

V. Abwägung zwischen den Verfassungspositionen des Rundfunks und des Fernmeldewesens

1. Ausgangspunkt

Ob das Funkanlagenmonopol aus § 1 Abs. 2 Satz 2 FAG zugunsten eines Privaten aufgrund einer verfassungsrechtlichen Höherwertigkeit durch Art. 5 Abs. 2 GG gedeckt ist, muß nun aufgrund des oben (Teil D, III.4.) herausgearbeiteten Lösungsansatzes überprüft werden.

Die Vorschrift des Fernmeldeanlagengesetzes über das ausschließliche Recht, Funkanlagen zu errichten und zu betreiben (§ 1 Abs. 2 Satz 2 FAG), das hier für das Funkanlagenmonopol als Rechtsgrundlage in Betracht kommt, könnte ein „allgemeines Gesetz" im Sinne des Art. 5 Abs. 2 GG sein. Die Klausel der „allgemeinen Gesetze" erfordert ja zunächst nur, daß die beschränkenden Normen einem bestimmten verfassungskonformen Rechtsgut dienen und nicht ohne einen solchen Grund in geschützte Rechte des Artikels 5 Abs. 1 GG eingreifen. Das zu schützende Rechtsgut und der Zweck des gesetzlichen Eingriffs lautet im vorliegenden Fall: flächendeckender[459] und störungsfreier Funk als Infrastrukturaufgabe[460].

---

[458] BVerfG, Beschl. vom 12.10.1977, BVerfGE 46, 120 (136) mit Verweis auf BVerfG, Beschl. vom 22.5.1962, BVerfGE 14, 105 (111); BVerfG, Urt. vom 4.4.1967, BVerfGE 21, 245 (248 f.); BVerfG, Beschl. vom 14.1.1976, BVerfGE 41, 205 (218).

[459] Zu dem entsprechenden Art. 87f Abs. 2 GG oben bei Teil D, IV.2. (S. 108 ff.).

[460] Monopolkommission, Sondergutachten Nr. 9: Die Rolle der Deutschen Bundespost im Fernmeldewesen, S. 25 f.

Zunächst: Die zu untersuchende Vorschrift richtet sich nicht speziell gegen eine bestimmte Meinung als solche, sondern sie dient vielmehr – meinungsneutral – dem Schutz eines schlechthin zu schützenden Rechtsguts, welches als Gemeinschaftswert wiederum einem jeden zugute kommt.

Ob aber dem Rechtsgut „flächendeckender und störungsfreier Funk" als Gemeinschaftsgut genügend Gewicht gegenüber der verfassungsrechtlich gewährleisteten Kommunikationsfreiheit der Rundfunkanstalten und -unternehmen aus Art. 5 Abs. 1 GG zukommt, zu dessen Gunsten eine Beschränkung der Rechte aus Art. 5 Abs. 1 GG zulässig erschiene, ist Gegenstand der folgenden Untersuchung. Die Normierung des Funkanlagenmonopols zum Zwecke des flächendeckenden und störungsfreien Funks müßte einem bedeutenderen Rechtsgut als der Kommunikationsfreiheit dienen[461], oder anders formuliert, das Recht auf Kommunikationsfreiheit müßte zurücktreten, wenn das dem Funkanlagenmonopol zugrundeliegende Rechtsgut als höherrangiges schutzwürdiges Interesse angesehen würde[462], das durch die Inbetriebnahme von rundfunkanstalts- und -unternehmenseigenen Sendern verletzt würde. Insoweit muß eine Güterabwägung zwischen dem zu schützenden Rechtsgut aus dem Funkanlagenmonopol gemäß § 1 Abs. 2 Satz 2 FAG und den Kommunikationsrechten aus Art. 5 Abs. 1 GG stattfinden.

2. Argumente für ein Funkanlagenmonopol

a) „Natürliches Monopol"

Eine der vorgebrachten Begründungen für die rechtliche Normierung eines Funkanlagenmonopols ist die Ansicht, daß es sich bei der Bereitstellung von Dienstleistungen im Telekommunikationssektor um ein „natürliches Monopol" handle. Hierunter versteht man eine Situation, in der auf Dauer lediglich *ein* Unternehmen im Wettbewerb überleben würde, weshalb der Gesetzgeber legitimiert sei, notfalls durch Monopolvergabe, im vorliegenden Fall durch Gewährung eines Monopolrechts zugunsten eines Privaten, regulierend einzugreifen. Die Verminderung der Kosten im Zusammenhang mit der Marktnachfrage könne nur von einem einzigen Anbieter kostendämpfend realisiert werden und nicht von einer größeren Zahl von Unternehmen, die lediglich zu einer Vergeudung von Ressourcen führen würde[463].

---

[461] *Smend*, VVDStRL 4, 44 (52).

[462] St. Rspr. seit BVerfG, Urt. vom 15.1.1958, BVerGE 7, 198 (210 f.).

[463] Monopolkommission, Sondergutachten Nr. 9: Die Rolle der Deutschen Bundespost im Fernmeldewesen, S. 25.

Daß es sich bei dem Betreiben von Sendern nicht um ein „natürliches Monopol" handelt, zeigt sich schon daran, daß – neben hunderten anderen Betreibern von Sendeanlagen – auch die öffentlich-rechtlichen Landesrundfunkanstalten selbst Fernsehen I und die Hörfunkprogramme I–V schon seit Jahren durch eigene Sendeanlagen erfolgreich verbreiten.

Das vorgetragene Argument, im Bereich der Funkdienstleistungen sei ein Wettbewerb und damit ein Verbreiten durch eigene Sendeanlagen nicht funktionsfähig, weshalb durch Monopolrechtsgewährung regulierend zugunsten eines einzigen privaten Anbieters einzugreifen sei, hält nicht stand. Im Bereich der Funkdienstleistungen kann nicht von einem „natürlichen Monopol", unter dem verstärkenden zusätzlichen Hinweis, der Benutzer habe durch das Monopol nur Vorteile, da er alle Leistungen aus einer Hand erhalte und diese durch den Verbundvorteil kostengünstiger seien als bei freiem Wettbewerb, gesprochen werden. Denn die praktischen Erfahrungen führen zu einer gegenteiligen Bewertung: Durch den Senderbetrieb der Telekom AG sind die Programmgestalter eher wirtschaftlichen Gefahren ausgesetzt, als daß sie in den Genuß von Kostenvorteilen kämen. Trotz der Abrechnung mit den öffentlich-rechtlichen Rundfunkanstalten über die VTL für durch die Telekom AG erbrachte Dienstleistungen sind Kostensteigerungen nicht auszuschließen. Hinzuweisen sei hier auf den heftigen Streit zwischen der Deutschen Bundespost und den Rundfunkanstalten Ende der Sechziger Jahre, nachdem die Deutsche Bundespost das Doppelte von dem verlangte, was die Rundfunkanstalten hierfür als kostendeckende Einnahmen ausgerechnet hatten[464]. Ähnlich war die Situation beim Inkasso der Rundfunkgebühren, wo eine deutliche Kostendegression eintrat, als die Rundfunkanstalten den Einzug der Rundfunkgebühren übernahmen[465]. Vielmehr spricht gegen das Argument „natürliches Monopol" und „Vergeudung von Ressourcen"[466], daß der rundfunkeigene Betrieb von Sendeanlagen im Rahmen der *Randnutzung* die Möglichkeit bietet, Anlagen, die nicht voll ausgelastet sind, Dritten zur Verfügung zu stellen und hierdurch wirtschaftliche Gewinne zu erzielen[467].

---

[464] Vgl. *Bausch*, Rundfunkpolitik nach 1945, Zweiter Teil, in: *ders.*, Rundfunk in Deutschland, S. 666 ff.; *Ipsen*, Die Rundfunkgebühr, 2. Aufl. Hamburg 1958, S. 60 ff., 71 ff. Dazu s.o. bei Fn. 97.

[465] *v. Sell*, Ohne die Post. Der neue Gebühreneinzug ab 1976, in: ARD-Jahrbuch 1974, S. 31 ff. S.o. bei Fn. 98.

[466] Monopolkommission, Sondergutachten Nr. 9: Die Rolle der Deutschen Bundespost im Fernmeldewesen, S. 25.

[467] Die Zuständigkeit einer Randnutzung bestätigte das Sechste Rundfunkurteil, BVerfG, Urt. vom 5.2.1991, BVerfGE 83, 238 (244, 303 ff.). Umfassend zu fiskalischen Tätigkeiten *Emmerich/Steiner*, Möglichkeiten und Grenzen der wirtschaftlichen Betätigung der öffentlich-rechtlichen Rundfunkanstalten.

Nach dem oben Ausgeführten kann das Argument, es handle sich bei dem Bereitstellen von Fernmeldediensten um ein „natürliches Monopol“, da auf Dauer nur die Telekom AG wirtschaftlich überleben könne, als Begründung für die rechtliche Ausgestaltung eines Funkanlagenmonopols nicht anerkannt werden.

b) Flächendeckender Funkverkehr

Ein weiteres Argument für das Fernmeldeanlagenmonopol war lange Jahre, daß staatliche Organe eine Versorgungsfunktion wahrzunehmen hätten, nämlich die Errichtung und den Betrieb von Funkanlagen, die der Infrastruktur und damit dem Bereich der staatlichen Daseinsvorsorge zuzuordnen seien[468]. Daseinsvorsorge bedeute ein flächendeckendes Angebot. Dieses umfassende Dienstleistungsangebot könne nur durch entsprechende Befugnisse des Staates sichergestellt werden. Einzelwirtschaftliche Überlegungen müßten zugunsten der flächendeckenden Dienstleistungen zurücktreten. Anderenfalls würden bei dem Betrieb durch Private lediglich die wirtschaftlich interessanten Bereiche mit Dienstleistungen versorgt, während die unrentablen Gebiete der Post überlassen würden. Das würde dazu führen, daß der interne Kostenausgleich gefährdet sei, der die gleichmäßige Versorgung des Bundesgebiets sichere. Demzufolge lautet die über hundertjährige Begründung zu dem Telegraphengesetz von 1892 und dem FAG: „Der durch Post und Telegraphie zu erfüllende Staatszweck kann nur dann völlig erreicht werden, wenn die Hauptmasse des Betriebs ausschließlich dem Staate vorbehalten ist.“[469]

Nach der Privatisierung der DBP TELEKOM und der Einführung der Telekom AG am Kapitalmarkt durch die Postreform II (1994) ist nun auch diese Rechtfertigung des Fernmeldemonopols gegenstandslos geworden. Die Kapitalgesellschaft wird materiell privatisiert und die Hauptmasse des Betriebs wird nunmehr in Zukunft nicht mehr ausschließlich dem Staate vorbehalten sein. Die hoheitliche Aufgabe des Bundes, dafür zu sorgen, daß im Bereich der Telekommunikation flächendeckend angemessene und ausreichende Dienstleistungen erbracht werden, ist jetzt im Art. 87f Abs. 1 GG normiert. Die Gesetzesbegründung stellt hierbei klar, daß staatliche Maßnahmen nur auf die Herstellung einer Grundversorgung abzielen[470]. Wie und mit welchen Mitteln die Grundversorgung nach Art. 87f Abs. 1 GG sichergestellt werden kann, wird dem einfachen Gesetzgeber anheimgestellt. Gemäß dem

---

[468] *A. Hesse*, Die Verfassungsmäßigkeit des Fernmeldemonopols der Deutschen Bundespost, S. 5; Monopolkommission, Sondergutachten Nr. 9: Die Rolle der Deutschen Bundespost im Fernmeldewesen, S. 26.

[469] Zitiert von *Elias*, Fernmelderecht und Netzträgerschaft, in: *Hübner/Elias* u.a., Kabelfernsehprojekte, S. 5 (15).

[470] BR-Drs. 114/94, S. 3.

derzeitigen in- und ausländischen Telekommunikationsrecht scheinen sich hauptsächlich zwei Möglichkeiten anzubieten: einmal die Auferlegung von Dienstleistungspflichten (Universaldienstverpflichtungen), und zum zweiten die Möglichkeit von finanziellen Sammelbecken, z.B. durch die Einrichtung von Telekommunikationsfonds für die Versorgung ländlicher Gebiete (interne Gebühren für die Bereitstellung eines Universaldienstes)[471].

Auf dieser Basis sollen private Wettbewerber entweder durch „Pflichtleistungen" im Zusammenhang mit der beantragten Lizenzvergabe für das eigenständige Senden der Programme dazu angehalten werden können, auch die unrentablen Bereiche neben den lukrativen zu versorgen, oder bei der Vergabe einer Lizenz für telekommunikative Dienstleistungen in wirtschaftlichen Gebieten soll der Antragsteller eine finanzielle Abschöpfungsgebühr in einen Telekommunikationsfonds einzahlen, der zur Grundversorgung unwirtschaftlicher Gebiete verwendet würde. Damit könnte ein flächendeckendes Dienstleistungsangebot sichergestellt werden.

Rundfunkanstalten und -unternehmen wären damit in ihrer wirtschaftlich kalkulierten Organisationsentscheidung frei, das Kostenrisiko eigener Senderanlagen auf sich zu nehmen und diese selbst zu errichten und zu betreiben. Ausschlaggebender Punkt wird bei den Entscheidungen auch wieder die Frage der „Randnutzung" sein. Sollte sich eine Entscheidung für eigene Sendeanlagen als unrentabel erweisen, bleibt weiterhin die Möglichkeit der Vereinbarung über Leistungsbeziehungen mit Dritten. Hier bieten sich nach dem derzeitigen Stand die Sendernetze der ARD und der Telekom AG an. Folge einer Entscheidungsfreiheit zwischen dem Betreiben eigener Senderanlagen und der freien Entscheidung für Vereinbarungen über Leistungsbeziehungen bei einem der vorhandenen Senderanbieter wäre nicht nur, wie oben dargestellt, die Erfüllung der verfassungsrechtlich in Art. 87f Abs. 1 GG festgeschriebenen hoheitlichen Aufgaben, sondern würde einen Wettbewerb zwischen den Senderanbietern schaffen. Das wiederum hätte positive Auswirkungen für Rundfunkanstalten und -unternehmen, da die Preisgestaltung der Anbieter für die Dienstleistung des Sendens von Programmen auf dem freien Wettbewerbsmarkt miteinander konkurrieren könnte. Das Preisniveau der Leistungsbeziehungen zwischen Programmgestaltern und Senderanbietern würde insgesamt sinken.

---

[471] *Scherer*, CR 1994, 418 (422); nunmehr auch die §§ 20–25 des Diskussionsentwurfs für ein Telekommunikationsgesetz (Stand: 31.5.1995). S. hierzu als Parallelbeispiel auf dem Gebiet der Liberalisierung der öffentlichen Sprachtelefondienste die Entschließung des Rates vom 7.2.1994 über die Grundsätze für den Universaldienst im Bereich der Telekommunikation, ABl. C 48/1 vom 16.2.1994, sowie die Erklärung der Kommission bezüglich des Rates über den universellen Dienst im Bereich der Telekommunikation, ABl. C 48/8 vom 16.2.1994.

Zusammenfassend kann damit festgehalten werden, daß der verfassungsrechtliche Auftrag der flächendeckend angemessenen und ausreichenden Dienstleistungen im Telekommunikationsbereich nicht ausschließlich durch ein Funkanlagenmonopol realisiert werden kann und muß. Durch einfachgesetzliche Auferlegung von Dienstleistungspflichten bei Lizenzvergabe für das Errichten und Betreiben eigener Senderanlagen auch in unrentablen Versorgungsgebieten oder durch finanzielle Abgabepflichten in Fonds zugunsten der Versorgung unwirtschaftlicher Gebiete bestünde eine Möglichkeit, eine flächendeckend angemessene Grundversorgung zu gewährleisten. Zusätzlich würde sich das Preisniveau der Senderanbieter an der Entwicklung der Märkte orientieren. Als positiver Nebeneffekt könnten insbesondere die ARD-Rundfunkanstalten, die bereits ein weitgefächertes und leistungsstarkes Sendernetz in der Bundesrepublik besitzen, zusätzliche finanzielle Einnahmen erhalten, was für die öffentlich-rechtlichen Rundfunkanstalten gemessen an den derzeitigen wirtschaftlichen Verhältnissen wünschenswert wäre und letzten Endes den Rundfunkteilnehmern zugutekäme. Das gilt auch, um mit den privaten Rundfunkunternehmen trotz der unwirtschaftlichen Pflicht der „Programmgrundversorgung" auf fairer Basis finanziell konkurrieren zu können[472].

c) Störungsfreier Funkverkehr

Als drittes Argument wurde von Befürwortern eines Funkanlagenmonopols vorgetragen, ein Chaos im Funkverkehr könne nur durch Gewährung eines Monopolrechts für das Errichten und Betreiben von Funkanlagen vermieden werden[473]. Die Sicht des Bundesverfassungsgerichts[474] war hierzu: „Zuteilung und Abgrenzung der Wellenbereiche der Sender, Bestimmung ihrer Standorte und Sendestärken unter funktechnischen Gesichtspunkten, die sogenannte Leitungstechnik, Überwachung des Funkverkehrs, sein Schutz gegen großräumige und örtliche Störungen sowie die Durchführung internationaler Vereinbarungen können nach Lage der Sache nur einheitlich geregelt werden, wenn ein Chaos im Funkverkehr vermieden werden soll."

Dem ist zuzustimmen. Jedoch kann der darüber hinausgehenden Ansicht des Bundesverfassungsgerichts, zum Zwecke eines störungsfreien Funkver-

[472] Zum diametralen Verhältnis von geringem kulturellem Programmstandard und höherer Hörer- und Zuschauerakzeptanz bei den privaten Rundfunkveranstaltern im Gegensatz zu den öffentlich-rechtlichen Rundfunkanstalten mit den daraus resultierenden einschneidenden Konsequenzen bei *Steiner*, Zur Kulturförderung durch den öffentlich-rechtlichen Rundfunk, in: *Baumgärtel/Klingmüller/Becker/Wacke* (Hrsg.), Festschrift für Heinz Hübner, S. 799 (813 f.).

[473] *Peters*, Die Zuständigkeit des Bundes im Rundfunkwesen, S. 55, 57.

[474] BVerfG, Urt. vom 28.2.1961, BVerfGE 12, 205 (230).

kehrs seien deshalb Regelungen zugelassen, in denen ein ausschließliches Recht zugunsten eines einzigen Begünstigten zum Errichten und Betreiben von Funkanlagen für den Rundfunk normiert ist, aus den folgenden Gründen nicht gefolgt werden.

Um die hoheitliche Aufgabe des störungsfreien Funkverkehrs zu gewährleisten, bedarf es nicht eines Fernmeldeanlagenbetriebsmonopols. Vom BMPT[475] wird neben der Verwaltung und Zuteilung der Frequenzen auch die Fernmeldehoheitsverwaltung wahrgenommen, welche z.B. die Genehmigungserteilung zum Errichten und Betreiben von Funkanlagen gem. § 2 FAG beinhaltet. Als Kernbereich[476] der Fernmeldeverwaltung hat der BMPT die Befugnisse der „Ätherpolizei". So ist es nach den Internationalen Fernmeldeverträgen letztlich die Aufgabe des BMPT, die Funkstellen daraufhin zu überwachen, daß diese die Bestimmungen der Vollzugsordnung für den Funkdienst einhalten, um auch die übrigen Mitglieder der IFU vor Funkstörungen zu bewahren[477]. Sendestellen dürfen nach der VO-Funk nur dann errichtet und betrieben werden, wenn sie mit den Bestimmungen der Vollzugsordnung übereinstimmen[478]. Tatsächlich müssen bis zur Genehmigung einer „Funkstelle" im Sinne der VO Funk etliche Verwaltungskontrollen und Verfahren durchlaufen werden. So entscheidet etwa erst nach der Frequenzplanung und der Zuweisung eines Frequenzbereichs[479] und den Verleihungsentscheidungen[480] der BMPT über die fernmelderechtliche Genehmigung zur Verwendung einer Frequenz für einen bestimmten Standort durch eine bestimmte Funkstelle[481].

Auch an dieser Stelle ist darauf hinzuweisen, daß weder aufgrund der nationalen Verwaltungsverfahren noch aus internationalen Gründen ein Monopolbetrieb der Sendeanlagen für Programme der Rundfunkanstalten und -unternehmen geboten ist. Vielmehr ist aufgrund fernmelderechtlicher Genehmigungen zur Sicherung der Fernmeldehoheitsanliegen ein Betrieb von Sendeanlagen durch die Rundfunkanstalten und -unternehmen selbst ebenso gut und sicher. Außerdem gibt es auch tausende andere Sendestellen im täglichen Leben – erwähnt seien etwa Taxifunk, Betriebsfunk, Schiffahrtsfunk, Flughafenfunk, CB- und Mobilfunk u.v.a.m. – die ohne weiteres funktionieren, ohne

---

[475] Art. 87f Abs. 2 Satz 2 GG, § 3 PTRegG.

[476] *Scherer*, IHB 1990/91, S. A 148 (152 ff.).

[477] Art. 35 Abs. 1 FV Nairobi.

[478] Art. 24 Rn. 2020 in § 1 Abs. 1 VO Funk 1982.

[479] Art. 1 Rn. 17 VO Funk 1982.

[480] Art. 1 Rn. 18 VO Funk 1982.

[481] Art. 1 Rn. 19 VO Funk 1982. Die Rundfunk- oder Mediengesetze der Länder regeln für den Einzelfall die rundfunkrechtliche Frequenzplanung und Frequenzfreigabe.

daß das z.T. auch vom Bundesverfassungsgericht[482] erwähnte Chaos im Funkverkehr eingetreten wäre.

Ergebnis: Die Monopolstellung eines Einzelnen im Funkanlagenbereich ist für die Sicherung eines störungsfreien Funkverkehrs nicht erforderlich.

3. Argumente gegen ein Funkanlagenmonopol

a) Technische Unabhängigkeit

Das Bundesverfassungsgericht führte in seinem Sechsten Rundfunkurteil vom 5. Februar 1991[483] aus, daß es mit der Pflicht des Gesetzgebers zur Gewährleistung der erforderlichen technischen, organisatorischen, personellen und finanziellen Voraussetzungen für den öffentlich-rechtlichen Rundfunk „unvereinbar" wäre, „den öffentlich-rechtlichen Rundfunk auf den gegenwärtigen Entwicklungsstand in programmlicher, finanzieller und technischer Hinsicht zu beschränken". Die Unvereinbarkeit vor allem einer Beschränkung in technischer Hinsicht für ein freies Rundfunkwesen gilt aber nicht nur für die öffentlich-rechtlichen Rundfunkanstalten, sondern auch für private Rundfunkunternehmen. Im vorliegenden Entscheidungssatz wurde dies nicht ausdrücklich gesagt, da es hier um die Verpflichtung der Grundversorgung im öffentlich-rechtlichen *binnenpluralistischen Modell* ging und da eben diese Verpflichtung grundsätzlich die öffentlich-rechtlichen Rundfunkanstalten trifft[484].

Diese neuere Entscheidung des Bundesverfassungsgerichts[485] wird sicher nicht überinterpretiert, wenn man in dem ausgesprochenen Verbot einer technischen Beschränkung von Rundfunkanstalten und -unternehmen auch eine Garantie sieht, Sendeanlagen auch im rundfunkeigenen Betrieb zu errichten und zu betreiben. Denn es stellt ganz offensichtlich eine relevante Beschränkung dar, wenn landesrechtliche Rundfunkveranstalter durch ein Bundesgesetz daran gehindert werden, ihre Programme fernmeldetechnisch durch eigene technische Anlagen auszustrahlen und zu verbreiten. Und eben diese Einwirkungsmöglichkeit des Staates soll durch die Garantie eines freien Einsatzes eigener Technik zugunsten eines ungehinderten Rundfunkwesens verhindert werden. Gestärkt werden soll der innerorganisatorische Bereich aller Rundfunkveranstalter, der letztlich auch durch optimierte Technik zu einem unabhängigen Unternehmen beiträgt und damit wiederum Meinungsvielfalt garantiert. Zu erwähnen sei nur die kompaktere effektivere Umsetzung von

[482] BVerfG, Urt. vom 28.2.1961, BVerfGE 12, 205 (230).

[483] BVerfG, Urt. vom 5.2.1991, BVerfGE 83, 238 (298).

[484] Zur technischen Entwicklung für Privatrundfunk s. RfStV 1991 in der Präambel.

[485] BVerfG, Urt. vom 5.2.1991, BVerfGE 83, 238 (298).

know how beim Betreiben eigener Senderanlagen, da der Überblick über technische Möglichkeiten und Notwendigkeiten bei den eigenen technischen Mitarbeitern höher ist. Der technische Fortschritt mit seinen Neuentwicklungen auf dem Gerätemarkt kann vom individuellen Programmanbieter selbst besser abgestimmt werden als durch außenstehende Dritte. Dieses unternehmensnähere Management führt wiederum zu finanziellen Vorteilen, da notwendige Ausgaben und Einsparungen besser kalkuliert werden können. Das alles führt zu einer Stärkung unabhängiger Rundfunkanstalten und -unternehmen, was eben gerade das Bundesverfassungsgericht[486] erreichen wollte. Insoweit ist hierin eine Weiterentwicklung der Rechtsprechung seit dem Ersten Fernsehurteil zu sehen, wo noch die Auffassung vertreten wurde, Veranstalter von Rundfunksendungen müßten nicht selbst über sendetechnische Anlagen verfügen[487].

b) Einflußmöglichkeiten auf den Rundfunk

Der klassische Auftrag des Rundfunks ist seine wesentliche Rolle für die Meinungs- und politische Willensbildung, Unterhaltung, Informationsweitergabe, die über laufende Berichterstattung hinausgeht, und seine kulturelle Verantwortung auf einem europäischen Rundfunkmarkt[488]. Hierbei fordere – so das Bundesverfassungsgericht – die Verfassung eine ausgewogene Informationsdarstellung, in welcher „die Vielfalt der bestehenden Meinungsrichtungen“ als unerläßliche Grundversorgung zum Ausdruck kommt[489]. Vornehmlich hätten diese Aufgaben die öffentlich-rechtlichen Rundfunkanstalten zu erfüllen, und bei Sicherstellung einer derartigen Grundversorgung brauche man an die „Breite des Programmangebots und die Sicherung gleichgewichtiger Vielfalt im privaten Rundfunk nicht gleich hohe Anforderungen zu stellen“[490]. Ein „Grundstandard gleichgewichtiger Vielfalt“, so das Bundesverfassungsgericht, müßte jedoch beim privaten Rundfunk ebenfalls gesichert sein[491]. Ob dieser Grundstandard durch binnenpluralistische oder außenpluralistische Organisation zu erreichen ist, ist verfassungsrechtlich nicht vorgegeben. „Das Grundgesetz gibt keine Modelle für die Rundfunkordnung vor, sondern nur ein Ziel: die Freiheitlichkeit des Rundfunkwesens“[492]. Nur so können sich Auswahl, Inhalt und Gestaltung des Programms nach pluralisti-

---

[486] BVerfG, Urt. vom 5.2.1991, BVerfGE 83, 238.

[487] BVerfG, Urt. vom 28.2.1961, BVerfGE 12, 205 (239).

[488] BVerfG, Urt. vom 4.11.1986, BVerfGE 73, 118 (158).

[489] BVerfG, Urt. vom 4.11.1986, BVerfGE 73, 118 (156).

[490] BVerfG, Urt. vom 4.11.1986, BVerfGE 73, 118 (159).

[491] BVerfG, Urt. vom 4.11.1986, BVerfGE 73, 118 (159 f.).

[492] BVerfG, Urt. vom 5.2.1991, BVerfGE 83, 238 (316).

schen Kriterien ausrichten, was wiederum der gesetzliche Rundfunkauftrag verlangt[493]. Hierbei schützt die Rundfunkfreiheit nicht nur vor unmittelbaren staatlichen Einflüssen auf die Programmgestaltung, sondern ebenso vor mittelbaren Programmeinflüssen[494], da die Repräsentanten des Staates selber in der Gefahr gewähnt werden, die Rundfunkfreiheit ihren eigenen Interessen unterzuordnen[495]. Insoweit verbietet es die verfassungsverbürgte Rundfunkfreiheit selbst, daß der Staat eine Rundfunkanstalt oder -unternehmen in irgendeiner Weise beherrscht — sei es mittelbar oder unmittelbar. So umfaßt der verfassungsrechtliche Schutz nicht nur die unmittelbare Lenkung des Rundfunks, sondern „vielmehr auch die subtileren Mittel indirekter Einwirkung, mit denen sich staatliche Organe Einfluß auf das Programm verschaffen oder Druck auf die im Rundfunk Tätigen ausüben können“[496]. Daß der Staat dererlei Möglichkeiten hat, ist unumstritten, da er den Rundfunk organisiert, konzessioniert, mit Übertragungskapazitäten versieht, beaufsichtigt und teilweise auch für die Finanzierung sorgt. Die damit eröffneten Möglichkeiten einer Einflußnahme auf die Freiheiten der Kommunikationsgrundrechte gilt es soweit wie möglich auszuschalten, um damit bereits im Vorfeld jede sachfremde Erwägung als Druckmittel auszuschließen, die u.a. auch eine Selbstzensur der Programmveranstalter fördern könnte[497].

Wenn schon nach dem Sechsten Rundfunkurteil die Zuordnung von Übertragungskapazitäten an Rundfunkinteressenten durch die Landesregierung trotz des Erfordernisses der Zustimmung des Hauptausschusses des eigenen Landtages eine verfassungswidrige Einflußmöglichkeit darstellt[498], um wieviel mehr als dieser Zuteilungsakt von Institutionen des für die Rundfunkorganisation zuständigen Landes ermöglicht der *Betrieb* der Sendeanlagen durch ein, wie im folgenden dargestellt, bundesgesteuertes Unternehmen die Einflußnahme auf publizistische Tätigkeiten!

Bedenken gegen die rechtliche Ausgestaltung des Fernmeldemonopols sind deshalb besonders stark und evident, da gerade die Monopolregelung in § 1 Abs. 2 Satz 2 FAG den Betrieb von Rundfunksendern in der praktischen Auswirkung einem Unternehmen zuordnet, das derzeit immer noch zentral durch die Bundesexekutive gesteuert wird. Die Deutsche Telekom AG ist zwar ihrer äußeren Rechtsform nach eine privatrechtliche Aktiengesellschaft, im Innenbereich wird sie jedoch weiterhin durch die staatliche Bundesexeku-

---

[493] BVerfG, Urt. vom 22.2.1994, BVerfGE 90, 60 (87).

[494] BVerfG, Urt. vom 4.11.1986, BVerfGE 73, 118 (183); BVerfG, Urt. vom 5.2.1991, 83, 238 (323).

[495] BVerfG, Urt. vom 22.2.1994, BVerfGE 90, 60 (88).

[496] BVerfG, Urt. vom 22.2.1994, BVerfGE 90, 60 (88).

[497] BVerfG, Urt. vom 22.2.1994, BVerfGE 90, 60 (89).

[498] BVerfG, Urt. vom 5.2.1991, BVerfGE 83, 238.

tive gelenkt, so daß sie nicht als staatsfreie Institution gewertet werden kann. Denn die Wahrnehmung der Rechte und Pflichten der aus dem Teilsondervermögen der Deutschen Bundespost hervorgegangenen Aktiengesellschaften ist Aufgabe der Bundesanstalt für Post und Telekommunikation Deutsche Bundespost, § 1 BAPostG. Der Bund ist zunächst hundertprozentiger Anteilseigner der Aktien der Telekom AG (§ 3 Abs. 1 PostUmwG), dessen Inhaberrechte die Bundesanstalt wahrnimmt (§ 9 Abs. 1 BAPostG). Ferner hat sie u.a. die Aufgabe, für die Bundesrepublik Deutschland durch Beratung die Telekom AG zu koordinieren. Die Entwicklung der Telekom AG vollzieht sich in der Organisationsform einer juristischen Person der mittelbaren Staatsverwaltung (§ 1 Abs. 2 BAPostG), die nach der Gesetzesbegründung „den Vorteil breiterer Gestaltungsmöglichkeiten und Integration in das Staatsgefüge durch Bereitstellung von Aufsichtsfunktionen" bietet[499]. Die Bundesanstalt wird von einem zweiköpfigen Vorstand geleitet (§ 4 BAPostG), dem ein Verwaltungsrat mit zehn Mitgliedern zur Seite steht. Hierbei werden vom „Eigentümer" Bund als auch von Arbeitgeber und Arbeitnehmern je drei Vertreter bestellt. Der Vorsitzende wird vom BMPT benannt (§ 5 BAPostG). Bei einem Konfliktfall hat der Ressortminister das Letztentscheidungsrecht (§ 6 Abs. 3 BAPostG). Der damit betraute BMPT ist auch zu zweckmäßigkeitsorientierten Fachaufsichtsmaßnahmen befugt[500] (§ 2 Satz 2 BAPostG).

Demzufolge unterliegt die Bundesanstalt und damit die Telekom AG einer weitgehenden Einflußnahme von Seiten des „Eigentümers" Bund. Die Arbeit der Telekom AG hat sich damit im Rahmen der politischen Richtlinien des Bundeskanzlers und der Beschlüsse der Bundesregierung zu halten, auch was den technischen Betrieb angeht. Gerade hier zeigt sich die Notwendigkeit und der Nutzen, daß Art. 5 Abs. 1 GG nicht lediglich die Programmfreiheit garantiert, sondern eben auch die Verbreitungsfreiheit, also die Unabhängigkeit des technischen Betriebs[501].

Aufgrund des oben erörterten Verfassungsziels, jedwede Einflußnahme des Staates auf die Freiheiten der Kommunikationsgrundrechte bereits im Vorfeld so weit wie eben möglich auszuschalten[502], und eingedenk des Satzes: „Wer den Sender hat, hat den Rundfunk"[503], stellt sich die derzeitige Situation von Monopolrechten der Telekom AG in bezug auf das Recht der Errichtung und

[499] BT-Drs. 12/6718, S. 76.

[500] BT-Drs. 12/6718, S. 77.

[501] Schon seinerzeit *Mallmann*, in: *Zehner*, Fernsehstreit I, S. 234 (261).

[502] BVerfG, Urt. vom 22.2.1994, BVerfGE 90, 60 (88 f.).

[503] *Haensel*, Die Entwicklung der deutschen Rundfunkgesetzgebung, Diss. Marburg 1957, S. 27 ff. mit einer Beschreibung der Rundfunkgeschehnisse am 30.1.1933. Zu dieser korrespondierenden Abhängigkeit vgl. auch *Brack*, Organisation und wirtschaftliche Grundlagen des Hörfunks und des Fernsehens in Deutschland, S. 1, 6 f.

des Betriebs von Sendeanlagen als nicht verfassungsrechtlich gewollt und damit als verfassungsrechtlich bedenklich dar. So könnte z.B. die die Sendeanlagen betreibende Institution dergestalt Programmeinfluß nehmen, daß bei einer mißliebigen ungewollten Rundfunksendung, womöglich in einer politisch kritischen und instabilen Situation, einfach eine *Stromsperre*, ein *Streik* oder lediglich ein *technischer Ausfall* vorgegeben oder initiiert wird mit der Wirkung, daß diese oder jene Rundfunksendung nicht ausgestrahlt werden kann[504].

Aus heutiger Sicht kann die rechtliche Monopolstellung für das Errichten und Betreiben von Rundfunkanlagen der Telekom AG, die intern durch den Bund gesteuert werden kann[505], nicht mehr aufrecht erhalten werden, da nicht zuletzt auch im Siebten Rundfunkurteil[506] ungewöhnlich scharfe Worte gegen jedwede auch mittelbare staatliche Einflußnahme formuliert wurden und im Sechsten Rundfunkurteil[507] sogar schon die an die Zustimmung des Hauptausschusses des Landtages gebundene Entscheidung einer Landesregierung für verfassungswidrig erklärt wurde.

c) Verfassungswidrige Zerlegung des Rundfunkwesens

Wie bereits oben dargestellt, gehört zum Rundfunkauftrag innerhalb der Kommunikationsfreiheitsrechte die Meinungs- und politische Willensbildung, Unterhaltung, umfassende und wahrheitsgemäße Informationsweitergabe und die Wahrnehmung seiner kulturellen Verantwortung auf dem europäischen Rundfunkmarkt[508]. Das freie Bestimmen des Rundfunks selbst, was der Rundfunkauftrag in publizistischer Hinsicht verlangt und wie es professionell umzusetzen ist, ist nur gewährleistet, wenn die Rundfunkanstalten oder -gesellschaften ihre Programme frei gestalten können, ungehindert über die technischen Senderanlagen verfügen können und auch wirtschaftlich weitestgehend unabhängig sind. Die Gesamtheit dieser Bestandteile macht erst die Rundfunkfreiheit im weiteren Sinne aus[509].

Daraus folgt: Jeder Eingriff des Staates in einen Teil der Rundfunkfreiheit zieht auch den anderen Teil in Mitleidenschaft und beeinträchtigt daher die Freiheit im Ganzen.

---

504 *Herrmann*, Rundfunkrecht, S. 191.

505 Siehe oben.

506 BVerfG, Urt. vom 22.2.1994, BVerfGE 90, 60.

507 BVerfG, Urt. vom 5.2.1991, BVerfGE 83, 238.

508 BVerfG, Urt. vom 4.11.1986, BVerfGE 73, 118 (158).

509 So schon *Maunz*, in: *Zehner*, Fernsehstreit I, S. 276 (277) im Hinblick auf die damaligen Verhältnisse.

Die Zerlegung des gesamtheitlichen Rundfunkwesens in seine einzelnen Bestandteile, wobei einige mittelbar oder unmittelbar vom Staat gelenkt würden und andere wiederum von nichtstaatlichen Stellen geführt würden, würde der Rundfunkfreiheit widersprechen und müßte als verfassungswidrig angesehen werden. Damit ist eine freie Verfügung über rundfunkeigene Senderanlagen lediglich ein Gebrauchmachen von der verfassungsrechtlich verbürgten Rundfunkfreiheit[510].

Der Staat hat als Garant einer umfassend zu verstehenden Rundfunkfreiheit[511] die Verpflichtung, daß die Ausübung der Rundfunkfreiheit auch technisch weitestgehend möglich ist. Demzufolge würde er durch Maßnahmen, die das Gegenteil bewirken, die Rundfunkfreiheit verletzen, anstatt sie zu gewährleisten.

Ein Seitenblick auf das Presserecht[512] verdeutlicht, daß es keine Pressefreiheit geben könnte, wenn der Staat Eigentümer sämtlicher Druckereien und Vertriebsunternehmen in der Bundesrepublik Deutschland wäre, und ebenso kann es keine ernsthafte Rundfunkfreiheit geben, solange die durch die Bundesanstalt für Post und Telekommunikation Deutsche Bundespost im Namen des Bundes gesteuerte Telekom AG die technischen Funkanlagen als Monopol betreibt[513]. Letztlich kann sich Rundfunkfreiheit gegenüber staatlicher Einflußnahme nur dann entfalten, wenn sämtliche Bestandteile der Rundfunkfreiheit in der Hand nichtstaatlicher Stellen liegen, einem staatlichem Zugriff entzogen und vor einer Zerlegung in einzelne Bestandteile geschützt sind. Insoweit gebietet es die Rundfunkfreiheit des Grundgesetzes, daß Rundfunkanstalten und -unternehmen eigene Funkanlagen errichten und betreiben dürfen.

d) Länderkompetenz für den Rundfunk

Einige Rundfunkgesetze normieren ausdrücklich für die öffentlich-rechtlichen Rundfunkanstalten die gesetzliche Verpflichtung oder zumindest die gesetzliche Ermächtigung, eigene Senderanlagen zur gleichwertigen Versorgung ihres Sendegebietes zu errichten und zu betreiben, bei anderen ergibt sich zumindest ein Wahlrecht zwischen Eigenbetrieb und Fremdinanspruchnahme aus dem Aufgabenzusammenhang der Rundfunkanstalten[514]. Für die

---

[510] So schon *Maunz*, ebd., S. 276 (277 f.).

[511] BVerfG, Urt. vom 22.2.1994, BVerfGE 90, 60 (88). Zur Funktionsgarantie „Rundfunkfreiheit“ s. *Herrmann*, Rundfunkrecht, S. 193 f.

[512] S.o. Teil D, II.3.b) (S. 87 ff.).

[513] So schon *Maunz*, in: *Zehner*, Fernsehstreit I, S. 276 (278) im Hinblick auf die damaligen Verhältnisse.

[514] S.o. Teil B, II.2. (S. 31 f.).

privaten Rundfunkunternehmen findet sich weder in den Landesmediengesetzen noch im RfStV 1991 eine normierte Aussage über die Verbreitung der eigenen Programme, jedoch ergibt sie sich aus dem Geschäftszweck einer jeden Rundfunkgesellschaft, der eine Verbreitung naturnotwendig beinhaltet. Ein – auch von Art. 5 GG gestütztes – Wahlrecht zwischen Eigenerrichtung und Betrieb von eigenen Senderanlagen oder der Benutzung derjenigen der Telekom AG besteht damit auch für private Gesellschaften[515].

Daß diese Landesrundfunk- und Mediengesetze den Eigenbetrieb von Sendeanlagen anordnen oder zumindest den Veranstaltern freistellen, verstößt nicht gegen Art. 73 Nr. 7 GG. Das Wahlrecht oder die Erfüllung der gesetzlichen Aufgaben, eigene Funkanlagen zu errichten und zu betreiben, gehört zu den Organisationsentscheidungen oder Selbstverwaltungsentscheidungen eines jeden Programmveranstalters und unterfällt mit deren rechtlicher Ausgestaltung, speziell bei den öffentlich-rechtlichen Landesrundfunkanstalten, der Länderkompetenz. Denn gerade die gesetzliche Antwort auf die Frage, welche fernmeldetechnischen Wege eine Anstalt zur Verbreitung ihrer Programme zur Abstrahlung nutzen möchte und wie sie ihre Aufgabe am effektivsten erfüllen möchte, gehört zur Zuständigkeit des Muttergemeinwesens der entsprechenden Anstalt — bei den Landesrundfunkanstalten damit zur Zuständigkeit des betreffenden Landes oder Länder. Verdeutlicht wird dies durch einen Blick auf benachbarte Tatbestände, wie z.B. die Landespolizeibehörden, Gemeindefeuerwehren oder das Außenministerium. Selbstverständlich entscheidet hier der Organisationsträger selbst, ob er eigene Funkanlagen betreiben will oder ob er es für zweckmäßiger hält, Anlagen Dritter zu gebrauchen[516].

e) Auslandsbezüge

aa) Internationale Fernmeldeverträge

Wie bereits oben mehrfach betont[517], ist die Bundesrepublik Deutschland nicht durch internationale Verträge verpflichtet, Funkanlagen im Rundfunkwesen allein über ein Sendermonopol zu betreiben. Es trifft sie nur insoweit eine Verpflichtung, als sie dafür Sorge zu tragen hat, daß sämtliche Funkstellen so eingerichtet und betrieben werden, daß jegliche Störungen gegenüber dem Ausland ausgeschlossen sind. Die als Anhang zum Internationalen Fernmeldevertrag vereinbarte VO Funk sieht hierfür als rechtliches Durchset-

[515] S.o. Teil B, III.2. (S. 41 ff.).

[516] *Herrmann*, Fernsehen und Hörfunk in der Verfassung der Bundesrepublik Deutschland, S. 284 f.

[517] Teil C. II.1. (S. 54 ff.), und Teil D, V.2.c) (S. 123 ff.).

zungsmittel nicht etwa den staatlichen Betrieb von Funkstellen vor, sondern die schlichte *Genehmigung*. Insofern wird in den Internationalen Fernmeldeverträgen eher von einem freien Funkanlagenwettbewerb ausgegangen; keinesfalls wird durch dieses Dokument die Bundesrepublik Deutschland dazu gezwungen, ein Funkanlagenmonopol zu normieren.

bb) Artikel 10 MRK

Noch „freiheitlicher" ist das Bild des Art. 10 MRK. Die „Konvention zum Schutze der Menschenrechte und Grundfreiheiten" vom 4. November 1950 ist gemäß Artikel II Bundesgesetz vom 7. August 1952 mit Gesetzeskraft veröffentlicht worden[518] und hat anerkannt den Rang einfachen Bundesrechts[519]. Durch dieses Abkommen hat die Bundesrepublik Deutschland den in der Bundesrepublik lebenden Menschen die in Abschnitt I der Europäischen Menschenrechtskonvention niedergelegten Rechte und Freiheiten zugesichert. In Art. 10 MRK heißt es:

> „(1) Jeder hat Anspruch auf freie Meinungsäußerung. Dieses Recht schließt die Freiheit der Meinung und die Freiheit zum Empfang und zur Mitteilung von Nachrichten oder Ideen ohne Eingriffe öffentlicher Behörden und ohne Rücksicht auf Landesgrenzen ein. Dieser Artikel schließt nicht aus, daß die Staaten Rundfunk-, Lichtspiel- oder Fernsehunternehmen einem Genehmigungsverfahren unterwerfen.
>
> (2) Da die Ausübung dieser Freiheiten Pflichten und Verantwortung mit sich bringt, kann sie bestimmten, vom Gesetz vorgesehenen Formvorschriften, Bedingungen, Einschränkungen oder Strafdrohungen unterworfen werden, wie sie vom Gesetz vorgeschrieben und in einer demokratischen Gesellschaft im Interesse der nationalen Sicherheit, der territorialen Unversehrtheit oder der öffentlichen Sicherheit, der Aufrechterhaltung der Ordnung und der Verbrechensverhütung, des Schutzes der Gesundheit und der Moral, des Schutzes des guten Rufes oder der Rechte anderer, um die Verbreitung von vertraulichen Nachrichten zu verhindern oder das Ansehen und die Unparteilichkeit der Rechtsprechung zu gewährleisten, unentbehrlich sind."

Art. 10 MRK schützt die Kommunikationsfreiheit eines jeden, auch der Rundfunkveranstalter. Anderenfalls wäre es nicht zu erklären, daß in Art. 10 Abs. 1 Satz 3 MRK normiert wird, daß Rundfunk- und Fernsehunternehmen einem „Genehmigungsverfahren" unterworfen werden können. Würde Art. 10 Abs. 1 Sätze 1 und 2 MRK die Rundfunkfreiheit nicht mitumfassen, dann wäre die auf diese Freiheitsregelung bezogene Erwähnung eines Genehmigungsverfahrens für diese Unternehmen unsinnig. Damit gilt die in Art. 10

---

[518] BGBl. 1952 II S. 685.

[519] BVerfG, Beschl. vom 26.3.1987, BVerfGE 74, 358 (370); BVerfG, Beschl. vom 15.12.1965, BVerfGE 19, 342 (347); BVerfG, Beschl. vom 19.6.1967, BVerfGE 22, 254 (265); BVerfG, Beschl. vom 15.4.1969, BVerfGE 25, 327 (331); BVerfG, Beschl. vom 16.5.1973, BVerfGE 35, 311 (320).

MRK getroffene Regelung der Rundfunkfreiheit in der Bundesrepublik Deutschland mit der Geltungskraft eines Bundesgesetzes.

Der Anspruch auf freie Meinungsäußerung gemäß Art. 10 Abs. 1 MRK schließt die Freiheit zur Mitteilung von Nachrichten ein. Die Mitteilung von Nachrichten im Rundfunkwesen geschieht naturgemäß über technische Sendeanlagen mittels Funkwellen. Damit haben die Rundfunkanstalten und -unternehmen auch über Art. 10 MRK das Freiheitsrecht, eigene Senderanlagen zu errichten und zu betreiben. Diese Freiheitsrecht ist „ohne Eingriffe öffentlicher Behörden" gewährleistet[520] und kann lediglich einem Genehmigungsverfahren unterworfen werden. Ein Blick ins Ausland bestätigt die Vielzahl von Sendeanlagen, die durch die Rundfunkanstalten selbst betrieben werden[521]. Das Betreiben sendetechnischer Anlagen in der Bundesrepublik Deutschland durch einen Monopolbetrieb gemäß § 1 Abs. 2 Satz 2 FAG[522], der staatlichen Einflüssen ausgesetzt ist und rein praktisch die Errichtung und den Betrieb eigener Sendeanlagen ausschließt, geht über die Genehmigungsvorbehalte hinaus und ist durch Art. 10 MRK nicht nur nicht gewollt, sondern muß als Eingriff staatlicher Gewalt bewertet werden und ist damit konventionswidrig[523].

4. Verhältnismäßigkeit im weiteren Sinne

a) Grundsätze staatlicher Abwägungsprozesse

Nach der Darstellung der beiderseitigen Pro's und Kontra's ist für die endgültige Entscheidung im Prozeß einer verfassungsrechtlichen Güterabwägung nun der Grundsatz der Verhältnismäßigkeit im weiteren Sinne in die Prüfung einzubeziehen. Die Freiheit des Einzelnen und die Ordnung des Ganzen in Einklang zu bringen, trotz der dabei bestehenden divergierenden Individual- und Gemeinschaftsinteressen, ist die Aufgabe des Gesetzgebers, wie sie sich schon aus der Formulierung der Schrankenvorbehalte ergibt. Der Gesetzgeber hat hinsichtlich des Grades einer Freiheitseinschränkung bestimmte Grenzen zu beachten, auch wenn die Beschränkungen einem legitimen Zweck dienen. Als Begrenzung einer solchen Freiheitsbeeinträchtigung hat sich das Verhältnismäßigkeitsprinzip im weiteren Sinne herausgebildet[524].

---

[520] Es kann nur unter ganz bestimmten, für die demokratische Gesellschaft unentbehrlichen Voraussetzungen Formvorschriften, Bedingungen, Einschränkungen oder Strafandrohungen unterworfen werden. Die in Art. 10 Abs. 2 MRK genannten Voraussetzungen liegen hier jedoch nicht vor, und zwar aus den bisher erörterten Gründen.

[521] Siehe die Beispiele rundfunkeigener Senderanlagen in Teil B, II.3.c) (S. 34).

[522] Mit Ausnahme der Hörfunkprogramme I–V und für das Fernsehprogramm I.

[523] *Herrmann*, Rundfunkrecht, S. 205 f., 675 f.

[524] Z.B. *Herzog*, in: *Maunz/Dürig*, GG, Art. 20, Absch. VII Rn. 71 ff.; *Starck*, in:

Das Verhältnismäßigkeitsprinzip im weiteren Sinne unterteilt sich in drei Teilgrundsätze:

- die Geeignetheit des vom Gesetzgeber eingesetzten Mittels zur Erreichung des angestrebten Zwecks;
- die Erforderlichkeit als Postulat, unter mehreren gleichermaßen geeigneten Mitteln das die Freiheit des Einzelnen am wenigsten belastende zu wählen; und zuletzt
- die Verhältnismäßigkeit im eigentlichen Sinne, wonach es zwischen dem Zweck der Freiheitsbeschränkung einerseits und der Bedeutung und Tragweite des betroffenen Grundrechts andererseits mit dem Ziel abzuwägen gilt, eine übermäßige Freiheitsbeeinträchtigung zu vermeiden[525].

Die Grenze zulässiger Beschränkung nach dem Verhältnismäßigkeitsprinzip im weiteren Sinne ergibt sich aus der Abwägung zwischen verschiedenen Rechtsgütern, wobei es um die Wechselbeziehung von zwei verschiedenen, im Grundgesetz systematisch getrennten Regelungsmaterien geht. Auf der einen Seite gewährleisten die grundrechtsverbürgten Freiheitsrechte die Freiheit des Einzelnen, auf der anderen Seite haben Regelungen des Grundgesetzes die Ordnung des gesamten staatlichen Gemeinwesens zum Gegenstand, wobei die Strukturprinzipien des Art. 20 GG, die nach Art. 28 GG auch für die Länder gelten, besonders hervorzuheben sind[526]. Wie bereits oben dargestellt[527], bestimmt das jeweilige Gesetzgebungsorgan des Bundes oder der Länder, zu welchem nach Artikel 20 Abs. 3 GG zulässigen Zweck es tätig wird[528] und in welcher Weise es dabei Individual- und Gemeinschaftsgüter zum Ausgleich bringen will. Hier liegt der Ansatzpunkt des Verhältnismäßigkeitsprinzips im weiteren Sinne als Kontrollmechanismus zur Überprüfung der Verhältnismäßigkeit des jeweils vom Staat vorgenommenen Abwägungsprozesses. Es sollen hierbei Sachnähe[529], Rationalität[530] und Effektivität durch die Grundsätze der Geeignetheit und Erforderlichkeit garantiert werden. Die Nachvollziehbarkeit und inhaltliche Richtigkeit der Abwägung aufgrund der normativen Kriterien des Grundgesetzes[531] soll der Grundsatz der Verhältnis-

---

v. Mangoldt/Klein, GG, Art. 1 Rn. 178 ff.; *v. Münch*, in: *ders.*, GG, Rn. 55 vor Art. 1–19; *Bäumlin/Ridder*, in: AK-GG, Art. 20, Absch. III Rn. 64 ff.

525 BVerfG, Beschl. vom 1.8.1978, BVerfGE 49, 24 (58); *Hirschberg*, Der Grundsatz der Verhältnismäßigkeit, S. 2.

526 *Wolf*, Medienfreiheit und Medienunternehmen, S. 65 ff., 247; *Forsthoff*, Der Verfassungsschutz der Zeitungspresse, S. 15.

527 Teil D, III.4. (S. 104 ff.), und IV. (S. 107 ff.).

528 *Badura*, Staatsrecht, S. 397 f.

529 *Wendt*, AöR 1979, 414 (423, 449).

530 *Hirschberg*, Der Grundsatz der Verhältnismäßigkeit, S. 59.

531 *Wendt*, AöR 1979, 414 (455 f.).

mäßigkeit im eigentlichen Sinne gewährleisten. Durch die Anwendung des Verhältnismäßigkeitsprinzips im weiteren Sinne ist demnach die Güterabwägung zwischen Freiheitsausübungen Einzelner und Gemeinschaftsinteressen zu erreichen.

b) Geeignetheit

Zunächst muß die gesetzgeberische Maßnahme geeignet sein, um das angestrebte Ziel zu erreichen.

Das Funkanlagenmonopol verfolgt den Zweck, leistungsstarke Funkanlagen bereitzustellen, die flächendeckend und störungsfrei die Programme der jeweiligen Anbieter ausstrahlen können. Bei einem Monopolbetrieb von Fernmeldeanlagen durch eine zentrale, gar staatliche Fernmeldeverwaltung mit qualifizierter Mitarbeiterschaft können flächendeckende Versorgung und Störungsfreiheit sachgerecht gewährleistet werden. Unter Zugrundelegung dieser Maßstäbe besteht kein Zweifel daran, daß das Funkanlagenmonopol gemäß § 1 Abs. 2 Satz 2 FAG geeignet ist, dieses Ziel zu erreichen. Reicht es doch für die Anforderungen der Geeignetheit, daß ein kausaler Zusammenhang zwischen Maßnahme und Erfolg liegt, wobei sich mit dem Mittel des Funkanlagenmonopols alle Ziele innerhalb des Funkwesens erreichen lassen. Die gesetzlichen Maßnahmen sind daher geeignet.

c) Erforderlichkeit

Das Gebot der Erforderlichkeit des Mittels besagt, daß eine Maßnahme unzulässig ist, wenn der mit ihr erstrebte Erfolg mit einem den Einzelnen weniger belastenden Mittel genauso gut erreicht werden kann. Die mit dem Funkanlagenmonopol verfolgten Ziele müssen hierzu nun im einzelnen erörtert werden.

aa) Störungsfreier Funk

Zur Vermeidung eines „Wellenchaos" und einer „Anarchie der Sendeanstalten"[532] dient das Funkanlagenmonopol der Störungsfreiheit im Funkverkehr. Das gesamte Rundfunkwesen könnte auch fernmeldetechnisch gefährdet werden, wenn einzelne Sendergruppen, die über Sendeverbreitungsmittel verfügen, ohne bestimmte Frequenzen einzuhalten und Funkdisziplin zu wahren, „wild" ihre technischen Funkmöglichkeiten gebrauchen und ausnutzen würden. Das Funkanlagenmonopol würde so gesehen die Störungsfreiheit des Funks sichern.

---

[532] *Peters*, Die Zuständigkeit des Bundes im Rundfunkwesen, S. 55, 57.

Wie bereits erwähnt, hat sich das Bundesverfassungsgericht in mehreren Entscheidungen mit Monopolen befaßt. So z.B. mit dem Branntweinmonopol[533], dem Arbeitsvermittlungsmonopol der Bundesanstalt für Arbeitsvermittlung und Arbeitslosenversicherung[534] und dem Versicherungsmonopol öffentlicher Anstalten für Gebäudeversicherung[535].

In seinem Urteil vom 4. April 1967 hat das Bundesverfassungsgericht zum Arbeitsvermittlungsmonopol der Bundesanstalt für Arbeitsvermittlung und Arbeitslosenversicherung judiziert, daß gemäß dem allgemeingültigen Subsidiaritätsprinzip ein Monopol als objektives Hindernis für den Bürger nur unter folgenden Voraussetzungen Bestand haben könne: Das Monopol müsse den Schutz besonders wichtiger Gemeinschaftsgüter bezwecken, die Gefahr für das Gemeinschaftsgut müsse schwer sowie nachweisbar oder höchstwahrscheinlich sein und das Monopol müsse als Mittel der Gefahrenabwehr unentbehrlich sein[536]. Störungsfreier Funk ist ohne Zweifel ein besonders wichtiges Gemeinschaftsgut. Die Störung des Funkverkehrs wäre für das Gemeinschaftsgut eine schwere Gefahr. Daß diese nachweisbar oder höchstwahrscheinlich eintritt, kann jedoch nicht prognostiziert werden.

Unabhängig hiervon ist jedoch das Funkanlagenmonopol als Mittel der Gefahrenabwehr nicht unentbehrlich. Es verstößt damit gegen das Übermaßverbot. Denn, soweit zum Schutze von schutzwürdigen Interessen eine staatliche Aufsicht oder ein Genehmigungsvorbehalt ausreicht, ist die rechtliche Regulierung an Hand eines Monopolrechts verfassungsrechtlich unzulässig[537].

Da in der Praxis Tausende von Funkanlagen störungsfrei von Privaten betrieben werden, z.B. in Flugzeugen, Schiffen, Taxis, oder von Amateurfunkern, Mobilfunkern u.v.a.m. – und letztendlich auch etliche Rundfunksenderanlagen –, ist ein Genehmigungsvorbehalt völlig ausreichend, verbunden mit einer staatlichen Aufsicht, die notfalls die fernmelderechtliche Sendegenehmigung entziehen kann. Das Ziel eines *störungsfreien Funkverkehrs* kann also nicht das Funkanlagenmonopol als „erforderlich" rechtfertigen. Aus diesem Grund wäre das Monopol unter diesem Aspekt als verfassungswidrig anzusehen.

---

[533] BVerfG, Beschl. vom 22.5.1962, BVerfGE 14, 105.

[534] BVerfG, Urt. vom 4.4.1967, BVerfGE 21, 245; BVerfG, Urt. vom 4.4.1967, BVerfGE 21, 261; BVerfG, Urt. vom 4.4.1967, BVerfGE 21, 271.

[535] BVerfG, Beschl. vom 14.1.1976, BVerfGE 41, 205.

[536] BVerfG, Urt. vom 4.4.1967, BVerfGE 21, 245 (251).

[537] *Jarass*, Neuordnung des Rundfunks, Gutachten 56. DJT Berlin 1986, S. G 30 f.; *Maunz*, BayVBl. 1991, 545 (545 f.); *Herrmann*, Fernsehen und Hörfunk in der Verfassung der Bundesrepublik Deutschland, S. 336 ff.

bb) Flächendeckender Funkverkehr

Zu überprüfen bleibt die Aufgabe der flächendeckend angemessenen und ausreichenden Dienstleistungen in bezug auf den Funkverkehr. Das Funkanlagenmonopol soll verhindern, daß private Wettbewerber in den wirtschaftlich interessanten Gebieten den „Rahm abschöpfen“[538] oder anders ausgedrückt, „die Rosinen herauspicken“ und der Telekom AG die unrentablen Gebiete überlassen. Ob dieses Resultat auch durch ein milderes Mittel vermieden werden kann, ist nach dem derzeitigen Stand in der bundesdeutschen Rechtsprechung nicht eindeutig und hundertprozentig festzustellen. Die Auferlegung von „Pflichtleistungen“ in ländlichen Gebieten im Zusammenhang mit einer beantragten Lizenzvergabe, etwa durch Auflagen, ist in seiner rechtlichen Zulässigkeit nicht geklärt. Zu denken wäre z.B. auch an eine Erfüllung der „Pflichtleistung“ in ländlichen Gebieten durch die Inanspruchnahme der vorhandenen und ausreichenden Sender der Telekom AG oder der ARD-Rundfunkanstalten. Die Entrichtung von Abschöpfungsgebühren in einen Telekommunikationsfonds von Betreibern lukrativer Bereiche zur Unterstützung wirtschaftlich unrentabler Gebiete ist denkbar, Erfahrungen mit diesem Instrument liegen jedoch derzeit nicht vor. Ob eine derartige Sonderabgabe rechtlich zulässig ist, ist ebenfalls noch nicht geklärt. So müssen nach bereits ergangener Rechtsprechung des Bundesverfassungsgerichts[539] Abgaben, die nicht als Steuern erhoben werden, Ausnahmecharakter haben und im Interesse der Abgabenpflichtigen verwendet werden. Das ist bei der Einzahlung in einen Telekommunikationsfonds nicht der Fall, da mit diesen Mitteln ein Ausgleich der Verpflichteten für das Erbringen der Universaldienstleistung gewährt wird und damit mittelbar die unrentablen Gebiete unterstützt werden sollen, die von Abgabenpflichtigen gerade nicht betreut werden. Käme man somit unter der Voraussetzung, daß man nur ein hundertprozentig ausgereiftes, nach deutschem Recht unantastbares Alternativmodell akzeptiert, zu dem Ergebnis, daß derzeit kein milderes Mittel zu Wahrnehmung des flächendeckenden Funkverkehrs zur Verfügung steht, dann müßte man die Erforderlichkeit des Funkanlagenmonopols insoweit bejahen.

d) Verhältnismäßigkeit im eigentlichen Sinne

Bei der Verhältnismäßigkeit im eigentlichen Sinne gilt es zwischen dem Zweck der Freiheitsbeschränkung einerseits und der Bedeutung und Tragweite des betroffenen Grundrechts andererseits abzuwägen. Ziel hierbei ist die

---

[538] Cream skimming.

[539] BVerfG, Urt. vom 10.12.1980, BVerfGE 55, 274 (Ls. 3c und 4).

Vermeidung einer übermäßigen Freiheitsbeeinträchtigung[540]. Mit anderen Worten und speziell vom Bundesverfassungsgericht auf die Auslegung der Schrankengesetze in Art. 5 Abs. 2 GG ausgerichtet bedeutet dies, das Recht zur freien Meinungsäußerung müsse zurücktreten, wenn höherrangige schutzwürdige Interessen eines anderen durch die Betätigung der Kommunikationsfreiheiten[541] verletzt würden[542]. Die allgemeinen Gesetze müßten in ihrer das Grundgesetz beschränkenden Wirkung wiederum ihrerseits im Lichte der Bedeutung der Grundrechte aus Art. 5 Abs. 1 GG gesehen werden. Eine Interpretation der allgemeinen Gesetze habe dahingehend zu erfolgen, daß der besondere Wertgehalt des Grundrechts auf jeden Fall gewahrt bleibe. Die allgemeinen Gesetze seien so auszulegen, daß sie in ihrer das Grundrecht begrenzenden Wirkung ihrerseits wiederum mit Hinblick auf die Bedeutung des Grundrechts eingeschränkt würden[543].

Ob die flächendeckende Funkversorgung ein höherrangiges schutzwürdiges Interesse und damit ein überragend wichtiges Gemeinschaftsgut ist, ist fraglich. Maßstäbe und Richtlinien hierfür fehlen, und einen allgemeinen Konsens bezüglich eines absoluten Ranges[544] des Gemeinschaftsgutes, wobei sich eine rechtliche Überprüfung erübrigen würde, gibt es nicht. Demnach kommt hier ein Ermessen des Staates in Betracht, nach seinen Vorstellungen gewisse Belange als wichtiges Gemeinschaftsgut zu benennen.

Da hier eine offensichtliche Fehlbewertung des Staates im Hinblick auf den Gemeinschaftswert nicht ersichtlich ist, muß damit bei der weiteren Prüfung der Wert der flächendeckenden Funkversorgung im Verhältnis zur Beeinträchtigung der Kommunikationsfreiheiten festgestellt werden.

Der Interessenabwägung muß zugrundegelegt werden, daß nicht jedwedes wirtschaftliche Stadt-Land-Gefälle ein Monopol rechtfertigen kann. Ein regulierender staatlicher Eingriff durch die Gewährung eines Monopolrechts kommt erst in Betracht, wenn die Versorgung ländlicher Gebiete nicht mehr möglich ist. Würden also die Errichtungs- und Betreiberkosten in ländlichen Gebieten so hoch liegen, daß die Versorgung mit Funk für den Betreiber schlichtweg den wirtschaftlichen Ruin bedeuten würde und deshalb die Dienstleistungen überhaupt nicht angeboten werden könnten, dann wäre ein Funkanlagenmonopol zumutbar.

---

[540] BVerfG, Beschl. vom 1.8.1978, BVerfGE 49, 24 (58).

[541] Hierunter fällt, wie oben in Teil D, II. (S. 68 ff.) dargestellt, auch das Recht der Programmverbreitung durch eigene Senderanlagen.

[542] Ständige Rechtsprechung seit BVerfG, Urt. vom 15.1.1958, BVerfGE 7, 198 (210 f.).

[543] St. Rspr. seit BVerfG, Urt. vom 15.1.1958, BVerfGE 7, 198 (210 f.); z.B. auch BVerfG, Beschl. vom 10.5.1983, BVerfGE 64, 108 (115 f.).

[544] Wie z.B. bei der Volksgesundheit und Volksernährung (BVerfG, Beschl. vom 18.12. 1968, BVerfGE 25, 1 [16]) und der Verhinderung von Arbeitslosigkeit (BVerfG, Urt. vom 4.4.1967, BVerfGE 21, 245 [251]).

Die entscheidende Frage lautet folglich, ob ohne das Funkanlagenmonopol die Versorgung mit flächendeckend angemessenen und ausreichenden Funkdienstleistungen gefährdet ist. Die Gesetzesbegründung zu Art. 87f Abs. 1 GG erklärt hierzu, daß staatliche Maßnahmen nur auf die Herstellung einer Grundversorgung im Sinne einer Funkversorgung abzielen[545]. Damit kommt, auch schon über den Verfassungstext selbst, unmißverständlich zum Ausdruck, daß der Empfang nicht jeder Rundfunkveranstaltung zu gewährleisten ist. Mit anderen Worten: Nicht jedes Programm muß überall zu empfangen sein. Damit ist nicht jede Rundfunkveranstaltung so wichtig, daß man für ihren Empfang sämtlichen Rundfunkanstalten und -unternehmen das Errichten und Betreiben eigener Senderanlagen verwehren darf.

Als unentbehrlich für die Versorgung der Bevölkerung mit Rundfunkveranstaltungen müssen die Programme der öffentlich-rechtlichen Anstalten als Grundversorgung im Sinne einer flächendeckenden Funkversorgung angesehen werden. Ihre flächendeckende Versorgung ist hingegen auch ohne Funkanlagenmonopol eines unter bundesstaatlicher Einflußnahme stehenden Unternehmens gesichert. Für die Verbreitung der Hörfunkprogramme und der Fernsehen I-Programme der ARD-Landesrundfunkanstalten betreiben diese Anstalten ihre Programme über eigene Sender flächendeckend. Auch die übrigen öffentlich-rechtlichen Programme, Fernsehen II und III, müssen aufgrund der Lehre von der Grundversorgung flächendeckend verbreitet werden. Die Rundfunkanstalten haben von Gesetzes wegen ein Wahlrecht, ob sie hierfür eigene Senderanlagen betreiben wollen oder die technischen Anlagen Dritter, in der Praxis die der Telekom AG, in Anspruch nehmen wollen. Ein Wahlrecht, ob sie ländliche Gebiete auch mit ihren Programmen versorgen wollen, haben sie nicht. Damit müssen die öffentlich-rechtlichen Rundfunkanstalten dafür Sorge tragen, daß ihre Programme flächendeckend empfangen werden können, was voraussetzt, daß sie dafür sorgen, daß ein flächendeckender Funkverkehr gewährleistet ist — sei es über eigene Senderanlagen, sei es über sendetechnische Anlagen Dritter. Die Versorgung mit angemessenen und ausreichenden Funkdienstleistungen in Form von Rundfunkversorgung der öffentlich-rechtlichen Anstalten ist damit gesichert.

Das Funkanlagenmonopol dient damit hauptsächlich der Übertragung zusätzlicher Rundfunkprogramme. Da heute überall die Fernseh- und Hörfunkprogramme der öffentlich-rechtlichen Rundfunkanstalten empfangen werden können und die Möglichkeit dieses Empfangs rechtlich gesichert ist, entspricht die Möglichkeit, aus einer wesentlich erweiterten Programmvielfalt wählen zu können, nicht der Verbreitungsgrundversorgung, wie sie gemäß Art. 87f Abs. 1 GG durch flächendeckenden Funkverkehr gewährleistet werden soll.

---

[545] BR-Drs. 114/94, S. 3.

Darüber hinaus muß festgestellt werden, daß private Rundfunkunternehmen ihre Programme neben der Satellitenausstrahlung auch über terrestrische Sender über das gesamte Bundesgebiet verbreiten. Es ist nicht zu erwarten, daß sie bei Aufhebung des Funkanlagenmonopols ihre bundesweite Programmverbreitung einstellen und nicht weiterbetreiben. Selbst wenn aufgrund interner wirtschaftlicher Kalkulationen ein eigener Senderbetrieb als unrentabel angesehen wird, wird die flächendeckende Funkverbreitung der eigenen Programme zu Erzielung großer Reichweiten beibehalten werden. Jedenfalls kann schon jetzt prognostiziert werden, daß ein flächendeckender Funkverkehr, wie er in Art. 87f Abs. 1 GG festgelegt ist, auch in Zukunft ohne das Funkanlagenmonopol gewährleistet sein wird.

Bei der weiteren Prüfung unter Bezugnahme auf den verminderten Stellenwert der flächendeckenden Funkversorgung im Verhältnis zur Beeinträchtigung der Kommunikationsfreiheitsrechte ist abzuwägen, welches Interesse als das höherwertige anzusehen und welchem daher der Vorzug zu geben ist: dem der staatlichen Regulierung durch Monopolgewährung oder dem der verfassungsmäßig vorgeschriebenen Gewährleistung der Kommunikationsfreiheit?

Bei der Abwägung der Interessenlagen und bei Beachtung der Ziele des Grundgesetzes dürften, wie sich aus dem folgenden ergibt, keine Bedenken daran bestehen, daß bei der Kollision beider Interessen der Rundfunkfreiheit der Vorzug zu geben ist. Zur Grundlage einer freien, vom Staat unabhängigen Programmgestaltung gehört auch die ungehinderte Verfügung der Sendeanstalten über die sendetechnischen Anlagen[546]. Eine rechtliche Zerlegung des Rundfunkwesens in einzelne Bestandteile, die teils frei, teils staatsgelenkt sind, steht mit der Runfunkfreiheit in Widerspruch, da jeder Eingriff des Staates in einen Bestandteil der Rundfunkfreiheit auch den anderen in Mitleidenschaft zieht und damit die Freiheit im Ganzen beeinträchtigt[547]. Die Rundfunkfreiheit gewährleistet – neben den Parteien und der Presse – die Bildung einer freien öffentlichen Meinung, welche in der Demokratie eine entscheidende Rolle spielt. Zu den Essentialia der freiheitlichen Demokratie gehört, daß das Volk seinen Willen frei von staatlicher Einflußnahme frei bilden kann. Die Kommunikationsfreiheiten gehören damit zu den Freiheitsgarantien, die für die freiheitliche Demokratie schlechthin konstituierend sind[548], weshalb eine Beeinträchtigung der Kommunikationsfreiheit, auch in einzelnen

---

[546] S.o. Teil D, II. (S. 68 ff.).

[547] S.o. Teil D, V.3.c) (S. 129 f.).

[548] BVerfG, Urt. vom 15.1.1958, BVerfGE 7, 198 (208); *Mallmann*, in: *Zehner*, Fernsehstreit I, S. 234 (258 f.); *Scholz*, Medienfreiheit und Publikumsfreiheit, in: Studienkreis für Presserecht und Pressefreiheit (Hrsg.), Presserecht und Pressefreiheit. Festschrift für Martin Löffler, S. 355 (355).

Bestandteilen, fatale Folgen haben kann, da hierdurch die Freiheit im Ganzen beeinträchtigt wird. Deshalb berührt der staatliche Eingriff über das Funkanlagenmonopol das Grundrecht der Kommunikationsfreiheit nicht nur am Rande, sondern erschüttert es in seinem Kernbestand. Bei der Freiheitsbeschränkung wurde der Sinn der Kommunikationsfreiheit im Gesamtsystem der Verfassung nicht erkannt, wonach die Kommunikationsfreiheit nach dem Willen der Verfassungsgeber eines der Elemente für das Funktionieren des öffentlichen Lebens in Freiheit darstellen soll[549].

Da bei einem Festhalten am Funkanlagenmonopol der besondere Wertgehalt des Grundrechts aus Art. 5 Abs. 1 GG, wie es das Bundesverfassungsgericht fordert[550], nicht mehr gewahrt bliebe, ist die verminderte Bedeutung des Gemeinschaftsgutes des flächendeckenden Funkverkehrs nicht in der Lage, die in der Kommunikationsfreiheit enthaltene ungehinderte Verfügung der Programmanbieter über eigenbetriebene Funkanlagen durch Beschränkung oder Entziehung zu tragen oder zu rechtfertigen. Der Eingriff ist damit unverhältnismäßig und das Funkanlagenmonopol verfassungsrechtlich unzulässig.

5. Verfassungswidrigkeit der § 1 Abs. 2 Satz 2, § 2 Abs. 1 Satz 1 FAG oder verfassungskonforme Auslegung?

Kommt man somit zu dem Ergebnis, daß das Funkanlagenmonopol unter keinem Gesichtspunkt verfassungsrechtlich gerechtfertigt ist, stellt sich die Frage, ob die Feststellung einer Verfassungswidrigkeit des FAG durch eine verfassungskonforme Auslegung der § 1 Abs. 2 Satz 2, § 2 Abs. 1 Satz 1 FAG vermieden werden kann[551].

Das Bundesverfassungsgericht präferiert bei der Auslegung der Schrankengesetze die grundrechtskonforme Auslegung gegenüber der Nichtigerklärung von Gesetzen[552]. Jedoch dürfen auch hier die ultimativen Grenzen der verfassungskonformen Auslegung nicht überschritten werden, wobei der Rahmen der Möglichkeiten verfassungskonformer Auslegung voll ausgeschöpft werden soll.

---

[549] *Maunz*, in: *Zehner*, Fernsehstreit I, S. 276 (281).

[550] St. Rspr. seit BVerfG, Urt. vom 15.1.1958, BVerfGE 7, 198 (210 f.).

[551] Umfassend seinerzeit hierzu, wenn auch in anderem Prüfungszusammenhang, *A. Hesse*, Die Verfassungsmäßigkeit des Fernmeldemonopols der Deutschen Bundespost, S. 95 ff.

[552] BVerfG, Urt. vom 15.1.1958, BVerfGE 7, 198 (211); BVerfG, Beschl. vom 10.5. 1983, BVerfGE 64, 108 (115 f.).

a) Die Möglichkeiten und Grenzen der verfassungskonformen Auslegung

Die Einheit der Rechtsordnung ist die Grundlage der verfassungskonformen Auslegung[553], wobei die Auslegung helfen soll, Widersprüche zwischen Normen zu beseitigen und dadurch die Einheit der Rechtsordnung zu schaffen. Bei der verfassungskonformen Auslegung zur Herstellung der Einheit der Rechtsordnung sind die Grenzen der Auslegung zu beachten, wobei diese nicht überschritten werden dürfen.

Eine Grenze der verfassungskonformen Auslegung liegt in dem Wortlaut der Norm selbst[554]. Wenn eine Auslegung der Norm mit dessen Wortlaut nicht mehr zu vereinbaren ist, muß die betreffende Norm als verfassungswidrig angesehen werden.

Eine weitere Grenze ist überschritten, wenn der verfolgte Gesetzeszweck in sein Gegenteil verkehrt würde[555]. Denn durch die verfassungskonforme Auslegung soll weitestmöglich die Erhaltung von Normen erreicht werden. Dabei ist freilich zu beachten, daß hierunter die Rechtssicherheit nicht leidet, mit der Folge einer Vielzahl voneinander abweichender Entscheidungen; auch sollen die funktionellen Grenzen des Bundesverfassungsgerichts nicht in der Form überschritten werden, daß sich die Judikative zur Legislative aufschwingt[556]. Das wäre dann der Fall, wenn die Auslegung einer Norm dazu führt, daß sein Inhalt neu bestimmt würde. Der Gesetzgeber wäre dann in der Situation, ein Gesetz erlassen zu haben, dessen Inhalt im Nachhinein neu bestimmt würde, obgleich er diese Neubestimmung des Inhalts möglicherweise so nicht gewollt hätte[557].

Für das Fernmeldeanlagengesetz bieten sich zwei Möglichkeiten der verfassungskonformen Auslegung an. Die erste Möglichkeit besteht darin, § 1 Abs. 2 Satz 2 FAG so eingeschränkt zu interpretieren, daß Funkanlagen dem § 1 Abs. 2 Satz 2 FAG nicht mehr unterfallen. Als zweite Möglichkeit bietet sich die Interpretation des § 2 Abs. 1 Satz 1 FAG dergestalt, daß das Ermessen in § 2 Abs. 1 Satz 1 FAG so auszulegen ist, daß das Ergebnis der Ermessensausübung nicht gegen das Verhältnismäßigkeitsprinzip verstößt. Bei unveränderter Anwendung von § 1 Abs. 2 Satz 2 FAG würde dies für die

---

[553] *K. Hesse*, Grundzüge des Verfassungsrechts der Bundesrepublik Deutschland, S. 30.

[554] *K. Hesse*, ebd., S. 30; *Zippelius*, Verfassungskonforme Auslegung von Gesetzen, in: *Starck* (Hrsg.), Bundesverfassungsgericht und Grundgesetz, Bd. II, S. 108 (111, 115).

[555] *Zippelius*, Verfassungskonforme Auslegung von Gesetzen, a.a.O., S. 108 (111, 117).

[556] *Zippelius*, Verfassungskonforme Auslegung von Gesetzen, a.a.O., S. 108 (111, 117, 118 f.).

[557] *A. Hesse*, Die Verfassungsmäßigkeit des Fernmeldemonopols der Deutschen Bundespost, S. 97.

Errichtung und das Betreiben von Funkanlagen bedeuten, daß in § 2 Abs. 1 Satz 1 FAG eine Ermessensreduzierung gegen Null stattfände, mit der Folge, daß bei Vorliegen der entsprechenden Voraussetzungen ein Anspruch auf Genehmigungserteilung bestände[558].

b) Anwendung auf § 1 Abs. 2 Satz 2, § 2 Abs. 1 Satz 1 FAG

aa) Eingeschränkte Interpretation von § 1 Abs. 2 Satz 2 FAG

Die erstgenannte Möglichkeit der verfassungskonformen Auslegung durch das Reduzieren des § 1 Abs. 2 Satz 2 FAG mit der Folge, daß Funkanlagen von § 1 Abs. 2 Satz 2 FAG nicht mehr erfaßt werden, scheitert am Wortlaut der Norm. In § 1 Abs. 2 Satz 2 FAG wird das Wort „Funkanlagen" explizit im Zusammenhang mit der Verleihung ausschließlicher Rechte genannt. Mit dem Wortlaut und der expliziten Benennung von Funkanlagen verbietet sich eine Interpretation im Sinne einer Nichterfassung von Funkanlagen, weshalb ein solcher Auslegungsversuch die Grenzen des Gesetzeswortlautes unzulässig überschreiten würde.

bb) Ermessensausübung im Rahmen des § 2 Abs. 1 Satz 1 FAG

Es bleibt damit nur die zweite Möglichkeit der verfassungskonformen Ermessensreduzierung in § 2 Abs. 1 Satz 1 FAG, mit der Folge, daß das Ermessen nicht in der Richtung betätigt werden darf, daß es unverhältnismäßige Ergebnisse herbeiführt.

§ 2 Abs. 1 Satz 1 FAG enthält keinerlei Aussagen über die Genehmigungsvoraussetzungen.

Deshalb handelt es sich entweder um eine Regelung, die eine Genehmigungserteilung vorschreibt, aber die Gründe, die zu einer Versagung führen, offenläßt: Diese könnten dann aus dem Zweck des Gesetzes heraus entwikkelt werden.

Oder es handelt sich um eine Regelung, bei der die Entwicklung von Versagungsgründen nur bei einer Neubestimmung des Gesetzeszweckes möglich ist[559]. In diesem Fall würde der Gesetzesinhalt neu bestimmt, und die Grenzen der verfassungskonformen Auslegung wären überschritten[560].

---

[558] *A. Hesse*, ebd., S. 96 f.

[559] Vertiefend zur früheren Rechtslage vor 1989 *A. Hesse*, ebd., S. 99.

[560] *A. Hesse*, ebd., S. 99.

Es bleibt damit die Frage, ob sich Genehmigungsvoraussetzungen aus dem Gesetzeszweck der § 1 Abs. 2 Satz 2 und § 2 Abs. 1 Satz 1 FAG entnehmen lassen oder ob deren Entwicklung eine (scil. unzulässige) Neubestimmung des Inhalts des Fernmeldeanlagengesetzes herbeiführen würde.

Zweck des § 1 Abs. 2 Satz 2 FAG ist die einfachgesetzliche Normierung des Netzmonopols und des Funkanlagenmonopols, wie es explizit im Wortlaut erwähnt wird. Mit diesem Zweck korrespondiert das Ermessen in § 2 Abs. 1 Satz 1 FAG[561]. Grundsätzlich ist das Versagen einer Genehmigung zur Errichtung und zum Betrieb von Funkanlagen nicht ermessensfehlerhaft, da doch dem Nachfolgeunternehmen der DBP TELEKOM in § 1 Abs. 2 Satz 2 FAG das Funkanlagenmonopol verliehen worden ist. Das Ermessen in § 2 FAG schützt darum hauptsächlich das Monopol in § 1 Abs. 2 Satz 2 FAG und hilft, es zu erhalten. Daran ändert auch der Gesetzeszweck der Vermeidung unbeabsichtigter Härten nichts, da es sich einmal, wie es der Gesetzeswortlaut wiedergibt, um „einzelne“ Ausnahmefälle handelt; zum anderen kann der Gesetzeszweck des Monopols erst durch die Normierung von Ausnahmegenehmigungen zulässig erscheinen, denn eine „ausnahmlose“ generelle Genehmigungsverweigerung wäre unverhältnismäßig und damit von vornherein verfassungswidrig.

Der Ermessenszweck in § 2 Abs. 1 Satz 1 FAG will das Funkanlagenmonopol in § 1 Abs. 2 Satz 2 FAG schützen und erhalten, weshalb eine auch nur mittelbare Aufhebung des Monopols durch § 2 Abs. 1 Satz 1 FAG ersichtlich im Widerspruch zu dem Funkanlagenmonopol in § 1 Abs. 2 Satz 2 FAG steht. Auch der Lösungsansatz von der unbeabsichtigten Härte ist nicht gangbar, da einerseits die Zulassung einer jeden Funkanlage zur Übertragung von Sendungen, wenn nur die technischen und fernmelderechtlichen Voraussetzungen vorhanden sind, keine Ausnahme mehr darstellen würde, und es sich andererseits nicht um eine unbeabsichtigte Härte handelt, sondern gerade um eine beabsichtigte. So wurde doch gerade durch die Postreform II (1994) mit Wissen und Wollen des Gesetzgebers die Gesetzeslage dahingehend formuliert, generell private Anbieter zuzulassen — aber eben mit Ausnahme der explizit erwähnten drei Monopole[562].

Mit der Herausnahme der Funkanlagen aus dem Ermessen des § 2 Abs. 1 Satz 1 FAG ergäbe sich die Aufhebung des gesamten Funkanlagenmonopols. Es gäbe dann nicht mehr, wie vom Gesetzgeber gewollt und bezweckt, ein Netzmonopol, ein Telefondienstmonopol und ein Funkdienstmonopol, sondern lediglich ein Netz- und Telefondienstmonopol. Es wäre also das Geset-

---

561 So auch vom Grundsatz her zur früheren Rechtslage vor 1989 *A. Hesse*, ebd., S. 96, 99.

562 Netzmonopol, Funkanlagenmonopol in § 1 Abs. 2 Satz 2 FAG, und Telefondienstmonopol in § 1 Abs. 4 Satz 4 FAG.

zesziel geändert worden. Eine solche Zieländerung korrespondiert zugleich mit einer Neubestimmung des Inhalts des Fernmeldeanlagengesetzes oder zumindest eines Teils davon. Da aber die funktionellen Grenzen der Judikative im Verhältnis zur Legislative immer dann überschritten sind, wenn die Auslegung zu einer Neubestimmung des Inhalts führt[563], kann der verfassungswidrige Gesetzeszustand nicht durch verfassungskonforme Auslegung uminterpretiert werden.

Demzufolge ist § 1 Abs. 2 Satz 2 FAG insoweit verfassungswidrig, als er ein Monopol für Funkanlagen anordnet. Aufgrund der Bindung an die verfassungsmäßige Ordnung gemäß Art. 20 Abs. 3 GG ist es die Pflicht des Gesetzgebers, diese Verfassungswidrigkeit zu beseitigen. Zur Beachtung der Verfassung ist der Gesetzgeber nicht nur beim Erlaß neuer Gesetze gezwungen, sondern auch bei bestehenden Gesetzen, die dann bei Verfassungswidrigkeit aufzuheben sind. Erforderlich ist damit ein Tätigwerden des Gesetzgebers[564].

6. Ergebnis

Als Ergebnis kann festgestellt werden, daß die Rundfunkanstalten und -unternehmen die grundrechtliche Freiheit aus Art. 5 GG haben, eigene Sendeanlagen zu errichten und zu betreiben. Diesen verfassungsrechtlichen Anforderungen kann nur dadurch Rechnung getragen werden, daß der Bundesgesetzgeber das FAG insoweit neu regelt, als er das Errichten und Betreiben von Funkanlagen aus der Gewährung des Monopolrechts in § 1 Abs. 2 Satz 2 FAG herausnimmt.

---

[563] BVerfG, Beschl. vom 8.1.1959, BVerfGE 9, 83 (87).

[564] So im Ergebnis teilweise auch *A. Hesse* zur früheren Rechtslage vor 1989, ebd., S. 100. Auch BVerfG, Beschl. vom 8.1.1959, BVerfGE 9, 83 (87). A.A. noch – unter Befürwortung einer verfassungskonformen Auslegung – *Herrmann*, AöR 90, S. 286 (333); *Bullinger*, Kommunikationsfreiheit im Strukturwandel der Telekommunikation, S. 89 f.

E. Zusammenfassung der wesentlichen Ergebnisse in Thesen

1. Ohne Technik kein Rundfunk: Deshalb betreiben einige Rundfunkveranstalter ihre Sendeanlagen selbst, andere wollen dies ebenfalls tun.

Das Bundesverfassungsgericht hat jedoch im Ersten Fernsehurteil 1961 ein Errichtungs- und Betriebsmonopol des Bundes für Funkanlagen bestätigt und eine Freiheit der Rundfunkveranstalter verneint, selbst sendetechnische Anlagen betreiben zu dürfen[565].

2. Die Aufgaben der öffentlich-rechtlichen Rundfunkanstalten sind in den jeweiligen Rundfunkgesetzen normiert.

Das Veranstalten von Hörfunk- und Fernsehprogrammen ist Kernaufgabe der öffentlich-rechtlichen Rundfunkanstalten. Dazu gehört auch das fernmeldetechnische Verbreiten der Sendungen[566].

3. Auch bei den privaten Rundfunkunternehmen gehört das Verbreiten der eigenen Programme zur Programmveranstaltung[567] und damit zum Unternehmenszweck. Ein Unternehmen, das seine Veranstaltung nicht verbreiten will, ist ein Produktions- oder Studiounternehmen, nicht aber ein *Rundfunk*unternehmen. Ob das private Rundfunkunternehmen seine Programme selbst oder durch Dritte fernmeldetechnisch verbreitet, ist seine Entscheidung.

4. Durch die Postreform I (1989) wurden im Zuge einer Liberalisierung der Telekommunikationsmärkte drei DBP-Unternehmen geschaffen. Zugleich fand eine Trennung von betrieblichen und hoheitlichen Aufgaben statt[568].

Durch die Postreform II (1994) wurde die Ausdehnung der Verselbständigung der DBP-Unternehmen vorangetrieben. Eine weitere Liberalisierung der Telekommunikationsanbieter fand nicht statt. Der neu eingeführte Art. 87f Abs. 2 Satz 1 GG verweist auf die grundsätzliche Möglichkeit des Dienstleistungsangebots durch Wettbewerber im Bereich der Telekommunikation. Für das Errichten und Betreiben von *Funk*anlagen bleibt es aber auch nach

---

[565] Teil A, I.1. (S. 17 ff.), und I.2. (S. 19 ff.).

[566] Teil B, II.2. (S. 31 f.), und II.3. (S. 33 ff.).

[567] Teil B, III.2. (S. 41 ff.).

[568] Teil C, I.2. (S. 45 ff.).

der Postreform II (1994) beim Monopol zugunsten des Nachfolgeunternehmens der DBP TELEKOM gem. § 1 Abs. 2 Satz 2 FAG.

Bei dem Recht, Funkanlagen zu errichten und zu betreiben, handelt es sich auch nach der Postreform II (1994) um ein repressives Verbot mit Befreiungsvorbehalt, wobei Genehmigungen durch das BMPT mit Ausnahme von Hörfunk und Fernsehen I der öffentlich-rechtlichen Rundfunkanstalten nicht erteilt werden[569].

5. Die Normen für die Aufgaben der öffentlich-rechtlichen Rundfunkanstalten und für die privaten Rundfunkunternehmen stehen mit dem Fernmelderecht des Bundes in Widerspruch. Diese Normenkollision ist auf Verfassungsebene zu lösen[570].

6. Der Schutzbereich des Art. 5 Abs. 1 Satz 1, 1. Hs. GG umfaßt das Errichten und Betreiben eigener Senderanlagen; dies kommt auch in der expliziten Nennung der Meinungs*verbreitungs*freiheit neben der Äußerungsfreiheit zum Ausdruck[571].

7. Die Informationsfreiheit des Art. 5 Abs. 1 Satz 1, 2. Hs. GG ist umfassend zu verstehen. Im Schutzbereich des Art. 5 Abs. 1 Satz 1, 2. Hs. GG liegt auch das Recht, allgemein zugängliche Informationen direkt vom Programmveranstalter zu empfangen, ohne durch das „Nadelöhr" der Telekom AG gepreßt zu werden[572].

8. Die Rundfunkfreiheit in Art. 5 Abs. 1 Satz 2 GG ist grundsätzlich als Individualrecht zu werten. Auch die Sichtweise als institutionelle Garantie setzt keine Individualrechtsreduzierung gegen Null in Gang, sondern läßt die Institution Massenmedien als zusätzliche Grundrechtskomponente neben das Individualfreiheitsrecht treten.

Die Rundfunkfreiheit umfaßt die freie und ungehinderte Verbreitung der Programme, was sich nicht zuletzt auch aus der verfassungsrechtlich gewährleisteten Gleichstellung von Presse und Rundfunk ergibt. Die vom Bundesverfassungsgericht im Jahre 1961 konstatierte *Sondersituation* des Rundfunks vermag am Grundrechtsgehalt und der verfassungsrechtlichen Gleichstellung von Presse und Rundfunk selber nichts zu ändern, da sie nur seinerzeitige reale Gegebenheiten der Praxis betrifft und nicht den verfassungsrechtlichen Aussagegehalt des Grundgesetzes[573].

---

[569] Teil C, I.3. (S. 48 ff.), II. (S. 54 ff.) und III. (S. 62 ff.).

[570] Teil D, I. (S. 65 ff.).

[571] Teil D, II.1. (S. 68 ff.).

[572] Teil D, II.2. (S. 74 ff.).

[573] Teil D, II.3. (S. 78 ff.).

9. Art. 5 Abs. 1 Satz 2 GG ist gegenüber Satz 1 keine lex specialis mit derogierender Wirkung. Die Freiheitsrechte aus Satz 1 und Satz 2 stehen nebeneinander und unterstützen sich dahingehend, daß aus ihnen – gewissermaßen zweifach geschützt – ein Senderecht der Rundfunkanstalten und -unternehmen abgeleitet werden kann. Die öffentlich-rechtlichen Rundfunkanstalten sind ausnahmsweise gem. Art. 19 Abs. 3 GG grundrechtsfähig[574].

10. Art. 73 Nr. 7 GG umfaßt die Gesetzgebungskompetenz des Bundes für die fernmelderechtlichen Aspekte der Telekommunikation, ohne dem Bund verfassungskräftig ein Ausschließlichkeitsrecht zur Errichtung und zum Betrieb von Funkanlagen zuzusichern[575].

In Art. 87f GG findet sich ebenfalls kein verfassungsgarantiertes Monopolrecht zugunsten des Bundes[576].

Der neu aufgenommene Art. 143b Abs. 2 GG prolongiert die vor der Verfassungsänderung (1994) bestehende Rechtslage und ist damit kein „Auferstehungsartikel" für Verfassungsmonopole zur Erbringung von Funkdienstleistungen.

Der Status quo ante hatte sich an Art. 87 GG a.F. orientiert. Art. 87 GG a.F. enthielt wohl einen Leistungsauftrag an die Bundespost, sagte aber nichts über die Art der Aufgabenwahrnehmung, ob durch Monopol oder Wettbewerbskonkurrenz, aus.

Das Grundgesetz enthielt und enthält damit keine spezielle verfassungskräftige Anordnung oder Billigung des Monopols.

Das einfachgesetzliche Funkanlagenmonopol des § 1 Abs. 2 Satz 2 FAG ist deswegen an den Grundrechten zu messen[577].

11. Das Funkanlagenmonopol des § 1 Abs. 2 Satz 2 FAG beeinträchtigt den Schutzbereich des Art. 5 Abs. 1 GG und ist deshalb nur dann verfassungsmäßig, wenn es dem Gebot der Verhältnismäßigkeit entsprechend ein wichtigeres Verfassungsgut schützt[578].

12. Das Mittel des Funkanlagenmonopols ist geeignet, die Ziele des Gesetzgebers, nämlich flächendeckender und störungsfreier Funkverkehr, zu erreichen[579].

---

574 Teil D, II.4. (S. 93 f.) und II.5. (S. 94 ff.).

575 Teil D, IV.2. (S. 108 ff.).

576 Teil D, IV.3. (S. 110 ff.).

577 Teil D, IV.4. (S. 112 ff.).

578 Teil D, V.1–4.a) (S. 118 ff.).

579 Teil D, V.4.b) (S. 135 f.).

13. Das Gebot der Erforderlichkeit ist verletzt, wenn ein anderes gesetzgeberisches Mittel den erstrebten Erfolg ebensogut erfüllt, aber für die Rundfunkfreiheit weniger belastend ist[580].

Störungsfreier Funk ist zwar ein besonders wichtiges Gemeinschaftsgut, als Mittel der Gefahrenabwehr ist jedoch ein Betriebsmonopol nicht erforderlich; denn staatliche Aufsicht und Genehmigungsvorbehalte sind ausreichend, wie die tägliche Praxis beweist. Der Gesetzeszweck „störungsfreier Funkverkehr“ kann also ein Funkanlagenmonopol nicht als erforderlich erscheinen lassen[581].

Zur Sicherung eines flächendeckenden Funkverkehrs wäre unter der sehr strengen Voraussetzung, daß man nur eine hundertprozentig ausgereifte und nach deutschem Recht akzeptierte Alternative (entgegen der europäischen Praxis auf dem Gebiet der Telekommunikation) zuläßt, die Anordnung eines Betriebsmonopols ein erforderliches Mittel[582].

14. Bei den Anforderungen der Verhältnismäßigkeit im eigentlichen Sinne gilt es zwischen dem Zweck der Freiheitsbeschränkung einerseits und der Bedeutung und Tragweite des betroffenen Grundrechts andererseits abzuwägen.

Nur wenn die flächendeckend angemessene Funkversorgung ein höherrangiges schutzwürdiges Interesse und damit ein überragend wichtiges Gemeinschaftsgut ist, ist der Eingriff durch ein Monopol zulässig.

Dabei ergibt sich, daß nicht jeder Rundfunkempfang so wichtig ist, daß er unter das Gebot „flächendeckend angemessener Funkverkehr“ subsumiert werden muß.

Nur zur Sicherung der *Grundversorgung* von Rundfunkveranstaltung wäre eine Beschränkung der Rundfunkfreiheit zulässig. Aber gerade die von den Rundfunkanstalten realisierte *Grundversorgung* ist auch ohne das Funkanlagenmonopol des § 1 Abs. 2 Satz 2 FAG gesichert. Der Eingriff in die Rundfunkfreiheit ist damit unverhältnismäßig und das Funkanlagenmonopol verfassungsrechtlich unzulässig[583].

15. Eine verfassungskonforme Auslegung der § 1 Abs. 2 Satz 2, § 2 Abs. 1 Satz 1 FAG ist nicht möglich, da durch sie die Grenze zur Inhaltsänderung überschritten würde.

---

[580] Teil D, V.4.c) (S. 135 ff.).

[581] Teil D, V.4.c)aa) (S. 135 f.).

[582] Teil D, V.4.c)bb) (S. 137).

[583] Teil D, V.4.d) (S. 137 ff.).

16. Vielmehr ist § 1 Abs. 2 Satz 2 FAG verfassungswidrig, insofern durch diese Bestimmung ein Funkanlagenmonopol aufrechterhalten wird.

Der Bundesgesetzgeber hat aufgrund der Verfassungswidrigkeit von § 1 Abs. 2 Satz 2 FAG die Pflicht, das Fernmeldeanlagengesetz im Lichte der Rundfunkfreiheit aus Art. 5 GG insoweit neu zu regeln, als daß er das Errichten und Betreiben von Funkanlagen aus der Gewährung des Monopolrechts in § 1 Abs. 2 Satz 2 FAG herausnimmt[584].

---

[584] Teil D, V.5. (S. 141 ff.).

Literaturverzeichnis

Anschütz, Gerhard: Die Verfassung des Deutschen Reiches vom 11. August 1919, 14. Aufl. Berlin 1933

ARD-Jahrbuch 95, Hamburg 1995

Arndt, Adolf: Die verfassungsrechtlichen Möglichkeiten der Spitzenorganisation des Post- und Fernmeldewesens, ArchPF 1970, 3

Aubert, Joachim: Fernmelderecht. Eine systematische Darstellung, 2. Aufl. Hamburg / Berlin 1962

Aubert, Joachim / *Klingler*, Ulrich: Fernmelderecht / Telekommunikationsrecht, Bd. II, Heidelberg 1990 (zit. *Aubert / Klingler*, FernmR / TKR, II)

Badura, Peter: Das Verwaltungsmonopol, Berlin 1963

— Der Paketdienst der Deutschen Bundespost. Möglichkeiten und Grenzen gesetzgeberischer Maßnahmen zum Schutz des Postdienstes, JbDBP 1977, S. 76

— Verfassungsrechtliche Bindungen der Rundfunkgesetzgebung, Frankfurt a.M. / Berlin 1980 (Beiträge zum Rundfunkrecht, Heft 24)

— Staatsrecht, München 1986

Bauer, Brigitte / *Neumann*, Karl-Heinz (Hrsg.): Privatisierung der Telekom. Zielsetzung und Bedeutung für den Standort Deutschland, Bad Honnef (Wissenschaftliches Institut für Kommunikationsdienste) 1994

Bausch, Hans: Der Rundfunk im politischen Kräftespiel der Weimarer Republik 1923–1933, Tübingen 1956

— Rundfunkpolitik nach 1945, Zweiter Teil, in: ders. (Hrsg.), Rundfunk in Deutschland, 5 Bde., München 1980, Bd. 4

Berendes, Konrad: Die Staatsaufsicht über den Rundfunk, Berlin 1973 (Schriften zum öffentlichen Recht, Bd. 226)

Bethge, Herbert: Die verfassungsrechtliche Problematik der Zulassung von Rundfunkveranstaltern des Privatrechts, München 1981 (Schriftenreihe des Instituts für Rundfunkrecht an der Universität zu Köln, Bd. 29)

— Freiheit und Gebundenheit der Massenmedien, DVBl. 1983, 369

— Rundfunkfreiheit und privater Rundfunk, Frankfurt a.M. / Berlin 1985 (Beiträge zum Rundfunkrecht, Heft 32)

Bettermann, Karl August: Juristische Personen des öffentlichen Rechts als Grundrechtsträger, NJW 1969, 1321

Biermann, Jürgen: Die Zulässigkeitsvoraussetzungen staatlicher Monopole im Grundgesetz, Diss. Mainz 1965

Bonner Kommentar: Kommentar zum Bonner Grundgesetz (Bonner Kommentar), bearb. von Peter Badura u.a., Heidelberg, Lbl. Stand 1996

Brack, Hans: Die Organisation der übergeordneten Aufgaben des Rundfunks, RuF 1960, 152

— Organisation und wirtschaftliche Grundlagen des Hörfunks und des Fernsehens in Deutschland, München 1968 (Schriftenreihe des Instituts für Rundfunkrecht an der Universität zu Köln, Bd. 2)

Bredow, Hans: Vier Jahre deutscher Rundfunk, Berlin 1927

Bullinger, Martin: Kommunikationsfreiheit im Strukturwandel der Telekommunikation, Baden-Baden 1980

— Elektronische Medien als Marktplatz der Meinungen, AöR 108 (1983), 161

Bullinger, Martin / *Gödel*, Christoph: Landesmediengesetz Baden-Württemberg (LMedienG). Kommentar, Baden-Baden 1986

Dagtoglou, Prodromos: Wesen und Grenzen der Pressefreiheit, Stuttgart 1963

— Motiv der Pressekritik und Pressefreiheit, DÖV 1963, 636

Deipenbrock, Gudula: Die Deutsche Bundespost auf dem europäischen Binnenmarkt, Baden-Baden 1991

Dittrich, Norbert: Pressekonzentration und Grundgesetz, München 1971 (Schriftenreihe des Instituts für Rundfunkrecht an der Universität zu Köln, Bd. 9)

v. Doemming, Klaus-Berto / *Füsslein*, Rudolf Werner / *Matz*, Werner: Entstehungsgeschichte der Artikel des Grundgesetzes, JöR NF 1 (1951), 1 ff.

Dreier, Ralf: Zur Grundrechtssubjektivität juristischer Personen des öffentlichen Rechts, in: Norbert Achterberg (Hrsg.), Öffentliches Recht und Politik. Festschrift für Hans Ulrich Scupin, Berlin 1973, S. 81

Drosdowski, Günther: Duden Herkunftswörterbuch (Etymologie) (= Duden, Bd. VII), 2. Aufl. Mannheim u.a. 1989

Eberle, Carl-Eugen: Rundfunkübertragung. Rechtsfragen der Nutzung terrestrischer Rundfunkfrequenzen, Berlin 1989

Eidenmüller, Alfred: Post und Fernmeldewesen, Frankfurt a.M., Lbl. Stand 1987

Elias, Dietrich: Fernmelderecht und Netzträgerschaft, in: Heinz Hübner / Dietrich Elias u.a., Kabelfernsehprojekte (Schriftenreihe des Instituts für Rundfunkrecht an der Universität zu Köln, Bd. 27), München 1980, S. 5

Emmerich, Volker / *Steiner*, Udo: Möglichkeiten und Grenzen der wirtschaftlichen Betätigung der öffentlich-rechtlichen Rundfunkanstalten, Berlin 1986

Fangmann, Helmut: Verfassungsrechtliche Rahmenbedingungen der Telekommunikation, RDV 1988, 53

Fessmann, Ingo: Rundfunk und Rundfunkrecht in der Weimarer Republik, Frankfurt a.M. 1973

Fiedler, Wilfried: Berufsfreiheit als Schranke der Verwaltungsmonopole, DÖV 1977, 390

Forsthoff, Ernst: Der Verfassungsschutz der Zeitungspresse, Frankfurt a.M./Berlin 1969

Freund, Martin: Der deutsche Rundfunk. Seine öffentlichen Grundlagen und seine Organisation, Diss. Würzburg 1933

Fuhr, Ernst Wolfgang/*Rudolf*, Walter/*Wasserburg*, Klaus (Hrsg.): Recht der Neuen Medien, Heidelberg 1989

Gebhard, Hans-Peter: Aktueller Stand und Entwicklungstendenzen in der Telekommunikationsregelung der Mitgliedstaaten in der Europäischen Gemeinschaft unter Berücksichtigung der Gemeinschaftspolitik, JbDBP 1990, S. 77

Gramlich, Ludwig: Von der Postreform zur Postneuordnung, NJW 1994, 2785

Grimm, Dieter: Die Meinungsfreiheit in der Rechtsprechung des Bundesverfassungsgerichts, NJW 1995, 1697

Haensel, Peter: Die Entwicklung der deutschen Rundfunkgesetzgebung, Diss. Marburg 1957

Hain, Karl-Eberhard: Rundfunkfreiheit und Rundfunkordnung, Baden-Baden 1993

Hans-Bredow-Institut für Rundfunk und Fernsehen: Internationales Handbuch für Hörfunk und Fernsehen, 20. Aufl. Baden-Baden/Hamburg 1990 (zit. IHB 1990/91); 22. Aufl. ebd. 1994 (zit. IHB 1994/95)

Hartstein, Reinhard/*Ring*, Wolf-Dieter/*Kreile*, Johannes: Rundfunkstaatsvertrag. Kommentar, in: Wolf-Dieter Ring (Hrsg.), Medienrecht (Text, Rechtsprechung, Kommentierung), München, Lbl. Stand 1995

Häntzschel, Kurt: Das Recht der freien Meinungsäußerung, in: Gerhard Anschütz/Richard Thoma (Hrsg.), Handbuch des Deutschen Staatsrechts, Bd. II, Tübingen 1932, S. 651

— Das Grundrecht der freien Meinungsäußerung und die Schranken der allgemeinen Gesetze des Artikels 118 I der Reichsverfassung, AöR 49 (1926), 228

Herrmann, Günter: Die Rundfunkanstalt. Eine Studie zum heutigen Rechtszustand, AöR 90 (1965), 286

— Kassettenfernsehen. Zur juristischen Fragestellung, in: Klaus v. Bismarck u.a. Zum Thema Kassettenfernsehen, Köln 1971, S. 12

— Fernsehen und Hörfunk in der Bundesrepublik Deutschland, Tübingen 1975

— 60 Jahre Rundfunkrecht, UFITA 97 (1984), 1

— Rundfunkrecht, Fernsehen und Hörfunk mit neuen Medien, München 1994 (zit. Rundfunkrecht)

— Abschaffung des ARD-Fernsehens durch Staatsakt? Rundfunk- und verfassungsrechtliche Anmerkungen zum Thesenpapier von Kurt Biedenkopf und Edmund Stoiber, in: Wilhelm v. Sternburg (Hrsg.), Tagesthema ARD. Der Streit um das Erste Programm, Frankfurt a.M. 1995, S. 173

— Das Bayerische Medienrecht kurz vor der Jahrtausendwende, Baden-Baden 1995

Hesse, Albrecht: Die Verfassungsmäßigkeit des Fernmeldemonopols der Deutschen Bundespost, Heidelberg 1984

— Rundfunkrecht. Die Organisation des Rundfunks in der Bundesrepublik Deutschland, München 1990 (zit. Rundfunkrecht)

Hesse, Konrad: Die Regelung von Rundfunkleistungen der Bundespost durch Rechtsverordnung, Frankfurt a.M. / Berlin 1966 (Beiträge zum Rundfunkrecht, Heft 8)

— Grundzüge des Verfassungsrechts der Bundesrepublik Deutschland, 17. Aufl. Heidelberg 1990

Hillig, Hans Peter: Werdegang und Organisation des Zweiten Fernsehprogramms, RuF 1962, 391

Hirschberg, Lothar: Der Grundsatz der Verhältnismäßigkeit, Göttingen 1981

Hoffmann-Riem, Wolfgang: Rundfunkfreiheit durch Rundfunkorganisation, Anmerkungen zur Neufassung des Radio Bremen-Gesetzes, Frankfurt a.M. / Berlin 1979 (Beiträge zum Rundfunkrecht, Heft 21)

— Die Zukunft des Rundfunks – ein Verfassungsproblem, RuF 1979, 143

— Medienfreiheit und der außenplurale Rundfunk, AöR 109 (1984), 304

Hustädt, Ernst / *Bach*, Knud: Die „Deregulierung" der Deutschen Bundespost, DuR 1989, 294

Internationales Handbuch für Rundfunk / Hörfunk und Fernsehen → Hans-Bredow-Institut für Rundfunk und Fernsehen

Ipsen, Hans Peter: Die Rundfunkgebühr, Hamburg 1953, 2. Aufl. ebd. 1958

— Zum Funktionsbereich der öffentlich-rechtlichen Rundfunkanstalten außerhalb der unmittelbaren Programmveranstaltung, DÖV 1974, 721

v. Jacobs, Alexander: Der öffentlich-rechtliche Benutzungszwang in der Verwaltungsordnung, Münster 1963

Jarass, Hans D.: Die Freiheit der Massenmedien. Zur staatlichen Einwirkung auf Presse, Rundfunk, Film und neue Medien, Baden-Baden 1978

— Die Freiheit des Rundfunks vom Staat. Gremienbesetzung, Rechtsaufsicht, Genehmigungsvorbehalte, staatliches Rederecht und Kooperationsformen auf dem verfassungsrechtlichen Prüfstand, Berlin 1981

— In welcher Weise empfiehlt es sich, die Ordnung des Rundfunks und sein Verhältnis zu anderen Medien – auch unter dem Gesichtspunkt der Harmonisierung – zu regeln? Gutachten G für den 56. Deutschen Juristentag (Berlin 1986), München 1986 (zit: Neuordnung des Rundfunks)

Jockel, Dieter: Öffentlich-rechtliche Monopole, Diss. Köln 1968

Junker, Abbo: Das internationale Unternehmensrecht des öffentlichen Unternehmens, ZGR 1990, 249

Kimminich, Otto: Fernmeldemonopol und Rechtsstaatlichkeit, DÖV 1976, 649

Kirchhof, Ferdinand: Private Breitbandkabelanlagen und Postmonopol, DVBl. 1984, 657

Klein, Hans Hugo: Die Rundfunkfreiheit, München 1978 (Schriftenreihe des Instituts für Rundfunkrecht an der Universität zu Köln, Bd. 24)

Klingler, Ulrich: Anm. zu BVerfG, Beschluß vom 12. Oktober 1977, BVerfGE 46, 120, in: ArchPF 1978, 184

Klingler, Ulrich / *Mahler*, Gerhard: Rechtsfragen zur Genehmigung für private Fernmeldeanlagen. Zur Erhebung von Genehmigungsgebühren und zum Begriff der Fernmeldeanlagen, in: Jahrbuch des elektronischen Fernmeldewesens 1975, S. 419

Krath, Herbert (Hrsg.): Neue Medien für Hörfunk und Fernsehen, Heidelberg, Lbl. 1988 ff.

Krause-Ablaß, Günter B.: Die Bedeutung des Fernsehurteils des Bundesverfassungsgerichts für die Verfassung des deutschen Rundfunks, JZ 1962, 158

Kröger, Klaus: Vor dem Ende des Rundfunkmonopols der öffentlich-rechtlichen Anstalten, NJW 1979, 2537

Kull, Edgar: Verschüttung und Ausgrabung der Rundfunkfreiheit, AfP 1971, 98

— Das FRAG-Urteil – Kritik und Prognose, FuR 1981, 644

— Rundfunkgleichheit statt Rundfunkfreiheit, AfP 1981, 378

Leibholz, Gerhard: Rechtsgutachten zur verfassungsrechtlichen Problematik der Ausübung der Rechtsaufsicht gegenüber Rundfunk- und Fernsehanstalten im Bereich der Programmgestaltung, Mainz 1973

Lerche, Peter: Zum Kompetenzbereich des Deutschlandfunks, Berlin 1963

— Rundfunkmonopol. Zur Zulassung privater Fernsehveranstaltungen, Frankfurt a.M. / Berlin 1970 (Beiträge zum Rundfunkrecht, Heft 11)

— Verfassungsrechtliche Aspekte der „inneren Pressefreiheit“, Berlin 1974

— Informationsfreiheit, in: Roman Herzog u.a. (Hrsg.), Evangelisches Staatslexikon, 3. Aufl. Stuttgart 1987, Spalte 1314 (zit. EvStL)

— Landesbericht Bundesrepublik Deutschland, in: Martin Bullinger / Friedrich Kübler (Hrsg.), Rundfunkorganisation und Kommunikationsfreiheit, Baden-Baden 1979, S. 15

— Das Fernmeldemonopol – öffentlich-rechtlich gesehen, in: Ernst-Joachim Mestmäcker (Hrsg.), Kommunikation ohne Monopole, Baden-Baden 1980, S. 139

— Fernmeldemonopol und gesetzgeberische Bewegungsfreiheit, in: Richard Bartlsperger u.a. (Hrsg.), Rechtsstaat – Kirche – Sinnverantwortung. Festschrift für Klaus Obermayer, München 1986, S. 75

Lerg, Winfried B.: Die Entstehung des Rundfunks in Deutschland, Frankfurt a.M. 1965

Lieb, Wolfgang: Kabelfernsehen und Rundfunkgesetze, Berlin 1974

Löwer, Wolfgang: Fernmeldekompetenz und Funkwellenzuteilung im Bundesstaat, JbDBP 1989, S. 41

Lüders, Carl-Heinz: Presse- und Rundfunkrecht. Textsammlung, Berlin / Frankfurt a.M. 1952

Magnus, Kurt: Der Rundfunk in der Bundesrepublik und West-Berlin, Frankfurt a.M. 1955

— Erinnerungen an Hans Bredow, RuF 1959, 260

Maier, Oskar: Ein paar Pfennige am Tag. Gebühren für die Grundversorgung, in: ARD-Jahrbuch 1989, S. 39

Mallmann, Walter: Einige Bemerkungen zum heutigen Stand des Rundfunkrechts, JZ 1963, 350

— Rundfunkreform im Verwaltungsweg? Rechtsgutachten zu der Frage: „Sind Maßnahmen der vollziehenden Gewalt des Bundes zulässig, durch die ein ‚privatwirtschaftliches Fernsehen' eingeführt und Bundesorgane oder -anstalten mit der Aufgabe der überregionalen Rundfunkversorgung betraut werden?", in: *Zehner*, Der Fernsehstreit vor dem Bundesverfassungsgericht, S. 234 (zit. *W. Mallmann*, in: *Zehner*, Fernsehstreit I)

— Zur Rechtsaufsicht über das Zweite Deutsche Fernsehen, Wiesbaden 1975

v. Mangold, Hermann: Das Bonner Grundgesetz. Kommentar, Berlin / Frankfurt a.M. 1953

v. Mangold, Hermann / *Klein*, Friedrich: Das Bonner Grundgesetz. Kommentar, 2. Aufl. Berlin / Frankfurt a.M. 1957

v. Mangold, Hermann / *Klein*, Friedrich / *Starck*, Christian: Das Bonner Grundgesetz. Kommentar, 3. Aufl. München 1985

Maunz, Theodor: Rechtsgutachten über die Frage der Vereinbarkeit des Gesetzesentwurfs über die „Wahrnehmung gemeinsamer Aufgaben auf dem Gebiet des Rundfunks" mit dem Grundgesetz, in: *Zehner*, Der Fernsehstreit vor dem Bundesverfassungsgericht, S. 276 (zit. *Th. Maunz*, in: *Zehner*, Fernsehstreit I)

— Der Rechtsstaat und die Aufarbeitung der vor-rechts-staatlichen Vergangenheit, BayVBl. 1991, 545

Maunz, Theodor / *Dürig*, Günter u.a. (Bearb.): Grundgesetz. Kommentar, München, Lbl. Stand 1995 (zit.: *Bearb.*, in: *Maunz / Dürig*)

Maunz, Theodor / *Zippelius*, Reinhold: Deutsches Staatsrecht, 28. Aufl. München 1991

Mestmäcker, Ernst-Joachim (Hrsg.): Kommunikation ohne Monopole, Baden-Baden 1980

Monopolkommission: Sondergutachten Nr. 9 – Die Rolle der Deutschen Bundespost im Fernmeldewesen, Baden-Baden 1981

Möschel, Wernhard: Privatisierung, Deregulierung und Wettbewerbsordnung, JZ 1988, 885

Müller, Wolfgang: Duden Bedeutungswörterbuch (= Duden, Bd. X), 2. Aufl. Mannheim u.a. 1985

Müller-Römer, Frank: Optische Breitbandnetze für Hörfunk und Fernsehen, München 1989

Müller-Using, Detlev: Fernmelderecht, in: *Fuhr / Rudolf / Wasserburg*, Recht der Neuen Medien, S. 211

v. Münch, Ingo: Zum Rundfunkempfang der Untersuchungsgefangenen, JZ 1964, 280 *v. Münch*, Ingo / *Kunig*, Philip (Hrsg.): Grundgesetz-Kommentar, 4. Aufl. München 1992 (zit.: *Bearb.*, in: *v. Münch / Kunig*)

Neugebauer, Eberhard: Das neue Rundfunkrecht, Archiv für Funkrecht, Berlin 1932

Obermayer, Klaus / *Steiner*, Udo: Die Monopole der öffentlichen Sachversicherung und das Grundrecht der Berufsfreiheit, NJW 1969, 1457

Oppermann, Thomas: Auf dem Weg zur gemischten Rundfunkverfassung in der Bundesrepublik Deutschland?, JZ 1981, 721

Ossenbühl, Fritz, Rundfunkrechtliche Aspekte des lokalen Fernsehens, DÖV 1972, 293

— Rundfunk zwischen Staat und Gesellschaft, München 1975 (Schriftenreihe des Instituts für Rundfunkrecht an der Universität zu Köln, Bd. 17)

— Bestand und Erweiterung des Wirkungskreises der Deutschen Bundespost, Berlin 1980

Papier, Hans-Jürgen: Fernmeldemonopol der Post und Privatrundfunk, DÖV 1990, 217

Pestalozza, Christian: Der Schutz vor der Rundfunkfreiheit in der Bundesrepublik Deutschland, NJW 1981, 2158

Peters, Hans: Die Zuständigkeit des Bundes im Rundfunkwesen, Berlin u.a. 1954

— Die Rundfunkhoheit des Bundes, Bonn 1959

Püttner, Günter: Die öffentlichen Unternehmer. Verfassungsfragen zur wirtschaftlichen Betätigung der öffentlichen Hand, Bad Homburg v.d.H. u.a. 1969

Rehbinder, Manfred: Rundfunkanstalten und Kassettenmarkt, UFITA 65 (1972), 117

Ridder, Helmut K.J.: Meinungsfreiheit, in: Franz L. Neumann u.a. (Hrsg.), Die Grundrechte – Die Freiheitsrechte in Deutschland, Bd. II, 2. Aufl. Berlin 1954, S. 243 (zit. Meinungsfreiheit, in: GR II)

— Die öffentliche Aufgabe der Presse im System des deutschen Verfassungsrechts, Wien 1962

Ring, Wolf-Dieter: Medienrecht (Text, Rechtsprechung, Kommentierung), Neuwied u.a., Lbl. Stand 1995 (zit. Medienrecht)

Roßnagel, Alexander / *Wedde*, Peter: Die Reform der Deutschen Bundespost im Licht des Demokratieprinzips, DVBl. 1988, 562

Rothenbücher, Karl: Das Recht der freien Meinungsäußerung, VVDStRL 4 (1928), 6

Rupp-v. Brünneck, Wiltraut: Zur Grundrechtsfähigkeit juristischer Personen, in: Festschrift für Adolf Arndt, Frankfurt a.M. 1969, S. 349

Scharf, Albert: Wirtschaftliche Betätigung der Rundfunkanstalten, FuR 1972, 279

Schatzschneider, Wolfgang: Poststrukturgesetz, JuS 1989, 851

— Die Neustrukturierung des Post- und Fernmeldewesens, NJW 1989, 2371

Scherer, Joachim: Telekommunikationsrecht und Telekommunikationspolitik, Baden-Baden 1985

— Grundzüge des Fernmelderechts, in: IHB 1990/91, S. A 148

— Die Zuständigkeit der Organisationsprivatisierung des Mobilfunkbetriebs der Deutschen Bundespost Telekom gem. Art. 87 Abs. 1 GG, ArchPT 1992, 5

— Postreform II: Privatisierung ohne Liberalisierung, CR 1994, 418

Scheuner, Ulrich: Das Grundrecht der Rundfunkfreiheit, Berlin 1982

— Pressefreiheit, VVDStRL 22 (1964), 1

Schmidt, Joachim: Fernmeldewesen, in: Gerhard W. Wittkämper (Hrsg.), Die technisch-naturwissenschaftlichen Verwaltungsbereiche der Bundesrepublik Deutschland, Regensburg 1989, S. 373

Schmidt, Reiner: Rechtliche Möglichkeiten für Privatisierungen im Bereich der Deutschen Bundespost, in: Peter Badura/Rupert Scholz (Hrsg.), Wege und Verfahren des Verfassungslebens. Festschrift für Peter Lerche, München 1993, S. 965

Schmidt, Walter: Die Rundfunkgewährleistung, Frankfurt a.M. 1980 (Beitäge zum Rundfunkrecht, Heft 22)

— Anm. zu BVerG, Urt. vom 16.6.1981, DVBl. 1981, 915, in: DVBl. 1981, 920

— Ordnung des Rundfunks im Zeitalter des Satellitenfernsehens, NJW 1986, 1792

Schmitt Glaeser, Walter: Kabelkommunikation und Verfassung. Das privatrechtliche Unternehmen im „Münchner Pilotprojekt“, Berlin 1979

Schneider, Hans: Vertragshandel über Rundfunkkompetenz, RuF 1955, 358

— Informationsfreiheit und Rundfunkgenehmigung, NJW 1961, 53

— Rundfunk als Bundesaufgabe. Rechtsgutachten über die Befugnisse des Bundes zur Errichtung und zum Betrieb eigener Rundfunksender (Ton- und Fernseh-Rundfunk), in: *Zehner*, Der Fernsehstreit vor dem Bundesverfassungsgericht, S. 417 (zit.: *H. Schneider*, in: *Zehner*, Fernsehstreit I)

— Die Zuständigkeit des Bundes im Rundfunk- und Fernmeldebereich, in: Bodo Börner u.a. (Hrsg.), Einigkeit und Recht und Freiheit. Festschrift für Karl Carstens, Köln u.a. 1984, Bd. II, S. 817

Scholz, Rupert: Medienfreiheit und Publikumsfreiheit, in: Studienkreis für Presserecht und Pressefreiheit (Hrsg.), Presserecht und Pressefreiheit. Festschrift für Martin Löffler, München 1980, S. 355

— Das dritte Fernsehurteil des Bundesverfassungsgerichts, JZ 1981, 561

Schuster, Fritz: Funkhoheit und Unterhaltungsrundfunk nebst den in den drei westlichen Besatzungszonen geltenden Rundfunkgesetzen, ArchPF 1949, 309

Schwarz-Schilling, Christian: Vorwort zu: Der Bundesminister für Post und Telekommunikation (Hrsg.), Reform des Post- und Fernmeldewesens. Gesetz zur Neustrukturierung des Post- und Fernmeldewesens und der Deutschen Bundespost, Heidelberg 1989

Seidel, Norbert: Die öffentlich-rechtliche Rundfunkanstalt als Rundfunkunternehmen, MP 1991, 504

v. Sell, Friedrich-Wilhelm: Ohne die Post. Der neue Gebühreneinzug ab 1976, in: ARD-Jahrbuch 1974, S. 31

Smend, Rudolf: Das Recht der freien Meinungsäußerung, VVDStRL 4 (1928), 44

Spanner, Hans: Die verfassungskonforme Auslegung in der Rechtsprechung des Bundesverfassungsgerichts, AöR 91 (1966), 503

Stammler, Dieter: Verfassungs- und organisationsrechtliche Probleme des Kabelrundfunks, Tübingen 1974

Statz, Klaus-Peter: Die Beibringung privatrechtlicher Entgeltforderungen der Deutschen Bundespost TELEKOM, DÖV 1990, 241

Steiner, Udo: Verkehr und Post, in: Josef Isensee / Paul Kirchhof (Hrsg.), Handbuch des Staatsrechts, Bd. III, Heidelberg 1988, S. 1087

— Zur Kulturförderung durch den öffentlich-rechtlichen Rundfunk, in: Gottfried Baumgärtel u.a. (Hrsg.), Festschrift für Heinz Hübner, Berlin 1984, S. 799

— Der Grundrechtsschutz der Glaubens- und Gewissensfreiheit (Art. 4 I, II GG), JuS 1982, 157

Stern, Klaus: Neue Medien – neue Aufgaben des Rechts?, DVBl. 1982, 1109

Stern, Klaus / *Bethge*, Herbert: Öffentlich-rechtlicher und privatrechtlicher Rundfunk, Frankfurt a.M. / Berlin 1971 (Beiträge zum Rundfunkrecht, Heft 13)

Stock, Martin, Kommunikationsfreiheit ohne Medienfreiheit?, RuF 1980, 336

— Noch einmal: Rundfunkorganisation und Kommunikationsfreiheit, RuF 1980, 583

— Zur Theorie des Koordinationsrundfunks, Baden-Baden 1981

Thieme, Werner: Berufsfreiheit und Verwaltungsmonopol, JZ 1961, 280

Ulsamer, Gerhard: Zur Geltung der Grundrechte für juristische Personen des öffentlichen Rechts, in: Gerhard Leibholz u.a. (Hrsg.), Menschenwürde und freiheitliche Rechtsordnung. Festschrift für Willi Geiger, Tübingen 1974, S. 199

Vervier, Heinrich: Meinungsäußerungsfreiheit und Beamtenrecht, AöR 45 (1924), 1

Vetter, Andrea: Privatrechtliche Leistungsbeziehungen der Unternehmen der Deutschen Bundespost, Baden-Baden 1992

Weber, Werner: Rundfunkfreiheit – Rundfunkmonopol, in: Festschrift für Ernst Forsthoff, München 1972, S. 467

v. *Weizsäcker*, Carl Christian: Wirtschaftspolitische Begründung und Abgrenzung des Fernmeldemonopols, in: Ernst-Joachim Mestmäcker (Hrsg.), Kommunikation ohne Monopole, Baden-Baden 1980, S. 127

v. *Weizsäcker*, Carl Christian / *Kaiser*, Wolfgang / *Badura*, Peter u.a.: Frequenzregulierung in der Bundesrepublik Deutschland, Bonn 1991

Wendt, Rudolf: Der Garantiegehalt der Grundrechte und das Übermaßverbot, AöR 104 (1979), 414

Wieland, Joachim: Die Freiheit des Rundfunks. Zugleich ein Beitrag zur Dogmatik des Artikel 12 Absatz 1 GG, Diss. Berlin 1984

Wilkens, Heinz, Die Aufsicht über den Rundfunk, Diss. Frankfurt a.M. 1965

Witte, Eberhard (Hrsg.): Bericht der Regierungskommission Fernmeldewesen. Neuordnung der Telekommunikation, Heidelberg 1987

Wolf, Joachim: Medienfreiheit und Medienunternehmen, Diss. Berlin 1985

Wolff, Hans J. / *Bachof*, Otto / *Stober*, Rolf: Verwaltungsrecht II, 5. Aufl. München 1987

Zehner, Günter: Der Fernsehstreit vor dem Bunderverfassungsgericht, Bd. I, Karlsruhe 1964 (zit. *Zehner*, Fernsehstreit I)

Zeidler, Karl: Probleme der Rundfunkgebühr im Anschluß an das Urteil des Bundesverfassungsgerichts vom 28. Februar 1961. Gedr. Gutachten, o.O. 1961

Zippelius, Reinhold: Verfassungskonforme Auslegung von Gesetzen, in: Christian Starck (Hrsg.), Bundesverfassungsgericht und Grundgesetz, Tübingen 1976, Bd. II, S. 108

Zuck, Rüdiger: Postreform, MDR 1989, 779

Zumwinkel, Klaus: Das Unternehmen Deutsche Bundespost POSTDIENST, „Status und Ausblick", PostPraxis 1994, 2

Zweites Deutsches Fernsehen: ZDF-Jahrbuch 94, Mainz 1995

FSC
www.fsc.org
MIX
Papier | Fördert
gute Waldnutzung
FSC® C083411

Kolibri 360 GmbH
Ferdinand-Jühlke-Straße 7
99095 Erfurt, Deutschland
produktsicherheit@kolibri360.de

Druck:
CPI Druckdienstleistungen GmbH
im Auftrag der
Kolibri 360 GmbH
Ferdinand-Jühlke-Str. 7
99095 Erfurt